Python应用系列丛书

Python
经济预测与决策

吴仁群 著

Python JINGJI YUCE YU JUECE

讲解预测与决策知识及如何利用Python解决相关问题

遵循理论知识和实践知识并重原则

提供大量综合性实例

知识产权出版社
全国百佳图书出版单位
—北京—

图书在版编目（CIP）数据

Python 经济预测与决策 / 吴仁群著. —北京：知识产权出版社，2024.3
（Python 应用系列丛书）
ISBN 978-7-5130-9310-1

Ⅰ.①P… Ⅱ.①吴… Ⅲ.①软件工具-程序设计-应用-经济预测②软件工具-程序设计-应用-经济决策 Ⅳ.①F20-39

中国国家版本馆 CIP 数据核字（2024）第 014888 号

内容提要

本书是针对高等学校经济管理类专业学生编写的一本有关 Python 在预测与决策中应用的教程，不仅讲解了预测与决策的基础知识，而且提供了大量实用性很强的使用 Python 解决经济管理领域问题的实例。全书共 9 章，分别为统计基础、经济预测概述、定性预测法、趋势外推预测法、回归分析预测法、确定型时间序列预测法、随机型时间序列预测方法、马尔科夫预测法和决策。

本书内容实用、结构清晰、实例丰富、可操作性强，可作为高等学校相关课程的教材，也可作为经济管理类专业的培训和自学教材。

责任编辑：徐　凡　　　　　　　责任印制：孙婷婷
执行编辑：王禹萱

Python 应用系列丛书

Python 经济预测与决策

吴仁群　著

出版发行：	知识产权出版社有限责任公司	网　　址：	http://www.ipph.cn
电　　话：	010-82004826		http://www.laichushu.com
社　　址：	北京市海淀区气象路 50 号院	邮　　编：	100081
责编电话：	010-82000860 转 8171	责编邮箱：	laichushu@cnipr.com
发行电话：	010-82000860 转 8101	发行传真：	010-82000893
印　　刷：	北京中献拓方科技发展有限公司	经　　销：	新华书店、各大网上书店及相关专业书店
开　　本：	720mm×1000mm　1/16	印　　张：	14.5
版　　次：	2024 年 3 月第 1 版	印　　次：	2024 年 3 月第 1 次印刷
字　　数：	343 千字	定　　价：	78.00 元

ISBN 978-7-5130-9310-1

出版权专有　侵权必究
如有印装质量问题，本社负责调换。

前　　言

预测是为决策提供信息的重要手段，是科学决策的基础。在经济活动中，预测有助于克服决策的盲目性，并减少不确定性。Python 语言是一种解释型的、面向对象的、带有动态语义的高级编程语言，是最受青睐的数据科学、机器学习工具之一。本书在讲解预测与决策基础知识的同时，探讨了如何利用 Python 解决预测和决策领域中的问题，提供了大量实用性很强的使用 Python 解决经济管理领域问题的实例。

本书共 9 章。第 1 章介绍了经济预测与决策中涉及的统计知识及有关参数的 Python 求解；第 2 章介绍了经济预测的含义、类型、基本原理及预测数据的处理；第 3 章介绍了定性预测的含义以及常见的定性预测方法：头脑风暴法、德尔菲法、主观概率法和对比类推法等；第 4 章介绍了趋势外推预测法的基本原理和 Python 应用实例；第 5 章介绍了回归分析预测法的基本原理和 Python 应用实例；第 6 章介绍了常见的确定型时间序列预测法，以及 Python 应用实例；第 7 章介绍了随机型时间序列预测模型、自相关函数和偏相关函数、模型识别、参数估计与预测，以及 Python 应用实例等；第 8 章介绍了马尔科夫预测法的基本原理和 Python 应用实例；第 9 章介绍了决策的含义、基本过程、确定型决策、非确定型决策和风险型决策，以及 Python 应用实例。

作者在编写过程中，参考了本书参考文献所列举的资料，并得到了知识产权出版社的大力支持，在此对参考文献中图书的作者及知识产权出版社表示深深的感谢。本书出版得到北京印刷学院 2023 年工商管理一级学科专项资助（项目号：21090123012）。

由于时间仓促，书中难免存在一些不足之处，敬请读者批评指正。

目　　录

- 第1章　统计基础 …………………… 1
  - 1.1　随机变量 …………………… 1
  - 1.2　样本及抽样分布 …………… 5
  - 1.3　参数估计 …………………… 10
  - 1.4　假设检验 …………………… 13
  - 1.5　Python 常用统计函数 …… 15
  - 1.6　习题 ………………………… 21
- 第2章　经济预测概述 ……………… 22
  - 2.1　经济预测的含义及分类 …… 22
  - 2.2　经济预测的原理、要求及过程 …………………………… 24
  - 2.3　预测数据的收集与处理 …… 27
  - 2.4　经济预测方法 ……………… 29
  - 2.5　经济预测的误差 …………… 31
  - 2.6　习题 ………………………… 33
- 第3章　定性预测法 ………………… 34
  - 3.1　定性预测法概述 …………… 34
  - 3.2　头脑风暴法 ………………… 35
  - 3.3　德尔菲法 …………………… 39
  - 3.4　其他定性预测法 …………… 44
  - 3.5　习题 ………………………… 50
- 第4章　趋势外推预测法 …………… 52
  - 4.1　趋势外推预测法概述 ……… 52
  - 4.2　线性趋势外推预测法 ……… 53
  - 4.3　二次曲线趋势外推预测法 … 61
  - 4.4　生长曲线预测法 …………… 67
  - 4.5　习题 ………………………… 72
- 第5章　回归分析预测法 …………… 74
  - 5.1　回归分析预测法概述 ……… 74
  - 5.2　一元线性回归预测法 ……… 75
  - 5.3　多元线性回归预测法 ……… 85
  - 5.4　非线性回归预测法 ………… 96
  - 5.5　习题 ………………………… 104
- 第6章　确定型时间序列预测法 …… 105
  - 6.1　确定型时间序列预测法概述 …………………………… 105
  - 6.2　移动平均法 ………………… 107
  - 6.3　指数平滑法 ………………… 120
  - 6.4　季节周期预测法 …………… 130
  - 6.5　习题 ………………………… 146
- 第7章　随机型时间序列预测法 …… 147
  - 7.1　随机型时间序列预测法概述 …………………………… 147
  - 7.2　常见的时间序列模型 ……… 149
  - 7.3　自相关函数、偏相关函数 …………………………… 154
  - 7.4　模型识别 …………………… 158
  - 7.5　参数估计 …………………… 160
  - 7.6　模型的检验与修正 ………… 163
  - 7.7　预测 ………………………… 165
  - 7.8　应用举例 …………………… 168
  - 7.9　习题 ………………………… 180
- 第8章　马尔可夫预测法 …………… 182
  - 8.1　马尔可夫预测法的基本原理 …………………………… 182
  - 8.2　马尔可夫方法在经济预测中的应用 ……………………… 187
  - 8.3　习题 ………………………… 196

第 9 章 决 策 …………………… 198	9.4 风险型决策 …………………… 210
9.1 决策概述 …………………… 198	9.5 习题 …………………………… 221
9.2 确定型决策 ………………… 202	**参考文献** ………………………………… 223
9.3 不确定型决策 ……………… 207	

第 1 章　统计基础

1.1　随机变量

1.1.1　随机变量及分布

1. 随机变量的含义

一个随机试验的可能结果（称为基本事件）的全体组成一个样本空间 Ω。

随机变量 X 是定义在样本空间 Ω 上的取值为实数的函数，即对每一个随机试验 $e \in \Omega$，有一个实数 $X(e)$ 与之对应，则称定义在 Ω 上的实值单值函数 $X = X(e)$ 为随机变量。

当一个随机变量的取值范围仅为有限个或可列无限个实数时，该随机变量称为离散型随机变量。例如，记 X 为一天内某证券交易市场的股民数，X 可能取值为 $\{0,1,2,\cdots\}$，X 为离散型随机变量。

当一个随机变量的取值范围为数轴上的一个区间 (a,b) 时，该随机变量称为连续型随机变量。这里 a 可以为 $-\infty$，b 可以为 $+\infty$。例如，记 Y 为某产品直径，Y 可能取区间 $[1.2,2.3]$ 中的任何数，Y 为连续型随机变量。

2. 分布函数

设 X 是随机变量，x 为任意实数，则函数 $F(x) = P\{X \leqslant x\}$ 为 X 的分布函数。对于任意实数 $x_1, x_2 (x_1 < x_2)$，有

$$P(x_1 < X \leqslant x_2) = P(X \leqslant x_2) - P(X \leqslant x_1) = F(x_2) - F(x_1) \tag{1-1}$$

由上可知，若已知 X 的分布函数，就可以知道 X 落在任一区间 $(x_1, x_2]$ 上的概率，从这个意义上讲，分布函数完整地描述了随机变量的统计规律性。

3. 离散型随机变量的分布律

对离散型随机变量而言，常用分布律来表示其概率分布特性。

离散型随机变量 X 的分布律就是 X 所有可能的取值及其概率。如果 X 的所有可能取值为 $x_1, x_2, \cdots, x_k, \cdots$，则 X 的分布律用公式表示为

$$P\{X = x_i\} = p_i, \; i = 1, 2, \cdots \tag{1-2}$$

分布律也可用表格表示，见表 1-1。

表 1-1　离散型随机变量 X 的分布律

X	x_1	x_2	$\cdots$	x_k	$\cdots$
p_i	p_1	p_2	$\cdots$	p_k	$\cdots$

以下是常见的离散型随机变量的分布律。

（1）0-1 分布。如果随机变量 X 只能取 0 或 1 两个值，其分布律为

$$P\{X=k\} = p^k(1-p)^{1-k}, \quad k=0,1, \quad 0<p<1 \tag{1-3}$$

则称 X 服从 0-1 分布（见表 1-2）。

表 1-2　0-1 分布

X	0	1
p_x	p	$1-p$

（2）二项分布。设随机试验的结果只有 A 或 $\bar{A}$，$p(A)=p$，$p(\bar{A})=1-p=q$。将试验独立地重复进行 n 次，则称这一串重复试验为 n 重伯努利试验，简称伯努利试验。其分布律为

$$P\{X=k\} = C_n^k p^k q^{n-k}, \quad k=0,1,\cdots,n \tag{1-4}$$

如果随机变量 X 的分布律满足式（1-1），则称随机变量 X 服从参数为 n、p 的二项分布，记为 $X \sim b(n,p)$。

（3）泊松分布。设随机变量 X 所有可能取值为 $0,1,2,\cdots$，取各个值的概率为

$$P\{X=k\} = \frac{\lambda^k e^{1-\lambda}}{k!}, \quad k=0,1,2,\cdots \tag{1-5}$$

式中，$\lambda>0$，是常数，则称随机变量 X 服从参数为 λ 的泊松分布，记为 $X \sim \pi(\lambda)$。

4. 连续型随机变量的概率密度函数

对随机变量 X 的分布函数 $F(X)$，若存在非负函数 $f(x)$ 使得对于任意实数 x，有 $F(x) = \int_{-\infty}^{x} f(t) dt$，则称 $f(x)$ 为 X 的概率密度函数。

以下是常见的连续型随机变量的概率密度函数。

（1）均匀分布。若连续型随机变量 X 的概率密度函数为

$$f(x) = \begin{cases} \dfrac{1}{b-a}, & a<x<b \\ 0, & \text{其他} \end{cases} \tag{1-6}$$

则称 X 在区间 (a,b) 上服从均匀分布。

（2）正态分布。若连续型随机变量 X 的概率密度函数为

$$f(x) = \frac{1}{\sqrt{2\pi}\sigma} e^{-\frac{(x-\mu)^2}{2\sigma^2}}, \quad -\infty < x < \infty \tag{1-7}$$

则称 X 服从参数为 μ、σ 的正态分布，记为 $X \sim N(\mu,\sigma^2)$。其中 μ、$\sigma(\sigma>0)$ 为常数。

若 $\mu=0, \sigma=1$，则称 X 服从标准正态分布，记为 $X \sim N(0,1)$。

对一般正态分布可通过下面的变换转换成标准正态分布。

若 $X \sim N(\mu,\sigma^2)$，则 $Z = \dfrac{X-\mu}{\sigma} \sim N(0,1)$。

若 $X \sim N(0,1)$，z_α 满足 $P(X > z_\alpha) = \alpha(0<\alpha<1)$，则称 z_α 为标准正态分布的上 α 分位点，如图 1-1 所示。

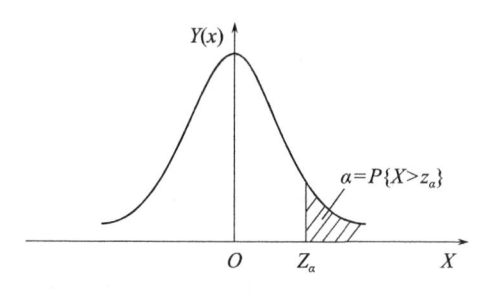

图 1-1　正态分布的上 α 分位点

1.1.2　随机变量的数字特征

1. 数学期望及方差

对离散型随机变量 X 而言，数学期望是 X 的各种取值与其概率的乘积。若离散型随机变量 X 的分布律为

$$P\{X = x_k\} = p_k, \ k = 0,1,\cdots \qquad (1-8)$$

则 X 的数学期望 $E(X)$ 为

$$E(X) = \sum_{k=1}^{\infty} x_k p_k \qquad (1-9)$$

对连续型随机变量 X 而言，其数学期望可通过概率密度函数来计算。

设连续型随机变量 X 的概率密度函数为 $f(x)$，如果积分 $\int_{-\infty}^{\infty} xf(x)\mathrm{d}x$ 绝对收敛，则称其为 X 的数学期望，记为 $E(X)$，即

$$E(X) = \int_{-\infty}^{\infty} xf(x)\mathrm{d}x \qquad (1-10)$$

设 X 是随机变量，若 $E\{[X-E(X)]^2\}$ 存在，则称其为 X 的方差，记 $D(X)$，即

$$D(X) = E\{[X - E(X)]^2\} \qquad (1-11)$$

方差用于度量随机变量 X 与其均值 $E(X)$ 即期望的偏离程度。$\sqrt{D(X)}$ 为 X 的标准差或均方差，记为 $\sigma(X)$。

常见随机变量的数学期望及方差见表 1-3。

表 1-3　常见随机变量的数学期望及方差

分布	参数	分布律或概率密度函数	数学期望 $E(X)$	方差 $D(X)$
0-1 分布	$0<p<1$	$P\{X=k\} = p^k(1-p)^{1-k}\ (k=0,1)$	p	$p(1-p)$
二项分布	$n\geqslant 1$ $0<p<1$	$P\{X=k\} = C_n^k p^k q^{1-k}\ (k=0,1,\cdots,n)$	np	$np(1-p)$
泊松分布	$\lambda>0$	$P\{X=k\} = \dfrac{\lambda^k \mathrm{e}^{1-\lambda}}{k!}\ (k=0,1,2,\cdots)$	λ	λ
均匀分布	$a<b$	$f(x) = \begin{cases} \dfrac{1}{b-a}, & a<x<b \\ 0, & \text{其他} \end{cases}$	$\dfrac{a+b}{2}$	$\dfrac{(b-a)^2}{12}$

续表

分布	参数	分布律或概率密度函数	数学期望 $E(X)$	方差 $D(X)$
正态分布	μ,σ $\sigma>0$	$f(x)=\dfrac{1}{\sqrt{2\pi}\,\sigma}e^{-\dfrac{(x-\mu)^2}{2\sigma^2}}$	μ	σ^2

2. 协方差及相关系数

$E\{[X-E(X)][Y-E(Y)]\}$ 称为随机变量 X 与 Y 的协方差，记为 $\mathrm{cov}(X,Y)$，即

$$\mathrm{cov}(X,Y)=E\{[X-E(X)][Y-E(Y)]\} \qquad (1-12)$$

协方差作为描述随机变量 X 和 Y 相关程度的量，在同一物理量纲下有一定的作用，但同样的两个量采用不同的量纲使它们的协方差在数值上表现出很大的差异，此时可使用相关系数来表示。

随机变量 X 与 Y 的相关系数为

$$\rho_{XY}=\dfrac{\mathrm{cov}(X,Y)}{\sqrt{D(X)}\;\sqrt{D(Y)}} \qquad (1-13)$$

当 $\rho_{XY}=0$ 时，称 X 与 Y 不相关；当 $\rho_{XY}>0$ 时，称 X 与 Y 正相关；当 $\rho_{XY}<0$ 时，称 X 与 Y 负相关。

3. 矩、协方差矩阵

设 X 和 Y 是随机变量，若 $E(X^k)(k=1,2,\cdots)$ 存在，则称其为 X 的 k 阶原点矩，简称 k 阶矩。

若 $E\{[X-E(X)]^k\}(k=1,2,\cdots)$ 存在，则称其为 X 的 k 阶中心矩。

若 $E(X^k Y^l)(k,l=1,2,\cdots)$ 存在，则称其为 X 和 Y 的 $k+l$ 阶混合矩。

若 $E\{[X-E(X)]^k[Y-E(Y)]^l\}(k,l=1,2,\cdots)$ 存在，则称其为 X 和 Y 的 $k+l$ 阶混合中心矩。

设 n 维随机变量 $(X_1,X_2,\cdots,X_n)$ 的二阶混合中心矩 $c_{ij}=\mathrm{cov}(X_i,X_j)=E\{[X_i-E(X_i)][X_j-E(X_j)]\}(i,j=1,2,\cdots,n)$ 都存在，则称矩阵

$$C=\begin{bmatrix} c_{11} & \cdots & c_{1n} \\ \vdots & \ddots & \vdots \\ c_{n1} & \cdots & c_{nn} \end{bmatrix} \qquad (1-14)$$

为 n 维随机变量 $(X_1,X_2,\cdots,X_n)$ 的协方差矩阵。

1.1.3 应用举例

【实例 1-1】 随机变量 X 的概率分布见表 1-4，请计算 X 的数学期望和方差。

表 1-4 随机变量 X 的概率分布

随机变量 X	7	3	5	6	4
概率	0.1	0.2	0.3	0.3	0.1

解 随机变量 X 的数学期望值 $E(X)$ 为

$$E(X) = \sum_{i=1}^{n} X_i p_i = 7 \times 0.1 + 3 \times 0.2 + 5 \times 0.3$$
$$+ 6 \times 0.3 + 4 \times 0.1 = 5$$

随机变量 X 的方差 $\text{var}(X)$ 为

$$\text{var}(X) = E\{[X - E(X)]^2\} = \sum_{i=1}^{n} [X_i - E(X)]^2 p_i$$
$$= (7-5)^2 \times 0.1 + (3-5)^2 \times 0.2 + (5-5)^2 \times 0.3$$
$$+ (6-5)^2 \times 0.3 + (4-5)^2 \times 0.1$$
$$= 1.6$$

使用 Python 中的函数计算数学期望值和方差的代码如下。

```
import numpy as np
data0 = np.array([7,3,5,6,4])    #数据
prob0 = [0.1,0.2,0.3,0.3,0.1]    #概率
ev = np.average(data0,weights = prob0)    #计算期望值
var0 = np.sum((data0-ev)*(data0-ev)*prob0)    #计算方差
std0 = np.sqrt(var0)    #计算标准差
```

说明：

（1）方法 np.average(data0, weights = prob0) 用于计算概率为 prob0 的数据 data0 的期望值。

（2）np.sum((data0-ev)*(data0-ev)*prob0) 用于计算形如 $\sum_{i=1}^{n}[X_i - E(X)]^2 p_i$ 的累加和，其结果为方差值。

（3）np.sqrt(var0) 计算 var0 的平方根。

1.2 样本及抽样分布

1.2.1 基础知识

1. 总体、个体、样本

研究对象的某项数量指标的值的全体称为总体，构成总体的每个成员称为个体。
设 X 是具有分布函数 F 的随机变量，若 $X_1, X_2, \cdots, X_n$ 是具有同一分布函数 F 且相互独立的随机变量，则称 $X_1, X_2, \cdots, X_n$ 为从分布函数 F 得到的容量为 n 的简单随机样本，简称样本，它们的观察值 $x_1, x_2, \cdots, x_n$ 称为样本值，又称为 X 的 n 个独立的观察值。

2. 统计量及观察值

设 $X_1, X_2, \cdots, X_n$ 是来自总体 X 的一个样本，$g(X_1, X_2, \cdots, X_n)$ 是 $X_1, X_2, \cdots, X_n$ 的函数，若 g 是连续函数且 g 中不含任何未知参数，则称 $g(X_1, X_2, \cdots, X_n)$ 为统计量。

若 $x_1, x_2, \cdots, x_n$ 为样本 $X_1, X_2, \cdots, X_n$ 的观察值，则 $g(x_1, x_2, \cdots, x_n)$ 为统计量 $g(X_1, X_2, \cdots, X_n)$ 的观察值。

表 1-5 给出了常见统计量及观察值。

表 1-5 常见统计量及观察值

名称	统计量	观察值
样本平均值	$\bar{X} = \dfrac{1}{n}\sum_{i=1}^{n} X_i$	$\bar{x} = \dfrac{1}{n}\sum_{i=1}^{n} x_i$
样本方差	$S^2 = \dfrac{1}{n-1}\sum_{i=1}^{n}(X_i - \bar{X})^2$	$s^2 = \dfrac{1}{n-1}\sum_{i=1}^{n}(x_i - \bar{x})^2$
样本标准差	$S = \sqrt{S^2}$	$s = \sqrt{s^2}$
样本 k 阶矩	$A_k = \dfrac{1}{n}\sum_{i=1}^{n} X_i^k \;(k=1,2,\cdots)$	$a_k = \dfrac{1}{n}\sum_{i=1}^{n} x_i^k \;(k=1,2,\cdots)$
样本 k 阶中心矩	$B_k = \dfrac{1}{n}\sum_{i=1}^{n}(X_k - \bar{X})^k \;(k=1,2,\cdots)$	$b_k = \dfrac{1}{n}\sum_{i=1}^{n}(x_i - \bar{x})^k \;(k=1,2,\cdots)$

1.2.2 抽样分布

统计量是样本的函数，它是一个随机变量，其分布称为抽样分布。

以下介绍来自正态总体的几种常见统计量的分布。

1. χ^2 分布

设 $X_1, X_2, \cdots, X_n$ 是来自总体 $N(0,1)$ 的样本，则称统计量 $\chi^2 = X_1^2 + X_2^2 + \cdots + X_n^2$ 服从自由度为 n 的 χ^2 分布，记为 $\chi^2 \sim \chi^2(n)$。

$\chi^2(n)$ 分布的概率密度函数为

$$F(y) = \begin{cases} \dfrac{1}{2^{\frac{n}{2}} \Gamma\left(\dfrac{n}{2}\right)} y^{\frac{n}{2}-1} \mathrm{e}^{-\frac{y}{2}}, & y > 0 \\ 0, & \text{其他} \end{cases} \tag{1-15}$$

对于给定的正数 $\alpha(0<\alpha<1)$，称满足条件 $p\{\chi^2 > \chi_\alpha^2(n)\} = \int_{\chi_\alpha^2(n)}^{\infty} f(y)\mathrm{d}y = \alpha$ 的点 $\chi_\alpha^2(n)$ 为 $\chi^2(n)$ 分布的上 α 分位点，如图 1-2 所示。

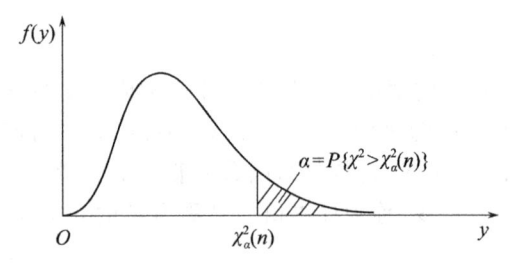

图 1-2 χ^2 分布的上 α 分位点

2. t 分布

设 $X \sim N(0,1)$，$Y \sim \chi^2(n)$，X 与 Y 相互独立，则称统计量 $t = X \Big/ \sqrt{\dfrac{Y}{n}}$ 服从自由度为 n 的 t 分布，记为 $t \sim t(n)$。

$t(n)$ 分布的概率密度函数为

$$h(t) = \frac{\Gamma\left(\dfrac{n+1}{2}\right)}{\sqrt{\pi n}\,\Gamma\left(\dfrac{n}{2}\right)} \left(1 + \frac{t^2}{n}\right)^{-\frac{n+1}{2}}, \quad -\infty < t < \infty \tag{1-16}$$

对于给定的正数 $\alpha(0<\alpha<1)$，称满足条件 $P\{t > t_\alpha(n)\} = \int_{t_\alpha(n)}^{\infty} h(t)\,\mathrm{d}t = \alpha$ 的点 $t_\alpha(n)$ 为 $t(n)$ 分布的上 α 分位点，如图 1-3 所示。

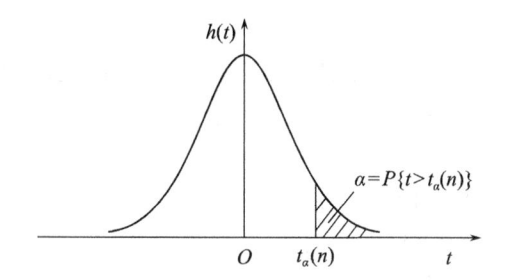

图 1-3　t 分布的上 α 分位点

3. F 分布

设 $U \sim \chi^2(n_1)$、$V \sim \chi^2(n_2)$，U 与 V 相互独立，则称统计量 $F = \dfrac{U}{n_1} \Big/ \dfrac{V}{n_2}$ 服从自由度为 (n_1, n_2) 的 F 分布，记为 $F \sim F(n_1, n_2)$。

$F(n_1, n_2)$ 分布的概率密度函数为

$$\Psi(y) = \begin{cases} \dfrac{\Gamma\left(\dfrac{n_1+n_2}{2}\right) \left(\dfrac{n_1}{n_2}\right)^{\frac{n_1}{2}} y^{\frac{n_1}{2}-1}}{\Gamma\left(\dfrac{n_1}{2}\right) \Gamma\left(\dfrac{n_2}{2}\right) \left(1 + \dfrac{n_1 y}{n_2}\right)^{\frac{n_1+n_2}{2}}}, & y > 0 \\ 0, & \text{其他} \end{cases} \tag{1-17}$$

对于给定的正数 $\alpha(0<\alpha<1)$，称满足条件 $P\{F > F_\alpha(n_1, n_2)\} = \int_{F_\alpha(n_1, n_2)}^{\infty} \Psi(y)\,\mathrm{d}y = \alpha$ 的点 $F_\alpha(n_1, n_2)$ 为 $F(n_1, n_2)$ 分布的上 α 分位点，如图 1-4 所示。

4. 正态总体的样本均值和样本方差的分布

设 $X_1, X_2, \cdots, X_n$ 是来自总体 $N(\mu, \sigma^2)$ 的样本，$\bar{X}$、S^2 分别是样本均值和样本方差，则有

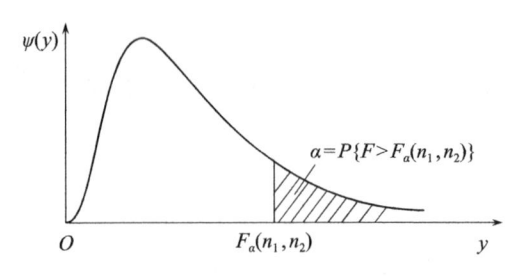

图 1-4　F 分布的上 α 分位点

① $X\bar{X}$ 与 S^2 相互独立；

② $\dfrac{(n-1)S^2}{\sigma^2} \sim \chi^2(n-1)$；

③ $\dfrac{\bar{X}-\mu}{S/\sqrt{n}} \sim t(n-1)$。

设 $X_1, X_2, \cdots, X_n$ 与 $Y_1, Y_2, \cdots, Y_n$ 分别是具有相同方差的正态总体 $N(\mu_1, \sigma^2)$、$N(\mu_2, \sigma^2)$ 的样本，且两样本相互独立。$\bar{X}$、$\bar{Y}$ 分别为两样本的样本均值，S_1^2、S_2^2 分别是两样本的样本方差，则有

$$\frac{(\bar{X} - \bar{Y}) - (\mu_1 - \mu_2)}{S_W \sqrt{\dfrac{1}{n_1} + \dfrac{1}{n_2}}} \sim t(n_1 + n_2 - 2) \tag{1-18}$$

式中，$S_W = \dfrac{(n_1-1)S_1^2 + (n_2-1)S_2^2}{n_1+n_2-2}$。

1.2.3　应用举例

【实例 1-2】　随机变量 X 的一个样本及其观察值见表 1-6，试计算样本均值、样本方差和样本标准差。

表 1-6　随机变量 X 的观察值

序号	1	2	3	4	5	6	7	8	9	10
样本观察值	82.92	31.64	77.34	33.73	79.16	48.80	46.07	14.46	33.10	20.12

解　样本均值 $\bar{X}$ 为

$$\bar{X} = \frac{1}{n} \sum_{i=1}^{n} X_i = 46.73$$

样本方差 S^2 为

$$S^2 = \frac{1}{n-1} \sum_{i=1}^{n} (X_i - \bar{X})^2 = 626.12$$

样本标准差 S 为

$$S = \sqrt{S^2} = 25.02$$

使用 Python 中的函数计算样本均值、样本方差和样本标准差的代码如下。

```
import numpy as np
data0 = np.array([82.92,31.64,77.34,33.73,79.16,48.80,46.07,14.46,33.10,20.12])  #数据
mean0 = np.mean(data0)   #计算样本均值
var0 = np.var(data0,ddof=1)   #计算样本方差
std0 = np.sqrt(var0)   #计算样本标准差
```

说明：

（1）函数 np.mean(data0) 用于计算 data0 的均值。

（2）函数 np.var(data0,ddof=1) 用于计算 data0 的方差。

显然，在数据量比较大时，使用人工方式计算均值、方差等计算量比较大，不如使用 Python 计算快。

【实例 1-3】 随机变量 X 服从正态分布 $N(40,1.5^2)$，$\alpha=0.05$，计算 N 分布的上 α 分位点 z_α。

解 对标准正态分布 $N(0,1)$ 而言，$Z^0_{\alpha=0.05}=1.645$，因此对于一般正态分布 $N(40,1.5^2)$，其上 α 分位点 z_α 为

$$z_\alpha = z^0_{\alpha=0.05} \times 1.5 + 40 = 42.47$$

在 Python 中 stats.norm.ppf( ) 为计算一般正态分布函数的上 α 分位点 z_α。使用格式为

```
stats.norm.ppf(loc=u,scale=std,q=1-alpha)
```

其中，u 为均值，std 为标准差，alpha 为 α 值。

对本例来说，

```
z_α = stats.norm.ppf(loc=40,scale=1.5,q=1-0.05) = 42.47
```

对应的相反函数为

```
stats.norm.cdf(loc=u,scale=std,x=za)
```

例如：

```
aplha = 1-stats.norm.cdf(loc=40,scale=1.5,x=42.47) = 0.05
```

表 1-7 给出了常见分布在 Python 中对应的计算上 α 分位点的内置函数。

表 1-7 Python 中常见分布对应的计算上 α 分位点的内置函数

分布名称	上 α 分位点记号	Python 函数	逆函数
正态分布 $N(\mu,\sigma^2)$	z_α	stats.norm.ppf(q,loc,scale)	1-stats.norm.cdf(x,loc,scale)
$\chi^2(n)$ 分布	$\chi^2_\alpha(n)$	stats.chi2.ppf(q,df,loc,scale)	1-stats.chi2.cdf(x,df,loc,scale)
t 分布	$t_\alpha(n)$	stats.t.ppf(q,df,loc,scale)	1-stats.t.cdf(x,df,loc,scale)
F 分布	$F_\alpha(n_1,n_2)$	stats.f.ppf(q,dfn,dfd,loc,scale)	1-stats.f.cdf(x,dfn,dfd,loc,scale)

【实例1-4】 $n=50$,$\alpha=0.05$,计算 χ^2 分布的上 α 分位点 $\chi^2_\alpha(n)$。

解 $\chi^2_\alpha(n)=$ stats. chi2. ppf（1-0.05,df=50,loc=0,scale=1）=67.50

stats. chi2. ppf（1-0.05,df=50,loc=0,scale=1）返回概率为 $1-\alpha$ 和自由度为 df=50,均值为 0,标准差为 1 的 χ^2 分布的上 α 分位点 $\chi^2_\alpha(n)$。

【实例1-5】 $n=50$,$\alpha=0.05$,计算 t 分布的上 α 分位点 $t_\alpha(n)$。

解 $t_\alpha(n)=$ stats. t. ppf（1-0.05,df=50,loc=0,scale=1）=1.676

stats. t. ppf（1-0.05,df=50,loc=0,scale=1）返回概率为 $1-\alpha$ 和自由度为 df=50,均值为 0,标准差为 1 的 t 分布的上 α 分位点。

【实例1-6】 $n_1=10$,$n_2=20$,$\alpha=0.05$,计算 F 分布的上 α 分位点 $F_\alpha(n_1,n_2)$。

解 $F_\alpha(n_1,n_2)=$ stats. f. ppf（1-0.05,dfn=20,dfd=50,loc=0,scale=1）=2.35

stats. f. ppf（1-0.05,dfn=20,dfd=50,loc=0,scale=1）返回概率为 $1-\alpha$ 和自由度为 dfn=20,dfd=50,均值为 0,标准差为 1 的 F 分布的上 α 分位点。

1.3 参数估计

1.3.1 点估计

1. 点估计含义

设总体 X 的分布函数 $F(x;\theta)$ 的形式为已知,θ 为未知参数,$X_1,X_2,\cdots,X_n$ 是 X 的一个样本,$x_1,x_2,\cdots,x_n$ 为相应的样本值。

点估计是通过构造一个适当的统计量 $\theta(X_1,X_2,\cdots,X_n)$,用它的观察值 $\hat{\theta}(x_1,x_2,\cdots,x_n)$ 来估计未知参数 θ,则称 $\theta(X_1,X_2,\cdots,X_n)$ 为 θ 的估计量,$\hat{\theta}(X_1,X_2,\cdots,X_n)$ 为 θ 的估计值。

构造估计量的常用方法有矩估计法和极大似然估计法。

2. 点估计评价标准

对于同一参数,使用不同估计方法求出的估计量可能不相同。评价估计量的常用标准有以下几点。

(1) 无偏性。如果估计量 $\hat{\theta}=\hat{\theta}(X_1,X_2,\cdots,X_n)$ 的数学期望 $E(\hat{\theta})$ 存在,且对任意 $\theta\in\Theta$ 有 $E(\hat{\theta})=\theta$,则称 $\hat{\theta}$ 是 θ 的无偏估计量。

(2) 有效性。如果估计量 $\hat{\theta}_1=\hat{\theta}_1(X_1,X_2,\cdots,X_n)$ 与 $\hat{\theta}_2=\hat{\theta}_2(X_1,X_2,\cdots,X_n)$ 都是 θ 的无偏估计量,若有 $D(\hat{\theta}_1)<D(\hat{\theta}_2)$,则称 $\hat{\theta}_1$ 比 $\hat{\theta}_2$ 有效。

(3) 一致性。设 $\hat{\theta}(X_1,X_2,\cdots,X_n)$ 为参数 θ 的估计量,若对于任意 $\theta\in\Theta$,当 $n\to\infty$ 时 $\hat{\theta}(X_1,X_2,\cdots,X_n)$ 依概率收敛于 θ,即 $\lim_{n\to\infty}P(|\hat{\theta}-\theta|<\varepsilon)=1$,则称 $\hat{\theta}$ 是 θ 的一致估计量。

实际应用中往往使用无偏性和有效性两个标准,一致性只有在样本容量相当大时才能显示出优越性,这在实践中往往难以做到。

1.3.2 区间估计

1. 区间估计的含义

区间估计确定两个统计量 $\hat{\theta}_L = \hat{\theta}_L(X_1, X_2, \cdots, X_n)$ 和 $\hat{\theta}_H = \hat{\theta}_H(X_1, X_2, \cdots, X_n)$，使得 $\hat{\theta}_L < \hat{\theta}_H$，并得到 θ 在区间 $(\hat{\theta}_L, \hat{\theta}_H)$ 的可信程度。区间 $(\hat{\theta}_L, \hat{\theta}_H)$ 称为置信区间。

设总体 X 的分布函数为 $F(x;\theta)$，未知参数为 θ。对于给定 $\alpha(0<\alpha<1)$，若由样本 $X_1, X_2, \cdots, X_n$ 确定的两个统计量 $\hat{\theta}_L = \hat{\theta}_L(X_1, X_2, \cdots, X_n)$ 和 $\hat{\theta}_H = \hat{\theta}_H(X_1, X_2, \cdots, X_n)$ 满足 $P\{\hat{\theta}_L < \theta < \hat{\theta}_H\} = 1-\alpha$，则称区间 $(\hat{\theta}_L, \hat{\theta}_H)$ 是 θ 的置信度为 $1-\alpha$ 的置信区间，$\hat{\theta}_L$ 和 $\hat{\theta}_H$ 分别称为置信度为 $1-\alpha$ 的双侧置信区间的置信下限和置信上限，$1-\alpha$ 为置信度。

2. 正态总体均值与方差的区间估计

（1）单个总体 $N(\mu, \sigma^2)$

① 均值 μ 的置信区间

当 σ^2 已知时，μ 的置信度为 $1-\alpha$ 的置信区间为

$$\bar{X} \pm \frac{\sigma}{\sqrt{n}} Z_{\frac{\alpha}{2}} \tag{1-19}$$

当 σ^2 未知时，μ 的置信度为 $1-\alpha$ 的置信区间为

$$\bar{X} \pm \frac{s}{\sqrt{n}} t_{\frac{\alpha}{2}}(n-1) \tag{1-20}$$

② 方差 σ^2 的置信区间

当 μ 未知时，σ^2 的置信度为 $1-\alpha$ 的置信区间为

$$\left(\frac{(n-1)S^2}{\chi^2_{\frac{\alpha}{2}}(n-1)}, \frac{(n-1)S^2}{\chi^2_{1-\frac{\alpha}{2}}(n-1)} \right) \tag{1-21}$$

（2）两个总体 $N(\mu_1, \sigma_1^2)$、$N(\mu_2, \sigma_2^2)$

① 两个总体均值差 $\mu_1-\mu_2$ 的置信区间

当 σ_1^2、σ_2^2 均已知时，$\mu_1-\mu_2$ 的置信度为 $1-\alpha$ 的置信区间为

$$\bar{X} - \bar{Y} \pm Z_{\frac{\alpha}{2}} \sqrt{\frac{\sigma_1^2}{n_1} + \frac{\sigma_2^2}{n_2}} \tag{1-22}$$

当 σ_1^2、σ_2^2 均未知时，$\mu_1-\mu_2$ 的置信度为 $1-\alpha$ 的置信区间为

$$\bar{X} - \bar{Y} \pm Z_{\frac{\alpha}{2}} \sqrt{\frac{s_1^2}{n_1} + \frac{s_2^2}{n_2}} \tag{1-23}$$

当 $\sigma_1^2 = \sigma_2^2 = \sigma^2$，$\sigma^2$ 未知时，$\mu_1-\mu_2$ 的置信度为 $1-\alpha$ 的置信区间为

$$\bar{X} - \bar{Y} \pm t_{\frac{\alpha}{2}}(n_1+n_2-2) S_W \sqrt{\frac{1}{n_1} + \frac{1}{n_2}} \tag{1-24}$$

式中，$S_W = \frac{(n_1-1)S_1^2 + (n_2-1)S_2^2}{n_1+n_2-2}$。

② 两个总体方差比 σ_1^2/σ_2^2 的置信区间

当 μ_1、μ_2 均未知时，σ_1^2/σ_2^2 的置信度为 $1-\alpha$ 的置信区间为

$$\left(\frac{S_1^2}{S_2^2}\frac{1}{F_{\frac{\alpha}{2}}(n_1-1,n_2-1)},\frac{S_1^2}{S_2^2}\frac{1}{F_{1-\frac{\alpha}{2}}(n_1-1,n_2-1)}\right) \quad (1-25)$$

3. 0-1 分布参数的区间估计

记

$$P_1 = \frac{1}{2a}(-b-\sqrt{b^2-4ac}) \quad (1-26)$$

$$P_2 = \frac{1}{2a}(-b+\sqrt{b^2-4ac}) \quad (1-27)$$

$$a = n + z_{\frac{\alpha}{2}}^2, \quad b = -(2n\bar{X}+z_{\frac{\alpha}{2}}^2), \quad c = n\bar{X}^2 \quad (1-28)$$

p 的置信度为 $1-\alpha$ 的置信区间为 (p_1,p_2)。

4. 单侧置信区间

对于给定 $\alpha(0<\alpha<1)$，若由样本 $X_1,X_2,\cdots,X_n$ 确定的统计量 $\hat{\theta}_L = \hat{\theta}_L(X_1,X_2,\cdots,X_n)$ 满足 $P\{\theta>\hat{\theta}_L\} = 1-\alpha$，则称随机区间 $(\hat{\theta}_L,\infty)$ 是 θ 的置信度为 $1-\alpha$ 的单侧置信区间，$\hat{\theta}_L$ 的置信度为 $1-\alpha$ 的单侧置信区间的置信下限。

对于给定 $\alpha(0<\alpha<1)$，若由样本 $X_1,X_2,\cdots,X_n$ 确定的统计量 $\hat{\theta}_H = \hat{\theta}_H(X_1,X_2,\cdots,X_n)$ 满足 $P\{\theta>\hat{\theta}_H\} = 1-\alpha$，则称随机区间 $(-\infty,\hat{\theta}_H)$ 是 θ 的置信度为 $1-\alpha$ 的单侧置信区间，$\hat{\theta}_H$ 的置信度为 $1-\alpha$ 的单侧置信区间的置信上限。

1.3.3 应用举例

【实例1-7】 某上市公司近16个月的股票价格见表1-8，设股票价格近似服从正态分布，试求总体均值 μ 的置信度为 0.95 的置信区间。

表1-8 某上市公司近16个月的股票价格

月份序号	1	2	3	4	5	6	7	8
股票价格/元	68	67	69	68	68	69	79	64
月份序号	9	10	11	12	13	14	15	16
股票价格/元	67	64	76	69	77	65	68	69

解 $\alpha = 0.05$，$n = 16$，df = 15

price0 = [68,67,69,68,68,69,79,64,67,64,76,69,77,65,68,69]

data0 = np.array(price0)

对单个服从正态分布的总体，当 σ^2 未知时，μ 的置信度为 $1-\alpha$ 的置信区间为

$$\bar{X} \pm \frac{s}{\sqrt{n}}t_{\frac{\alpha}{2}}(n-1) \quad (1-29)$$

查表或利用 Python 的 stats.t.ppf( ) 函数得到 t 值为

t~0.025~(15) = stats.t.ppf(q = 1-0.05/2, df = 15) = 2.13

样本的均值为

x̄ = np.mean(data0) = 69.19

样本的标准差为

S = np.std(data0, ddof = 1) = 4.40

因此，当 σ^2 未知时，μ 的置信度为 $1-\alpha$ 的置信区间为

$$\bar{X} \pm \frac{s}{\sqrt{n}} t_{\frac{\alpha}{2}}(n-1) = 69.19 \pm 2.34$$

计算表明，销售额的均值 μ 为 66.84~71.53，此估计的可信度为 95%。
interval = stats.t.interval(alpha = 0.95, df = df, loc = mu, scale = se)
使用 Python 求解如下：
price0 = [68,67,69,68,68,69,79,64,67,64,76,69,77,65,68,69]
data0 = np.array(price0)
alpha = 0.05
mu = np.mean(data0) #均值
df = len(data0)-1   #自由度
se = stats.sem(data0) #标准误差
interval = stats.t.interval(alpha = 0.95, df = df, loc = mu, scale = se)
print("置信区间 = ",interval)

1.4 假设检验

1.4.1 基础知识

1. 假设检验的含义

假设检验是在总体的分布函数完全未知或只知其形式但不知其参数的情况下，为了推断总体的某些性质提出关于总体的假设，进而作出"接受"或"拒绝"的判断。基本步骤如下。

① 建立假设，即根据实际问题的要求，提出原假设 H_0 及备择假设 H_1。
② 给定显著性水平 α 及样本容量 n。
③ 确定检验统计量及拒绝域的形式。
④ 按 $P\{拒绝\ H_0 | H_0\ 为真\} = \alpha$ 求出拒绝域。
⑤ 作出判断，即根据样本观察值确定接受还是拒绝 H_0。

2. 正态总体均值、方差的检验

显著性水平为 α 时正态总体均值、方差的检验法见表 1-9。

表 1-9 正态总体均值、方差的检验法

序号	原假设 H0	检验统计量	H_0 为真时统计量的分布	备择假设 H_1	拒绝域
1	$\mu=\mu_0$ (σ^2 已知)	$z=\dfrac{\bar{x}-\mu_0}{\sigma/\sqrt{n}}$	$N(0,1)$	$\mu>\mu_0$ $\mu<\mu_0$ $\mu\neq\mu_0$	$z\geq z_\alpha$ $z\leq -z_\alpha$ $|z|\geq z_{\alpha/2}$
2	$\mu=\mu_0$ (σ^2 未知)	$t=\dfrac{\bar{x}-\mu_0}{s/\sqrt{n}}$	$t(n-1)$	$\mu>\mu_0$ $\mu<\mu_0$ $\mu\neq\mu_0$	$t\geq t_\alpha(n-1)$ $t\leq -t_\alpha(n-1)$ $|t|\geq t_{\alpha/2}(n-1)$
3	$\mu_1-\mu_2=\delta$ (σ_1^2、σ_2^2 已知)	$z=\dfrac{\bar{x}-\bar{y}-\delta}{\sqrt{\dfrac{\sigma_1^2}{n_1}+\dfrac{\sigma_2^2}{n_2}}}$	$N(0,1)$	$\mu_1-\mu_2>\delta$ $\mu_1-\mu_2<\delta$ $\mu_1-\mu_2\neq\delta$	$z\geq z_\alpha$ $z\leq -z_\alpha$ $|z|\geq z_{\alpha/2}$
4	$\mu_1-\mu_2=\delta$ ($\sigma_1^2=\sigma_2^2=\sigma^2$ 未知)	$t=\dfrac{\bar{x}-\bar{y}-\delta}{s_w\sqrt{\dfrac{1}{n_1}+\dfrac{1}{n_2}}}$ $S_w=\dfrac{(n_1-1)s_1^2+(n_2-1)s_2^2}{n_1+n_2-2}$	$t(n_1+n_2-2)$	$\mu_1-\mu_2>\delta$ $\mu_1-\mu_2<\delta$ $\mu_1-\mu_2\neq\delta$	$t\geq t_\alpha(n_1+n_2-2)$ $t\leq -t_\alpha(n_1+n_2-2)$ $|t|\geq t_{\alpha/2}(n_1+n_2-2)$
5	$\sigma^2=\sigma_0^2$ (μ 未知)	$\chi^2=\dfrac{(n-1)s^2}{\sigma_0^2}$	$\chi^2(n-1)$	$\sigma^2>\sigma_0^2$ $\sigma^2<\sigma_0^2$ $\sigma^2\neq\sigma_0^2$	$\chi^2\geq \chi_\alpha^2(n-1)$ $\chi^2\leq \chi_{1-\alpha}^2(n-1)$ $\chi^2\geq \chi_{\alpha/2}^2(n-1)$ 或 $\chi^2\leq \chi_{1-\alpha/2}^2(n-1)$
6	$\sigma_1^2=\sigma_2^2$ (μ_1、μ_2 未知)	$F=\dfrac{s_1^2}{s_2^2}$	$F(n_1-1, n_2-1)$	$\sigma_1^2>\sigma_2^2$ $\sigma_1^2<\sigma_2^2$ $\sigma_1^2\neq\sigma_2^2$	$F\geq F_\alpha(n_1-1,n_2-1)$ $F\leq F_{1-\alpha}(n_1-1,n_2-1)$ $F\geq F_{\alpha/2}(n_1-1,n_2-1)$ 或 $F\leq F_{1-\alpha/2}(n_1-1,n_2-1)$
7	$\mu_d=0$ （成对数据）	$t=\dfrac{\bar{d}-0}{s/\sqrt{n}}$	$t(n-1)$	$\mu_d>0$ $\mu_d<0$ $\mu_d\neq 0$	$t\geq t_\alpha(n-1)$ $t\leq -t_\alpha(n-1)$ $|t|\geq t_{\alpha/2}(n-1)$

1.4.2 应用举例

【实例 1-8】 某上市汽车公司产品近 10 个月的需求见表 1-10，设需求近似服从正态分布 $\alpha=0.05$，试分别在下列条件下检验假设。

$H_0:\mu\leq 100, H_1:\mu>100$

（1）已知 $\sigma=1.6$；

（2）σ 未知。

表 1-10　某上市汽车公司产品近 10 个月需求

月份序号	1	2	3	4	5	6	7	8	9	10
需求/千辆	114	117	108	108	114	109	104	112	113	114

解　demand0 = [114,117,108,108,114,109,104,112,113,114]
data0 = np.array(demand0)

$$\alpha = 0.05, n = 10$$

样本均值 $\bar{x}$ 为

$$\bar{x} = \text{np.mean(data0)} = 111.30$$

样本标准差 S 为

$$S = \text{np.std(data0, ddof=1)} = 3.92$$

(1) 已知 $\sigma = 1.6$。

从表 1-13 可知，应使用服从正态分布的统计量检验。

$$z = \frac{\bar{x} - \mu_0}{\sigma/\sqrt{n}} = \frac{111.30 - 100}{1.6/\sqrt{10}} = 22.33$$

查表或利用 Excel 的函数 NORMINV 计算得到正态分布的上 α 分位点为
$z_{0.05}$ = stats.norm.ppf(loc=0,scale=1,q=1-0.05) = 1.64
$z > z_{0.05}$，因此拒绝 H_0，接受 H_1，即需求的均值大于 100。

(2) σ^2 未知。

由表 1-10 可知，采用服从 t 分布的统计量检验。

$$t = \frac{\bar{x} - \mu_0}{s/\sqrt{n}} = \frac{111.30 - 100}{3.92/\sqrt{10}} = 9.12$$

查表或利用 Excel 的函数 TINV 计算得到同分布的上 α 分位点为
$t_{0.05}(9)$ = stats.t.ppf(q=1-0.05,df=9,loc=0,scale=1) = 1.833 1
$t > t_{0.05}(9)$，因此接受 H_1，拒绝 H_0，即需求的均值大于 100。

1.5　Python 常用统计函数

1.5.1　Numpy 模块常用统计函数

Python 中 Numpy 模块提供的常用统计函数见表 1-11，表中仅给出了函数名称及其功能。读者可通过 Python 提供的帮助功能得到每个函数详细的使用说明。

表 1-11　Numpy 模块提供的常用统计函数

函数	说明	函数	说明
len(data0)	样本容量	np.std(data0,ddof=1)	标准差
np.sum(data0)	总和	np.max(data0)	最大值

续表

函数	说明	函数	说明
np.mean(data0)	均值	np.min(data0)	最小值
np.average(data0,weights)	计算加权均值	np.median(data0)	中位数
np.var(data0,ddof=0)	样本方差	np.percentile(data0,25,0)	百分位数
np.var(data0,ddof=1)	无偏方差		

```
list0 = [2,3,3,4,4,4,4,5,5,6]
data0 = np.array(list0)
print("样本容量 = ",len(data0))
print("总和 = ",np.sum(data0))
print("均值 = ",np.mean(data0))
print("样本方差 = ",np.var(data0,ddof=0))
print("无偏方差 = ",np.var(data0,ddof=1))
print("标准差 = ",np.std(data0,ddof=1))
print("最大值 = ",np.max(data0))
print("最小值 = ",np.min(data0))
print("中位数 = ",np.median(data0))
```

1.5.2 正态分布相关的常用统计函数

Python 中 stats.norm 模块提供的常用统计函数见表 1-12，表中仅给出了函数名称及其功能。读者可通过 Python 提供的帮助功能得到每个函数详细的使用说明。

表 1-12 stats.norm 模块提供的常用统计函数

函数	说明
rvs(loc=0,scale=1,size=1,random_state=None)	随机变量生成
pdf(x,loc=0,scale=1)	概率密度函数
logpdf(x,loc=0,scale=1)	概率密度函数的对数
cdf(x,loc=0,scale=1)	累积分布函数
logcdf(x,loc=0,scale=1)	累积分布函数的日志
sf(x,loc=0,scale=1)	生存函数(也定义为 1-cdf，但 sf 有时更准确)
logsf(x,loc=0,scale=1)	生存函数的对数
ppf(q,loc=0,scale=1)	百分比点函数(与 cdf-百分位数相反)
isf(q,loc=0,scale=1)	逆生存函数
moment(n,loc=0,scale=1)	n 阶非中心矩
stats(loc=0,scale=1,moments='mv')	均值('m'),方差('v'),偏斜('s')和(或)峰度('k')

续表

函数	说明
entropy(loc=0,scale=1)	RV 的(微分)熵
fit(data)	通用数据的参数估计
expect(func,args=( ),loc=0,scale=1, lb=None,ub=None,conditional= False,**kwds)	函数(单参数)相对于分布的期望值
median(loc=0,scale=1)	分布的中位数
mean(loc=0,scale=1)	分布的平均值
var(loc=0,scale=1)	分布的方差
std(loc=0,scale=1)	分布的标准偏差
interval(alpha,loc=0,scale=1)	包含分布的 Alpha 百分比的范围的端点

1.5.3 卡方分布相关的常用统计函数

Python 中 stats.chi2 模块提供的常用统计函数见表 1-13。表中仅给出了函数名称及其功能。读者可通过 Python 提供的帮助功能得到每个函数详细的使用说明。

表 1-13 stats.chi2 模块提供的常用统计函数

函数	功能
rvs(df,loc=0,scale=1,size=1, random_state=None)	随机变量生成
pdf(x,df,loc=0,scale=1)	概率密度函数
logpdf(x,df,loc=0,scale=1)	概率密度函数的对数
cdf(x,df,loc=0,scale=1)	累积分布函数
logcdf(x,df,loc=0,scale=1)	累积分布函数的日志
sf(x,df,loc=0,scale=1)	生存函数(也定义为 1-cdf,但 sf 有时更准确)
logsf(x,df,loc=0,scale=1)	生存函数的对数
ppf(q,df,loc=0,scale=1)	百分比点函数(与 cdf-百分位数相反)
isf(q,df,loc=0,scale=1)	逆生存函数
moment(n,df,loc=0,scale=1)	n 阶非中心矩
stats(df,loc=0,scale=1,moments='mv')	均值('m'),方差('v'),偏斜('s')和(或)峰度('k')
entropy(df,loc=0,scale=1)	RV 的(微分)熵
fit(data,df,loc=0,scale=1)	通用数据的参数估计
expect(func,args=(df,),loc=0,scale=1, lb=None,ub=None,conditional= False,**kwds)	函数(单参数)相对于分布的期望值

续表

函数	功能
median(df,loc = 0,scale = 1)	分布的中位数
mean(df,loc = 0,scale = 1)	分布的平均值
var(df,loc = 0,scale = 1)	分布的方差
std(df,loc = 0,scale = 1)	分布的标准偏差
interval(alpha,df,loc = 0,scale = 1)	包含分布的 Alpha 百分比的范围的端点

1.5.4　t 分布相关的常用统计函数

Python 中 stats.t 模块提供的常用统计函数见表 1-14，表中仅给出了函数名称及其功能。读者可通过 Python 提供的帮助功能得到每个函数详细的使用说明。

表 1-14　stats.t 模块常用统计函数

函数	功能
rvs(df,loc=0,scale=1,size=1,random_state=None)	随机变量
pdf(x,df,loc=0,scale=1)	概率密度函数
logpdf(x,df,loc=0,scale=1)	概率密度函数的对数
cdf(x,df,loc=0,scale=1)	累积分布函数
logcdf(x,df,loc=0,scale=1)	累积分布函数的日志
sf(x,df,loc=0,scale=1)	生存函数(也定义为 1-cdf,但 sf 有时更准确)
logsf(x,df,loc=0,scale=1)	生存函数的日志
ppf(q,df,loc=0,scale=1)	百分比点函数(cdf 的倒数-百分位数)
isf(q,df,loc=0,scale=1)	逆生存函数(sf)
moment(n,df,loc=0,scale=1)	n 阶非中心矩
stats(df,loc=0,scale=1,moments='mv')	均值('m'),方差('v'),偏斜('s')和(或)峰度('k')
entropy(df,loc=0,scale=1)	RV 的(微分)熵
fit(data,df,loc=0,scale=1)	通用数据的参数估计
expect(func,args=(df,),loc=0,scale=1,lb=None,ub=None,conditional=False,**kwds)	函数(具有一个参数)相对于分布的期望值
median(df,loc=0,scale=1)	分布的中位数
mean(df,loc=0,scale=1)	分布的平均值
var(df,loc=0,scale=1)	分布的差异
std(df,loc=0,scale=1)	分布的标准偏差
interval(alpha,df,loc=0,scale=1)	包含分布的 Alpha 百分比的范围的端点

1.5.5　F 分布相关的常用统计函数

Python 中 stats.f 模块提供的常用统计函数见表 1-15，表中仅给出了函数名称及其功能。读者可通过 Python 提供的帮助功能得到每个函数详细的使用说明。

表 1-15　stats.f 模块提供的常用统计函数

函数	功能
rvs(dfn,dfd,loc=0,scale=1,size=1, random_state=None)	随机变量
pdf(x,dfn,dfd,loc=0,scale=1)	概率密度函数
logpdf(x,dfn,dfd,loc=0,scale=1)	概率密度函数的对数
cdf(x,dfn,dfd,loc=0,scale=1)	累积分布函数
logcdf(x,dfn,dfd,loc=0,scale=1)	累积分布函数的日志
sf(x,dfn,dfd,loc=0,scale=1)	生存函数(也定义为 1-cdf，但 sf 有时更准确)
logsf(x,dfn,dfd,loc=0,scale=1)	生存函数的日志
ppf(q,dfn,dfd,loc=0,scale=1)	百分比点函数(cdf 的倒数-百分位数)
isf(q,dfn,dfd,loc=0,scale=1)	逆生存函数(sf)
moment(n,dfn,dfd,loc=0,scale=1)	n 阶非中心矩
stats(dfn,dfd,loc=0,scale=1,moments='mv')	均值('m')，方差('v')，偏斜('s')和(或)峰度('k')
entropy(dfn,dfd,loc=0,scale=1)	RV 的(微分)熵
fit(data)	通用数据的参数估计
expect(func,args=(dfn,dfd),loc=0,scale=1, lb=None,ub=None,conditional=False,**kwds)	函数(具有一个参数)相对于分布的期望值
median(dfn,dfd,loc=0,scale=1)	分布的中位数
mean(dfn,dfd,loc=0,scale=1)	分布的平均值
var(dfn,dfd,loc=0,scale=1)	分布的差异
std(dfn,dfd,loc=0,scale=1)	分布的标准偏差
interval(alpha,dfn,dfd,loc=0,scale=1)	包含分布的 Alpha 百分比的范围的端点

1.5.6　模块导入说明

在用 Python 进行统计分析时，必须先导入相关模块，然后才能利用模块中的统计函数进行分析。常见的模块可采用如下方式导入，代码如下：

```python
#用于数值计算的库
import warnings
import numpy as np
import pandas as pd
import scipy as sp
from scipy import stats
from pandas import Series,DataFrame,read_excel
#用于绘图的库
import matplotlib as mpl
from matplotlib import pyplot as plt
import seaborn as sns
sns.set()
#用于统计分析的库
import statsmodels.formula.api as smf
import statsmodels.api as sm
import statsmodels.tsa.stattools as sts
import statsmodels.graphics.tsaplots as sgt
#作 qq 图
from statsmodels.graphics.api import qqplot
#作 ADF 单方根检验
from statsmodels.tsa.stattools import adfuller
#自相关、偏自相关
from statsmodels.tsa.stattools import acf,pacf
#ARIMA 模型
from statsmodels.tsa.arima.model import ARIMA
#作自相关图与偏自相关图
from statsmodels.graphics.tsaplots import plot_acf,plot_pacf
#D-W 检验
from statsmodels.stats.stattools import durbin_watson
#财务模块
import numpy_financial as npf
#优化模块
from scipy import optimize
```

本书主要应用以上模块进行数据分析和图形绘制。在特定情况下需要特殊模块时，将单独说明。

1.6 习　题

1. 随机变量 X 的概率分布见表 1-16，计算 X 的数学期望和方差。

表 1-16　随机变量 X 的概率分布

随机变量 X	7	3	5	6	8	4
概率	0.1	0.2	0.3	0.15	0.15	0.1

2. 随机变量 X 的一个样本及其观察值见表 1-17，试计算样本均值、样本方差和样本标准差。

表 1-17　随机变量 X 的观察值

序号	1	2	3	4	5	6	7	8	9	10
样本观察值	37.15	42.83	39.21	42.30	39.07	39.89	34.10	35.72	36.93	30.85

3. 随机变量 X 服从正态分布 $N(20, 2.5^2)$，$\alpha = 0.05$，计算 N 分布的上 α 分位点 z_α。

4. 已知 $n = 60$，$\alpha = 0.025$，计算 χ^2 分布的上 α 分位点 $\chi^2_\alpha(n)$。

5. 已知 $n = 45$，$\alpha = 0.01$，计算 t 分布的上 α 分位点 $t_\alpha(n)$。

6. 已知 $n_1 = 15$，$n_2 = 30$，$\alpha = 0.025$，计算 F 分布的上 α 分位点 $F_\alpha(n_1, n_2)$。

7. 某公司近 20 个月的销售额见表 1-18，设销售额近似服从正态分布，试求总体方差 σ^2 的置信度为 0.95 的置信区间。

表 1-18　某公司近 20 个月的销售额

月份序号	1	2	3	4	5	6	7	8	9	10
销售额/万元	51.1	52.2	54.7	52.5	50.4	53.8	51.0	53.6	50.0	52.1
月份序号	11	12	13	14	15	16	17	18	19	20
销售额/万元	54.2	50.8	51.1	50.2	52.5	50.3	52.5	53.9	51.6	54.7

8. 某公司两位销售员近 12 个月销售同一种商品的数量见表 1-19。设销售量近似服从正态分布，方差保持不变。假定以销售数量的多少来衡量销售员的销售能力。试说明在显著性水平 $\alpha = 0.05$ 时两销售员的销售能力是否存在显著差异。

表 1-19　销售情况

月份序号	1	2	3	4	5	6	7	8	9	10	11	12
甲销售量/辆	503	514	519	515	510	511	511	518	513	507	508	513
乙销售量/辆	505	514	525	501	522	524	525	500	521	509	508	520

第 2 章 经济预测概述

2.1 经济预测的含义及分类

2.1.1 经济预测的含义及特点

预测是指通过对事物的过去和现在的情况进行分析、研究，找出其发展变化的规律，从而利用一定的方法或技术来预计和推测未来的情况，简言之，就是根据过去和现在预计未来，根据已知的信息推测未知的信息。

经济预测作为预测的一个分支，是预测理论和方法在经济领域中的应用。因此，可以认为经济预测根据经济活动的历史和现实，运用定性和定量方法，揭示经济活动的客观规律，分析经济现象之间的联系及作用机制，指出各类经济现象和经济过程未来发展的可能途径及结果。

预测是为决策提供信息的重要手段，是科学决策的基础。在经济活动中，预测有助于克服决策的盲目性，减少不确定性。经济领域中的许多问题都需要做预测。例如，预测未来一段时间内的生产发展趋势、商品需求情况等。企业中典型的财务预测、成本预测及发展前景预测等都属于经济预测范畴。

一般来说，预测具有以下 3 个特点。

(1) 科学性。预测是通过对过去的统计资料和现在掌握的信息的收集、整理和分析，并运用一定的程序、方法和模型，分析预测对象诸因素之间的相互联系和制约关系及其影响的程度，从而揭示预测对象的特性和变化规律，因此预测具有科学性。

(2) 近似性。预测企图揭示预测对象的特性和变化规律，但由于事物的发展不是直线型的简单重复，要受多种因素变化的影响，因此预测值与实际值不可能完全吻合，往往存在一定的偏差，所以预测具有近似性。

(3) 局限性。预测者对预测对象的认识，往往受其知识、经验、观察和分析能力的限制，再加上掌握的资料和信息不够准确和完整或建立预测模型时简化了一些因素等，从而导致预测分析不够全面，因此预测具有一定的局限性。

正确认识预测的这些特点，可以避免一些妨碍预测的研究与应用的不正确的看法。实践中，既不能不加分析地怀疑和否定预测结果，使决策缺乏足够的依据，也不能绝对相信预测结果，使实际工作缺乏弹性和灵活性，更不能过分苛求预测的精确度，而忽视客观和现实的要求。事实上，只要掌握足够的数据资料，采用适当的预测方法，达到一定的精确度，预测结果就可以用于指导实际工作。

2.1.2 经济预测的分类

按照不同的标准（如预测期限、预测性质等），经济预测可以有不同的分类。经济预测的分类主要有以下几种。

1. 按预测期限分类

按预测期限，经济预测可分为短期预测、中期预测和长期预测。

（1）短期预测。短期预测是指对预测对象近期发展情况所做的预测。由于短期预测直接影响当前的行动安排，因此需要有较高的精确度。

（2）中期预测。中期预测是指对预测对象较长期的发展情况所做的预测，为中期计划和决策服务。对中期预测结果精确度的要求要比对短期预测的宽松。

（3）长期预测。长期预测是为制定长远规划和战略决策而做的预测。对长期预测结果精确度的要求要比对中期预测的宽松。

短期预测、中期预测和长期预测的划分没有固定标准，需依预测对象的性质、预测目的和要求等而定。例如，短期预测有一年以内的，也有两年或三年的；长期预测有五年以上的，也有十年或更长时间的。

2. 按预测性质分类

按预测性质，经济预测可分为定性预测、定量预测和综合预测。

（1）定性预测。定性预测是指预测者通过调查研究，了解实际情况，凭借实践经验、理论知识和业务水平，对经济现象未来的性质、发展方向和发展程度做出判断、进行预测的方法。定性预测的准确程度主要取决于预测者的实践经验、理论知识和业务水平及对掌握信息的分析判断能力。在预测中，虽然有数量计算，但主要不在于推算未来的数量表现。其常见的方法有德尔菲法、市场调查法、主观概率法及类推法等。

（2）定量预测。定量预测是指根据准确、及时、系统、全面的调查统计资料和经济信息，运用统计方法和数学模型，对经济现象未来的规模、水平和比例关系等做出测定。由于定量预测和统计资料、统计方法有密切关系，因此也称为统计预测。

定量预测是以经济条件和影响经济发展的各种主要因素相对稳定为前提的，当经济条件和因素发生突然变动时，定量预测结果就会出现较大偏误。依据预测结果的表现形式，定量预测可分为点值预测和区间预测，前者预测结果为单个数值，后者预测结果为一数值区间。例如，若预测得到2020年某县的国内地区生产总值为300亿元，这是点值预测；若预测得到2020年某县的国内地区生产总值在250亿~350亿元，则为区间预测。定量预测常见的方法包括时间序列预测和因果关系预测等。

（3）综合预测。综合预测采用两种以上方法进行预测，目的是提高预测质量，为决策提供可靠的依据。由于任何一种预测方法都有一定的适用范围，都有一定的局限性，因此在实际中一般综合应用以上两种预测方法，有时甚至采用两种以上的预测方法兼获多种预测方法的长处，互相弥补不足，从而获得较好的预测效果。

3. 按经济预测对象的范围分类

按经济预测对象的范围，经济预测可分为宏观经济预测、中观经济预测和微观经济预测。

（1）宏观经济预测。宏观经济预测是指对大系统的总体、综合预测，是对整个国民经济活动的总前景及相应经济变量的全社会综合数值的预测，如对一个国家或地区的国内生产总值、国民收入、总投资、总消费、货币发行量、物价水平、外汇收支等的预测。宏观经济预测是政府制定方针政策、编制计划、调整经济结构的重要依据。

（2）中观经济预测。中观经济预测是指对某个产业部门的经济行为及相应的经济变量的预测，如农业部门预测、工业部门预测、服务业预测等。中观经济预测是制定部门产业政策，调控产业结构的依据。

（3）微观经济预测。微观经济预测是指对单个经济单位（如一个企业）的经济行为及相应的经济变量的预测，如对一个企业产品的产量、成本、需求量和市场占有率等的预测。微观经济预测是企业制定生产经营决策、调整产品结构的依据。

2.2 经济预测的原理、要求及过程

2.2.1 经济预测的基本原理

1. 惯性原理

任何事物的发展在时间上都具有连续性，表现为特定的过去、现在和未来这样一个过程，没有一种事物的发展与其过去的行为没有联系。过去的行为不仅影响现在，还会影响未来。事物发展的这个特点一般称为惯性。

在经济活动中，惯性通常表现为两种形式。一是经济内在联系的惯性，表现为在一定时间和条件下各类因素之间相互联系，相对稳定不变。例如，房地产行业与钢铁行业之间的需求存在一定的稳定比例关系。据测算，每亿平方米的建筑约消耗 297.6 万吨钢。只要技术水平和其他条件不发生大的变动，在一定时期内，可以认为这种需求比例结构关系相对稳定。二是经济系统的某些因素在一定发展阶段中所呈现的惯性，表现为某些因素随时间延续，其基本特征和性质将维持下去，例如，在一定时期内某一技术的应用推广趋势，某产品在市场上所占份额，等等。

经济活动中惯性的存在不仅为经济预测的可行性提供了一定的理论依据，还为经济预测工作提供了方便。目前已被应用于预测工作的各种方法和技术，有许多属于或基本属于惯性理论的范围，如回归分析法和时间序列外推法等。

利用惯性原理对事物发展进行预测是以经济系统的稳定性为前提的。只有在系统稳定时，事物之间的内在联系及基本特征才有可能延续下去。

2. 相关原理

任何事物都不可能孤立地存在，都与周围的各种事物相互联系、相互影响，一个事物的发展变化必然对其他相关事物的发展变化产生影响。例如，国民经济作为一个统一的整体，由彼此之间互相联系、互相协调、互相制约的若干经济部门构成。任何一个部门的发展都不仅需要其他部门的协作和支持，还会影响这些部门的发展。

所谓相关性就是事物发展变化过程中的相互联系。因果关系是最重要、应用最广的一种相关性表现形式，是事物之间普遍联系和相互作用的形式之一，其特点为原因在前、结

果在后,并且原因和结果之间通常存在类似数学函数关系的紧密联系。利用事物之间的这种紧密联系(因果关系)建立模型,可为预测工作提供方便。

在经济活动中,利用事物发展过程中的相关性进行预测之前,首先需要确定两事物之间是否具有相关性。当事物之间不具备相关性或相关性较弱时,很难建立相关数学模型。

此外,事物间的相关性是有条件的,即事物间的相关程度可能随着条件的变化而变化,从而使得利用历史资料建立起的模型失效。因此,在利用相关模型进行预测时,需要分析这种相关性在计划期内是否会发生较大的改变。如果发生改变,可能需要对模型进行修正,甚至需要重新建立新模型。

3. 类推原理

许多事物相互之间在结构、模式、性质、发展趋势等方面存在相似之处,即有相似性。根据这种相似性,人们可以基于某一已知事物的发展变化情况类推出另一相似事物未来可能的发展趋势。例如,彩色电视机的发展与黑白电视机的发展存在某些类似之处,这样可以利用黑白电视机的发展规律类推彩色电视机的发展规律。

在经济活动中,利用类推原理进行预测时,首先需要判断两事物之间的发展变化是否具有相似性。如果事物之间不存在相似性,则不能进行类推。

相似并不等于相同,同时由于时间、地点、范围及其他许多条件的不同,常常会使两事物的发展变化产生较大的差距。例如,在利用经济和技术比较先进国家或地区的经济发展历史来类推预测本国或本地区的经济发展情况时,就必须考虑并研究社会制度、经济基础、消费习惯等一系列因素的差异性可能造成的影响,分析在这些不同因素的影响之下是否还能利用类推原理,如果能用的话,应当估计并修正这些差异所带来的偏差,使预测的误差尽量最小。

4. 概率原理

任何事物的发展都有一定的必然性和偶然性,经济发展过程也不例外。人们在充分认识事物之前,只知道其中有些因素是确定的,有些因素是不确定的,即存在偶然性因素。通过对事物发展偶然性的分析,可揭示其内部隐藏着的必然性,借此推测事物未来的发展。从偶然性中发现必然性可通过概率论和数理统计方法,求出随机事件出现各种状态的概率,然后根据概率去推测预测对象的未来状态。马尔可夫预测法、交叉影响法等都需要运用概率原理。

2.2.2 经济预测的基本要求

经济预测的准确度越高,预测效果就越好。然而,由于各种主客观原因,预测不可能没有误差。为了提高预测的准确程度,预测工作应该满足客观性、全面性、及时性、科学性、持续性和经济性等基本要求。

1. 客观性

经济预测是一种以客观事物作为依据的分析活动,这种活动是通过人的主观活动完成的,可能受到人的知识、经验等的限制,但是预测工作不能主观随意地"想当然",更不能弄虚作假。

2. 全面性

影响经济活动的因素是多方面的，既包括经济活动本身，也包括政治因素、社会因素和技术因素等。这些因素相互作用使经济活动呈现出纷繁复杂的局面。因此，预测者应从各个角度归纳和概括经济活动的变化，避免出现以偏概全的现象。

3. 及时性

信息无处不在，无时不有，任何信息对经济活动主体来说，都既是机会又是风险。对于预测来说，过时的信息是毫无价值的。信息越及时，不能预计的因素越少，预测的误差就越小。因此，为了作出正确的决策，需要及时收集相关信息。

4. 科学性

预测所采用的资料，只有经过去粗取精、去伪存真的筛选过程，才能反映预测对象的客观规律。运用资料时，应遵循近期资料影响大、远期资料影响小的规则。预测模型也应精心挑选，必要时还须先进行试验，找出最能代表事物本质的模型，以减少预测误差。

5. 持续性

经济活动的变化是连续不断的，不可能停留在某一个时点上。相应地，经济预测需要不间断地持续进行。实际工作中，一旦经济预测有了初步结果，就应当将预测结果与实际情况相比较，及时纠正预测误差，使经济预测保持较高的动态准确性。

6. 经济性

一般来说，经济预测需要投入大量的人力、物力和财力。因此，进行预测工作时需量力而行，要讲求经济效益。有时，预测者（如企业）发现自身进行预测成本太高，会委托专门机构（如咨询公司）来进行预测。

2.2.3 经济预测的基本步骤

预测过程大体包括以下几个步骤。

1. 确定预测目标

预测工作的第一步要明确预测目标，即明确预测什么，通过预测要解决什么问题。例如，预测某一产品品种的市场需求就是一个具体的预测目标。预测目标规定了预测的内容、范围、要求、期限，它是预测的主题，直接影响预测结果。因此，确定预测目标要准确、清楚和具体。

预测的问题或目的不同，所需的资料和采用的预测方法也有所不同，例如，对于人民群众的生活水平，既可以从其收入方面来预测，也可以从其消费结构方面来预测，还可以从物价变动对其生活的影响程度等方面来预测。只有有了明确的目的，才能据此收集必要的统计资料和采用合适的统计预测方法。

2. 拟定预测方案

预测工作的第二步是根据预测目标的内容和要求，编制预测计划和确定参加人员，拟定预测方案，为全面展开预测工作做好组织上、行动上的准备。

3. 收集整理资料

应根据预测目标和拟定的预测方案，尽可能全面地收集与预测目标相关的各种资料和数据。例如，根据选定的某种产品市场需求预测目标，广泛收集该产品历史资料及市场经济形势、社会购买力、消费者偏好等有关因素变化的各种信息。准确的统计资料是进行预测的基础。预测之前必须掌握大量完备的、全面的、准确有用的数据和情况信息。为保证统计资料的准确性，还必须对资料进行审核、调整和推算。对审核、调整后的资料要进行初步分析，画出统计图形，以观察统计数据的性质和分布，并分析其发展变化的规律，作为选择预测模型的依据。

4. **建立预测模型**

在获得数据资料的基础上，根据有关经济理论、预测目标、预测要求及实际情况，选择适当的预测和评估方法，确定经济参数，分析各种变量之间的关系，建立能反映实际的预测模型。

5. **进行分析评价**

利用建立的预测模型和方法，对各种变量数据进行具体计算，并对获得的计算结果进行分析、检验和评价。若预测值和实际值相差较小，在要求允许的范围之内，则预测效果较好，可以采用；反之，则预测效果较差，不能采用。这时，应重新拟定预测方案，建立新的预测模型，进行新的预测和分析。

6. **修正预测结果**

在允许的误差范围内，如预测值和预期值差异较大时，应具体分析产生误差的原因，并及时加以修正。

7. **提出分析报告**

全面、完整、系统地总结市场预测，提交总结报告。其主要内容包括预测目标、预测方法、预测时间、参加人员、参考资料、预测结果及分析评价意见，可作为制定经营战略、销售策略及生产计划等决策的重要依据。

2.3 预测数据的收集与处理

1. **预测数据来源**

预测数据来源可以是预测者调查收集的第一手资料，也可以是政府、主管业务部门、综合管理部门公布或单位内部积累的历史资料和市场信息资料。

2. **预测数据的要求**

预测时，对收集的资料要认真审核，对不完整的或不便使用的资料要进行必要的推算或调整，保证资料的完整性、准确性、可比性和一致性。

完整性是预测分析对数据资料的要求，是指数据的精确性和可靠性。它是为防止存在不符合规定的数据和防止因错误信息的输入输出造成错误信息而提出的。

准确性有两方面的含义：一是必须准确反映所代表的经济主体的状态；二是必须是预测分析中所要求的数据。

可比性是通常所说的数据口径问题，即作为预测使用的数据统计口径一致，相互可比。

一致性是指作为预测使用的数据的基本特征或特性相同，其他特性或特征相类似。

3. **预测数据的类型**

在经济预测中常见的数据类型有两类。

（1）时间序列数据。它是指对同一经济单元在不同时间连续观察所取得的数据。它着眼于研究对象（经济变量）在时间顺序上的变化，寻找经济对象随时间变化的规律。例如，全国城镇居民 2010—2021 年的可支配收入数据就是时间序列数据，见表 2-1。

表 2-1　全国城镇居民 2001—2021 年的可支配收入

年份	2010	2011	2012	2013	2014	2015	2016	2017	2018	2019	2020	2021
城镇居民可支配收入/元	19 109	21 810	24 565	26 955	28 844	31 195	33 616	36 396	39 251	42 359	43 834	47 412

利用时间序列数据做样本时，要注意 4 个问题：一是所选择的样本区间内经济行为的一致性；二是样本数据在不同样本点之间不可比，需要对原始数据进行调整，消除其不可比因素；三是样本观测值过于集中，因而时间序列数据不适于对模型中反映长期变化关系的结构参数的估计；四是模型随机误差的序列相关问题。

（2）横截面数据。它是指在某一时点收集的不同经济单元的数据。它对应同一时点上不同经济单元（经济变量）所组成的一维数据集合，研究的是某一时点上的某种经济现象，突出经济单元的差异。

例如，2021 年北京、上海等 10 个省市的城镇居民人均可支配收入数据就是横截面数据，见表 2-2。

表 2-2　2021 年北京、上海等 10 个省市的城镇居民人均可支配收入

地区	上海	北京	浙江	江苏	天津	广东	福建	山东	辽宁	内蒙古
城镇居民人均可支配收入/元	78 027	75 002	57 541	47 498	47 449	44 993	40 659	35 705	35 112	34 108

横截面数据的突出特点是离散性强。横截面数据体现的是个体的个性，突出个体的差异，通常横截面数据表现的是无规律的而非真正的随机变化，即计量经济学中所谓的"无法观测的异质性"。在分析横截面数据时，主要应注意两个问题：一是异方差问题，由于数据是在某一时期对个体或地域的样本的采集，不同个体或地域本身就存在差异。二是数据的一致性：主要包括变量的样本容量是否一致，样本的取样时期是否一致，数据的统计标准是否一致。

4．预测数据的处理

（1）剔除法。剔除法删除那些不能反映预测对象正常发展趋势的数据。例如，某公司 2013—2021 年销售额总体呈现上升趋势，见表 2-3，但由于 2017 年受偶然因素影响，销售额出现明显的下滑。如果使用这些数据来建立预测模型并对公司未来前景进行预测，就应该剔除 2017 年的数据。

表 2-3　某公司 2013—2021 年销售额

年份	2013	2014	2015	2016	2017	2018	2019	2020	2021
销售额/万元	600	625	700	885	660	1 045	1 205	1 305	1 430

(2)还原法。还原法采用一定方式将数据变换成没有偶然因素影响时本应该发生的数据。例如,对表2-3中2017年的数据,可用使用前后两年数据的算术平均值替代。

$$2017年销售额 = \frac{885+1\,045}{2} 万元 = 965 万元$$

(3)拉平法。拉平法采用一定方式消除因为条件重大变化而导致前后数据出现的较大差异。例如,某公司2013—2021年销售额见表2-4。

表2-4 某公司2013—2021年销售额(拉平前)

年份	2013	2014	2015	2016	2017	2018	2019	2020	2021
销售额/万元	600	634	679	623	1 336	1 392	1 449	1 494	1 562

从表2-4可知,2017年销售额出现很明显的增加,主要原因是2017年公司新建一条生产线,该生产线可每年为企业新增700万元销售收入。因此,在使用表2-4中的数据来建立预测模型并对公司未来前景进行预测时,应该将2017年以前的各年数据增加700,即拉平由于新建生产线的影响,拉平后的数据见表2-5。

表2-5 某公司2013—2021年销售额(拉平后)

年份	2013	2014	2015	2016	2017	2018	2019	2020	2021
销售额/万元	1 300	1 334	1 379	1 323	1 336	1 392	1 449	1 494	1 562

2.4 经济预测方法

2.4.1 预测方法概述

经济预测的准确性在很大程度上取决于所选择的方法是否科学。选择预测方法要从预测对象的特点出发,综合考虑预测的目的和要求、数据资料、预测费用与收益的比较等因素。预测方法比较多,应用中的关键是选择恰当、有效的方法。有时可综合使用多种方法,以便相互验证。

按照预测的性质,可将预测方法分为两大类:定性预测方法和定量预测方法。

定性预测方法是指预测者基于已经掌握的历史资料和直观材料,运用其知识、经验和分析判断能力,对事物的未来发展趋势做出性质和程度上的判断,并通过一定的形式综合各方面的意见,得出统一的预测结论的一类方法,常见的方法有头脑风暴法、德尔菲法等。

定量预测方法是指预测者根据准确、及时、系统、全面的调查统计资料和经济信息,运用统计方法和数学模型,对经济现象未来的规模、水平和比例关系等做出测定的一类方法。常见的方法有趋势外推预测法、回归分析预测法、时间序列预测法等。

2.4.2 预测方法的选择

预测方法的选择主要取决于以下因素。

(1) 预测项目的性质。例如,是定性预测还是定量预测。

(2) 决策者对预测的要求。例如,预测期限要求(长期预测、中期预测还是短期预测)、预测精度要求等。

(3) 预测条件。如收集资料的难易程度、资料的丰富程度和有效程度、预测经费等。

表 2-6 给出了常见预测方法的主要应用范围和特点,仅供预测工作者选择预测方法时参考。

表 2-6 常见预测方法的主要应用范围和特点

预测方法	主要应用范围	预测精确度			预测所需资料	预测成本	预测所需时间
		短期预测	中期预测	长期预测			
专家调查法	技术预测新产品开发	中等至良好	中等至良好	中等至良好	以调查表方式收集信息	中等	两个月以上
移动平均法	有历史统计数据的定量预测	差至良好	差	较差	一定数量的历史数据	低	几天以内
指数平滑法	有历史统计数据的定量预测	中等至良好	差至良好	极差	一定数量的历史数据	低	几天以内
趋势分析法	各种预测对象的趋势分析	良好	良好	良好	最好有5年以上数据,视使用趋势形式而定	低	几天以内
时间序列法	有历史统计数据的定量预测	良好至优	中等至良好	差	在模型识别时需要50个以上的历史数据	中等偏低	一个星期左右
回归预测法	可以找到相关因素的定量预测	良好至优	良好至优	差	需要数年历史统计数据或调查数据	中等偏低	一个月左右

2.4.3 预测模型的评价标准

对同一个预测项目,可以选用多种预测方法来建立预测模型,利用这些模型往往会得到差异较大的预测结果。因此,这里存在对模型的优劣进行评价的问题。一般地,对预测模型的评价应遵循以下准则。

(1) 合理性。此准则要求利用预测模型得到的预测结果应与利用经验和逻辑判断得出的事物发展趋势相一致。

（2）预测能力。此准则要求预测模型要能解释预测期间事物的发展情况并且预测误差要在一定的置信区间。

（3）稳定性。此准则要求预测模型能在较长时期内准确地反映预测对象的发展变化。

（4）简单些。此准则要求预测模型在满足预测能力的前提下尽量形式简单、易于运用。

2.5 经济预测的误差

2.5.1 经济预测的误差原因分析

在经济预测中，我们常会遇到出现预测误差（如预测值偏低或偏高）的现象。产生误差的主要原因有以下几点。

（1）主观因素。预测过程中不论是了解预测系统特性，选择影响预测事物变化的主要因子，对数据的取舍与整理，还是选定预测模型等，都依赖于人的主观判断和选择。预测者的分析判断能力和认识的局限性是产生预测误差的重要原因之一。因此，熟悉预测对象的过去和现在，预测者知识渊博、经验丰富，计算机应用能力、思维判断能力和责任心比较强是减小预测误差的重要保证。

（2）条件因素。经济预测是以经济统计资料和经济信息为基础，根据过去和现在的资料预测未来。不论是时间序列数据还是横截面数据，往往都存在不完整、不及时或不准确的现象，这也是产生预测误差的重要原因之一，因此，收集准确、全面、及时的经济统计资料是提高经济预测精确度、减少预测误差的重要条件。此外，经费和期限的约束等都对预测误差具有一定的影响。

（3）技术因素。预测方法和预测模型的选择不恰当，也是产生预测误差的重要原因。常用的经济预测方法有趋势预测法、时间序列分析预测法、回归分析预测法、马尔可夫预测法等。每一种预测方法都有其优点和不足，适用于不同的对象和条件，具有不同的预测效果、预测能力。因此，在选择预测方法时应避其短用其长，才会提高预测的精确度。只有选用正确的预测方法，才会减少预测误差。

（4）环境因素。作为预测对象的经济现象，总是处在一定的特定环境之中，受多种环境因素（社会、经济、政治、生态、管理等）影响。例如，经济方面，用户的需求及生产成本会影响对某产品的推广应用的预测，社会、生态方面，人口增长、社会水准、生态环境也会影响预测的精度。因此，预测者必须考虑这些环境因素对技术、经济发展的影响程度。

2.5.2 预测误差的度量

记预测指标的实际值序列为 $\{y_1, y_2, \cdots, y_n\}$，相应的预测值序列为 $\{\hat{y}_1, \hat{y}_2, \cdots, \hat{y}_n\}$。

1. 绝对误差 e_i

$$e_i = y_i - \hat{y}_i \tag{2-1}$$

当 $e_i>0$ 时，表示 $\hat{y}_i$ 为低估预测值；当 $e_i<0$ 时，表示 $\hat{y}_i$ 为高估预测值。

2. 相对误差 $\tilde{e}_i$

$$\tilde{e}_i = \frac{y_i - \hat{y}_i}{y_i} \times 100\% \tag{2-2}$$

相对误差克服了预测指标本身量纲的影响。

3. 平均误差 ME

$$\text{ME} = \frac{1}{n}\sum_{i=1}^{n} e_i \tag{2-3}$$

由于实际值与预测值之间的离差有正有负，相加后会相互抵消，甚至为零，因此该指标实际上无法反映预测误差的大小。

4. 平均绝对误差 MAE

$$\text{MAE} = \frac{1}{n}\sum_{i=1}^{n} |e_i| \tag{2-4}$$

该指标可以反映预测误差的大小。

5. 均方误差 S^2

$$S^2 = \frac{1}{n}\sum_{i=1}^{n} e_i^2 \tag{2-5}$$

6. 均方根误差 S

$$S = \sqrt{\frac{1}{n}\sum_{i=1}^{n} e_i^2} \tag{2-6}$$

2.5.3 预测误差的修正

如前所述，经济预测是在一定内外部条件下，基于经济活动过去的信息和现实情况，运用定性、定量的方法或技术来预计和推测未来的过程。一般来说，当经济活动发展规律发生作用的条件不变时，合乎规律的经济现象就会重复出现。然而，经济活动的内外部条件总是在不断变化的，经济活动未来的发展也绝不是过去现象的简单重复。因此，预测者必须根据经济活动的内外部条件的变化及时修正预测误差，为决策提供真实准确的依据。

做好预测误差的修正工作，除了要选择、配备一定数量的懂业务、工作态度好、具有预测经验的人员，构建合理的预测队伍外，还应做好以下工作：首先，要核实已有的数据资料，并及时掌握近期有关的经济活动的数据资料，建立经济活动的数据档案，从各种所需资料对比中，分析其特性和成因；其次，要根据资料的具体特征选择预测方法，在符合预测要求的前提下，力求省时、省力、方便、简单；最后，要在真实准确的数据资料与合理预测的方法基础上，进行实事求是的预见和推测，保证预测值的真实可靠。

查明较大误差的成因后，即可对症下药。纠正误差的重要内容之一是修正预测模型。下面以简单平均法逐期修正模型为例进行介绍。

（1）求出相邻两期预测误差的平均值作为预测模型的修正值，其计算公式为

$$D_1 = \frac{(\hat{y}_1 - Y_1) + (\hat{y}_2 - Y_2)}{2} \tag{2-7}$$

式中，D_1 为修正值；Y_1，$\hat{y}_1$ 分别为第一期的实际值和预测值；Y_2，$\hat{y}_2$ 分别为第二期的实际值和预测值。

（2）将 D_1 加进模型（简单平均法逐期修正模型）的常数项，再用修正后的模型进行第三期预测，求出第二次的修正值 D_2，其计算公式为

$$D_2 = \frac{(\hat{y}_2 - Y_2) + (\hat{y}_3 - Y_3)}{2} \tag{2-8}$$

再用 D_2 对模型进行修正，依此用简单平均逐期修正预测模型，实质上是边预测边修正，使结果有良好的跟踪性，为预测值的可靠性提供保证。

2.6 习　题

1. 简述经济预测的含义及特点。
2. 简述经济预测的基本原理及要求。
3. 简述经济预测的基本步骤。
4. 简述预测数据的类型及处理方法。
5. 简述经济预测误差原因及修正方法。

第 3 章　定性预测法

3.1　定性预测法概述

3.1.1　定性预测法的含义

定性预测法是指预测者基于已经掌握的历史资料和直观材料，运用相关知识、经验和分析判断能力，对事物的未来发展趋势做出性质和程度上的判断，并通过一定的形式综合各方面的意见，得出统一的预测结论的方法。

这种方法不可能提供有关事件的精确的定量概念，只能定性地估计某一事件的发展趋势、优劣程度和发生的概率。预测准确与否完全取决于预测者的知识和经验。进行定性预测时，虽然为了汇总个人意见和综合地说明问题，也需将定性的资料进行量化，但并不改变这种方法的性质。

定性预测法特别适合对预测对象的数据资料（包括历史的和现实的）掌握不充分，或影响因素复杂、难以用数字描述，或对主要影响因素难以进行数量分析等情况。由于该方法不用或很少用数字模型，预测结果并没有经过量化或者定量分析，因而受人的主观因素影响大，客观确定性差，精度难以估计和控制。

定性预测法的主要用途是：在定量分析之前进行定性分析，明确发展趋势，为定量分析做准备工作；在缺乏定量预测的数据时，直接进行预测；与定量分析法结合使用，以提高预测的可靠程度；对定量预测的结果进行评价。

3.1.2　定性预测法的优点及不足

1. 定性预测法的优点

定性预测法的优点主要有：第一，定性预测通常比定量预测操作简单，且操作成本低；第二，由于定性预测的资料等主要来源于消费现场，定性预测可以了解消费者的动机及感觉，这是定量预测无法做到的；第三，定性预测法往往是定量调查的前提，对于市场调研者或决策者来说，往往将这两种预测方法综合使用。所以，这两种方法有效地结合后，可以更透彻地了解消费者的要求。

2. 定性预测法的不足

定性预测法的不足主要有：第一，定性预测法只能预测一些简单的事件，对一些技术要求比较高的决策事件无法提供准确的预测；第二，定性预测法的主观性较强，往往会由于个人主观的错误而导致整个预测结果的偏差；第三，由于个人之间的意见有时偏差较大，因而一般不易得出综合意见。

3.2 头脑风暴法

3.2.1 头脑风暴法概述

头脑风暴法又称智力激励法、BS 法，是由美国创造学家 A. F. 奥斯本于 1939 年首次提出、1953 年正式发表的一种激发创造性思维的方法。此法经各国创造学研究者的实践和发展，至今已经形成了一个系列方法群，如奥斯本智力激励法、默写式智力激励法、卡片式智力激励法等。

头脑风暴法是一种专家会议法，是指根据规定的原则选定一定数量的专家，按照一定的方式组织专家会议，发挥专家集体的智能结构效应，对预测对象未来的发展趋势及状况做出判断的方法。它通过小型会议的组织形式，让所有参加者在自由愉快、畅所欲言的气氛中自由交换想法或点子，并以此激发与会者的创意及灵感，使各种设想在相互碰撞中激起脑海的创造性"风暴"。

这种方法适合解决那些比较简单、严格确定的问题，如产品名称、广告语、销售方法、产品的多样化等，并适合需要大量构思、创意的行业，如广告业。

3.2.2 头脑风暴法的操作程序

头脑风暴法的操作程序如下。

1. 确定议题

一个好的头脑风暴法的实施过程从对问题的准确阐明开始。因此，实施头脑风暴法之前应对所议问题进行一定的研究，弄清问题的实质，找到问题的关键，设定解决问题所要达到的目标。一般而言，比较具体的议题能使与会者较快地产生设想，主持人也较容易掌握；比较抽象和宏观的议题引发设想的时间较长，但设想的创造性也可能较强。

2. 准备阶段

在准备阶段，要收集一些资料预先发给大家参考，以便与会者了解与议题有关的背景材料和外界动态。同时，选定参加会议人员，一般以 5~10 人为宜，不宜太多。会场可做适当布置，座位排成圆环形的环境往往比教室式的环境更为有利。应提前将会议的时间、地点、所要解决的问题、可供参考的资料和设想、需要达到的目标等事宜一并提前通知与会人员，让大家做好充分的准备。

3. 明确分工

在这个阶段，应推选 1 名主持人，1~2 名记录员（秘书）。主持人的作用是在头脑风暴畅谈会开始时重申讨论的议题和纪律，在会议进程中启发引导，掌握进程，如通报会议进展情况，归纳某些发言的核心内容，提出自己的设想，活跃会场气氛，或者让大家静下来认真思索片刻再引导下一个发言高潮等。记录员应将与会者的所有设想都及时编号，简要记录，最好写在黑板等醒目处，让与会者能够看清，还应随时提出自己的设想，切忌持旁观态度。

4. 热身阶段

这个阶段的目的是创造一种自由、密切配合、祥和的氛围，使大家得以放松，进入一种无拘无束的状态。主持人宣布开会后，先说明会议的规则，然后随便谈些有趣的话题或问题，让大家的思维轻松和活跃起来。

5. 明确问题

主持人简明扼要地介绍有待解决的问题。介绍时须简洁、明确，不可过分周全，否则过多的信息会限制人的思维，干扰思维创新的想象力。

6. 重新表述问题

经过一段讨论后，大家对问题已经有了较深程度的理解。这时，为了使大家对问题的表述能够具有新角度、新思维，主持人或记录员要记录大家的发言，并对发言记录进行整理。通过对记录的整理和归纳，应找出富有创意的见解及具有启发性的表述，供进一步畅谈时参考。

7. 畅谈阶段

畅谈是头脑风暴法的创意阶段。为了使大家能够畅所欲言，需要制定规则：第一，不要私下交谈，以免分散注意力；第二，不妨碍、不评论他人发言，每人只谈自己的想法；第三，发表见解时要简单明了，一次发言只谈一种见解。主持人首先要向大家宣布这些规则，随后引导大家自由发言、自由想象、自由发挥，使彼此相互启发、相互补充，真正做到知无不言、言无不尽、畅所欲言，然后对会议发言记录进行整理。

8. 筛选阶段

会议结束后的一两天内，主持人应向与会者了解会后的新想法和新思路，补充会议记录，然后将大家的想法整理成若干方案，再根据一定的标准进行筛选。经过多次反复比较和优中择优，最后确定1~3个最佳方案。这些最佳方案往往是多种创意的优势组合，是大家集体智慧综合作用的结果。

3.2.3 头脑风暴法的5个原则及注意事项

1. 头脑风暴法的5个原则

（1）自由畅谈原则。该原则要求参加者能解放思想，不受任何条条框框限制，无拘无束地思考问题并畅所欲言，不必顾虑自己的想法是否离经叛道或荒唐可笑。参加者从不同角度、不同层次，大胆地展开想象，尽可能地标新立异，与众不同，提出独创性的想法。

（2）延迟评判原则。该原则要求一切评价和判断都要延迟到会议结束以后才能进行。头脑风暴法必须坚持当场不对任何设想作出评价的原则，即既不能肯定某个设想，又不能否定某个设想，也不能对某个设想发表评论性的意见。这样做一方面是为了防止评判约束参加者的积极思维，破坏自由畅谈的有利气氛；另一方面是为了集中精力先开发设想，避免把应该在后阶段做的工作提前进行，影响创造性设想的产生。

（3）禁止批评原则。该原则是头脑风暴法应该遵循的一个重要原则。参加头脑风暴会议的每个人都不得对别人的设想提出批评意见，因为批评无疑会对创造性思维产生抑制作用。同时，发言人的自我批评也在禁止之列。有些人习惯于用一些自谦之词，这些自我批评性质的说法同样会破坏会场气氛，影响自由畅想。

（4）以量求质原则。头脑风暴法的目标是获得尽可能多的设想，追求数量是它的首要任务。参加会议的每个人都要尽可能多而广地提出设想，以大量的设想来保证质量较高的设想的存在。至于设想的质量问题，可留到会后的设想处理阶段去解决。在某种意义上，设想的质量与数量密切相关，产生的设想越多，其中的创造性设想就可能越多。

（5）结合改进原则。在头脑风暴法中应尽量鼓励参加者积极进行智力互补，鼓励参加者对他人已经提出的设想进行补充、改进和综合，鼓励参加者注意思考如何把两个或更多的设想结合成一个更完善的设想。

2. 注意事项

（1）议题的选择。议题的选择应从平日悬而未决的问题着手。也就是说，议题必须合乎参加者的层次和关心程度，并以参加者一直期待解决的问题为最佳。当然，事先公开议题的做法也是可行的，但参加者是否会围绕议题尽力去思考、设想，仍有必要斟酌。因而，将大议题细化，从参加者关心程度较高的议题开始，不失为一种好的办法。

议题的内涵应该明确，不该模棱两可、似是而非。会议开始后，主持人应仔细阐述议题，以便参加者理解。

（2）专家的选取。为提供一个良好的创造性思维环境，应该确定专家会议的最佳人数和会议进行的时间。经验证明，专家小组的规模以 10~15 人为宜，会议时间一般以 20~60 分钟最佳。

专家的人选应严格限制，便于参加者把注意力集中于所涉及的问题。具体应按照下述 3 个原则选取。

第一，如果参加者相互认识，要从同一职位（职称或级别）的人员中选取。领导人员不应参加，否则可能对参加者造成某种压力。

第二，如果参加者互不认识，可从不同职位（职称或级别）的人员中选取。这时不应宣布参加人员的职称，不论成员的职称或级别高低，都应同等对待。

第三，参加者的专业应力求与所论及的决策问题相一致，这并不是专家组成员的必要条件。但是，专家中最好包括一些学识渊博、对所论及问题有较深理解的其他领域的专家。

一般来说，头脑风暴法专家小组应由下列人员组成：方法论学者——专家会议的主持者；设想产生者——专业领域的专家；分析者——专业领域的高级专家；演绎者——具有较强逻辑思维能力的专家。

（3）主持人须知。头脑风暴法的主持工作最好由对决策问题的背景比较了解并熟悉头脑风暴法的程序和方法的人担任。

在参加者的发言气氛相当热烈时，可能会出现许多违背 5 个原则的现象，如嘲笑别人的意见、公开评论他人的意见等情况，此时主持人应当立即制止。

当许多灵感陆续被激发出来，而参与者也呈疲惫状、灵感激发速度明显下降时，主持人可以以"每人再提两个设想就结束"之类的话结束会议。

为避免参加者太疲倦而产生反感甚至厌恶情绪，主持人应控制好时间，一般建议控制在 30 分钟左右。

会议结束后，主持人应表示感谢并鼓励和表扬大家。

(4) 记录员须知。记录员应依照发言顺序标号记录设想，在发言内容含混不清时，应向发言者确认，发言内容过长时，仅记录要点即可。记录的字迹要清晰，确保每位参加者都能看清，卡片内容应简洁整齐。

(5) 注意记录的分类整理工作。会议结束后应该对所作记录进行分类整理，并加以补充，然后交由具有丰富经验和专业知识的专家组进行筛选。筛选应从可行性、应用效果、经济回报率、紧迫性等多个角度进行，以选择最恰当的设想。

此外，由于用头脑风暴法产生出来的构想大部分都只是一种提示，少部分是可以用来直接解决问题的，因此整理、补充和完善构想这一步就显得相当重要。

3.2.4 头脑风暴法的优点及不足

头脑风暴法的优点包括：有助于专家交换意见，通过互相启发弥补个人意见的不足，通过内外信息的交流与反馈产生"思维共振"，进而将产生的创造性思维活动集中于预测对象，在较短时间内得到富有成效的创造性成果，为决策提供预测依据。

头脑风暴法的不足包括：邀请的专家人数受到一定的限制，若挑选不恰当，容易导致策划的失败；由于专家的地位及名誉等原因，有些专家不敢或不愿当众说出与己相异的观点。

3.2.5 头脑风暴法的经典案例

盖莫里公司是法国的一家拥有300人的中小型私人企业，该企业生产的电器产品有许多竞争者。该企业的销售负责人参加了一个关于发挥员工创造力的会议后大受启发，开始在自己公司谋划成立一个创意小组。

在冲破了来自公司内部的层层阻力后，负责人把整个小组（约10人）安排到了一家乡村小旅馆里，在之后的3天中，每人都采取了一些措施，以避免外部的电话或其他干扰。

第1天全部用来训练，通过各种训练，组内人员开始相互认识，他们相互之间的关系逐渐融洽，开始还有人感到惊讶，但很快他们就进入了角色。

第2天开始应用创造力训练技能，涉及头脑风暴法及其他方法。他们要解决的问题有：发明一种拥有其他产品没有的新功能的电器，然后为此新产品命名。

问题的解决过程用到了头脑风暴法。在解决新产品命名这一问题过程中，经过两个多小时的激烈讨论，共取了300多个名字，主管则暂时将这些名字保存起来。

第3天一开始，主管便让大家根据记忆，默写出昨天大家提出的名字。在300多个名字中，大家只记住20多个。然后，主管又在这20多个名字中筛选出了3个大家认为比较可行的名字，并就这些名字征求顾客意见，最后确定了一个名字。

结果，新产品一上市，便因为其新颖的功能和朗朗上口、让人回味的名字受到了顾客的热烈欢迎，迅速占领了大部分市场，在竞争中击败了对手。

由此可见，员工的创造潜力是巨大的，一个优秀的领导者，应该懂得如何发掘和运用这一潜力。

3.3 德尔菲法

3.3.1 德尔菲法概述

德尔菲法（Delphi method）是在 20 世纪 40 年代由 O. 赫尔姆和 N. 达尔克首创，并经过 T. J. 戈尔登和兰德公司进一步发展而形成的。1946 年，美国兰德公司为避免集体讨论存在的屈从于权威或盲目服从多数的缺陷，首次用这种方法进行定性预测，后来这种方法被广泛采用。20 世纪中期，当美国政府执意发动朝鲜战争时，兰德公司提交了一份预测报告，预言这场战争必败。政府没有采纳，结果一败涂地。从此以后，德尔菲法得到广泛认可。

德尔菲法最初产生于科技领域，后来逐渐应用于众多领域的预测，如军事预测、人口预测、医疗保健预测、经营和需求预测、教育预测等。此外，还用于评价、决策、管理沟通和规划工作。

德尔菲法依据系统的程序，采用匿名发表意见的方式，即团队成员之间不互相讨论，不发生横向联系，只能与调查人员联系，反复地填写问卷，以集结问卷填写人的共识及收集各方意见，经过反复征询、归纳、修改，最后汇总成专家基本一致的看法，作为预测的结果。

这种特殊的经验意见综合法与一般的经验意见综合法相比有以下 4 个显著的特点。

（1）匿名性。在德尔菲法每一轮的征询中，均采取背靠背的办法向专家征询意见，专家之间彼此不交流。这样做可以保证每位专家（如老前辈或者较高地位者）不可能制约其他人的意见，使其他人不用碍于情面而提出不同的意见。所以，匿名可以创造一种平等、自由的气氛，鼓励专家发表自己的见解。

（2）反馈性。采用德尔菲法要多次轮番征询意见，每次征询都必须把预测主持者的要求和已经参加应答的专家的意见的统计资料反馈给专家，具有可将信息反馈的特点。经过多次反馈，可以不断修正预测意见，使预测结果比较准确、可靠。

（3）集思广益。在整个预测过程中，每一轮都将上一轮的许多意见与信息进行汇总和反馈，可以使专家在背靠背的情况下，充分了解各方面的客观情况和别人的意见，以及持不同意见的理由，有助于开拓思路、集思广益。

（4）趋同性。德尔菲法注意对每一轮专家意见作出定量的统计归纳，使专家能借助反馈意见，最后使预测意见趋于一致。因此，不论是从理论上还是从实践情况来看，德尔菲法常常能使专家的预测结果"趋同"，而且这种"趋同"不带有集体讨论预测法中盲从权威的色彩。

总之，德尔菲法既能发挥每个专家的经验和判断力，又能将个人的意见有效地综合为集体意见。可以认为，它是一种科学性较强、适用范围广、可操作性强、较为实用的定性预测方法。然而，德尔菲法也有一定的局限性，例如，预测需要的时间较长，主要凭专家的主观判断，缺乏客观标准，等等。为了克服上述局限，预测者应在保证科学性、合理性的前提下，灵活运用德尔菲法。

3.3.2 德尔菲法的实施步骤

德尔菲法的实施主要包括3个阶段：准备阶段、轮番征询阶段和作出预测结论阶段。

1. 准备阶段

此阶段主要完成以下3项工作。

（1）确定预测主题，归纳预测事件。预测主题就是所要研究和解决的问题。一个主题可以包括若干个事件，事件是用来说明主题的主要指标。

（2）拟定意见征询表。根据预测的目的和要求，拟定需要调查了解的问题，列成预测意见征询表。征询表的设计应做到以下几点：主题明确，中心突出；语言简练，文字表达准确，不会让人产生误解；问题简单明确且数量不宜过多；问题之间应当有一定的内在联系，以便被征询者有一个连贯的思路；问题要有启发性；问题的解答应当便于数量化处理；表格的设计应当清楚，不要太复杂；表格中应当提供一些已掌握的背景材料，供专家预测时参考。总之，征询表的设计要有利于专家充分发表自己的意见，同时又不离题。

（3）选择专家。根据预测主题所需要的知识范围确定专家。专家应当对预测主题和预测问题有比较深入的研究，知识渊博，经验丰富，思路开阔，富有创造性和判断力。

专家的选择要注意以下几点。

第一，自愿性。选择专家时应考虑专家是否有时间、有精力，是否愿意参加此项预测活动。只有充分考虑专家的自愿性，才能避免专家意见回收率低的问题，保证专家充分发挥积极性、创造性和聪明才智。

第二，广泛性。德尔菲法要求专家有广泛的来源，这也是因为定性预测本身有多样化的知识面的需求。专家组一般应由本部门专家、行业专家和社会专家组成，各占1/3。

第三，人数适度。选择的专家的人数要适度，如果人数过少，则缺乏代表性，信息量不足；如果人数过多，则组织工作困难，成本增加。专家人数的多少可根据预测主题的大小和涉及面的宽窄而定，一般以10~50人为宜。但对重大问题的预测，专家人数可适当增加。

2. 轮番征询阶段

准备阶段的各项工作完成后，则进入向专家进行正式调查的阶段。这一阶段主要通过反复征询专家的意见来实现。

在第1轮征询中，首先，由预测主持者通过书信向专家寄送意见征询表，请专家于限定时间内寄回结果，然后，各个专家根据自己所收到的材料，提出自己的预测意见，并说明自己是怎样利用这些材料并提出预测值的，最后，预测主持者在规定时间内将结果反馈给预测小组。

在第2轮征询中，预测主持者接到各专家的结果之后，将各种不同意见进行综合整理和汇总，列成图表，进行对比，再分送给各位专家，请他们对各种意见进行比较、修正，发表自己的意见作出判断。

在第3轮征询中，预测主持者将所有专家的修改意见收集起来，汇总，再次分发给各位专家。

这样一轮一轮地征询下去，直到每一个专家不再改变自己的意见为止。逐轮收集意见并向专家反馈信息是德尔菲法的主要环节。收集意见和信息反馈一般要经过三四轮。在向专家进行反馈的时候,只给出各种意见,但并不说明发表各种意见的专家的具体姓名。

3. 作出预测结论阶段

根据几次提供的全部资料和几轮反复修改以后的各方面的意见作出预测结论。

3.3.3 意见统计处理方法

在作出预测结论阶段及轮番征询阶段,最主要的工作是用一定的统计方法对专家的意见作出统计归纳处理。常用的统计处理方法有中位数和上下四分位数法、算术平均统计处理法、主观概率统计处理法等。

下面举例说明。

实例 3-1 假定 n 位专家预测值依据情况排列后为 $x_1 \leq x_2 \leq x_3 \leq \cdots \leq x_n$。已知预测值序列见表3-1。试计算中位数、四分位数和算术平均值。

表 3-1 预测值序列

x_i	10	11	12	14	14	15	18	19	20	22	23

解 中位数、上四分位数、下四分位数的项数(位置)及算术平均值的公式分别为

$$中位数的项数 = \frac{n}{2} \tag{3-1}$$

$$上四分位数的项数 = \frac{n+1}{4} \tag{3-2}$$

$$下四分位数的项数 = \frac{3(n+1)}{4} \tag{3-3}$$

$$算术平均值 = \sum_{i=1}^{n} \frac{x_i}{n} \tag{3-4}$$

因此,基于表3-1中的数据,利用式(3-1)~式(3-4)计算得到:

中位数的位置为6,数值为15;

上四分位数的位置为3,数值为12;

下四分位数的位置为9,数值为20;

算术平均值为16.2。

实例 3-2 假定某公司准备于计划期间推出一种新型切削工具,该工具过去没有销售记录。现聘请工具专家、销售部经理、外地经销商负责人等9人采用德尔菲法来预测计划期间该项新型切削工具的全年销售量。假定对专家进行3次征询,征询得到的结果见表3-2。又假定每次征询中最高、最可能、最低的销售量所占权数(即主观概率)分别为0.3、0.5、0.2。

表 3-2 德尔菲法分析表（计算结果）

专家编号	第1次判断销售量/件			第2次判断销售量/件			第3次判断销售量/件		
	最高	最可能	最低	最高	最可能	最低	最高	最可能	最低
1	1 800	1 500	100	1 800	1 500	1 200	1 800	1 500	1 100
2	1 200	900	400	1 300	1 000	600	1 300	1 000	800
3	1 600	1 200	800	1 600	1 400	1 000	1 600	1 400	1 000
4	3 000	1 800	1 500	3 000	1 500	1 200	2 500	1 200	1 000
5	700	400	200	1 000	800	400	1 200	1 000	600
6	1 500	1 000	600	1 500	1 000	600	1 500	1 200	600
7	800	600	500	800	600	500	1 200	1 000	800
8	1 000	600	500	1 200	800	700	1 200	800	700
9	1 900	1 000	800	2 000	1 100	1 000	1 200	800	600
平均值	1 500	1 000	600	1 600	1 100	800	1 500	1 100	800
预测值	1 140								

解 记 $y_{ij}(k)$ 表示专家 k 第 i 次在状态 s_j 下专家预测值，$p(s_j)$ 为状态 s_j 的概率。状态 s_j 为最高、最可能或最低。

第 i 次预测的平均值 $X_i = \sum_{i=1}^{K}\sum_{j=1}^{J} x_{ij} p(s_j)$，$K = 9; J = 3$

最后预测值 $X = \sum_{i=1}^{I} X_i, I = 3$

因此，得

$$X_1 = 1\ 500 \times 0.3 + 1\ 000 \times 0.5 + 600 \times 0.2 = 1\ 070$$
$$X_2 = 1\ 600 \times 0.3 + 1\ 100 \times 0.5 + 800 \times 0.2 = 1\ 190$$
$$X_3 = 1\ 500 \times 0.3 + 1\ 100 \times 0.5 + 800 \times 0.2 = 1\ 160$$
$$X = \frac{x_1 + x_2 + x_3}{3} = \frac{1\ 070 + 1\ 190 + 1\ 160}{3} = 1\ 140$$

3.3.4 注意事项

特别需要注意以下两点。

（1）并不是所有被预测的事件都要经过 4 步。可能有的事件在第 2 步就达到了统一，而不必在第 3 步中出现。

（2）在第 4 步结束后，专家对各事件的预测也不一定都达到统一。不统一也可以用中位数和上下四分位点来作结论。事实上，总会有许多事件的预测结果是不统一的。

其他注意事项如下。

（1）为专家提供充分的信息，使其有足够的根据作出判断。例如，为专家提供所收集的有关企业人员安排及经营趋势的历史资料和统计分析结果等。

（2）所提出的问题应是专家能够回答的问题。

（3）允许专家粗略地估计数字，不要求精确。但可以要求专家说明预计数字的准确程度。

（4）尽可能将过程简化，不提出与预测无关的问题。

（5）保证所有专家都能够从同一角度理解员工分类和其他有关定义。

（6）向专家讲明预测对企业和下属单位的意义，以争取他们对德尔菲法的支持。

3.3.5 德尔菲法的优缺点

德尔菲法同常见的召集专家开会、通过集体讨论得出一致预测意见的专家会议法既有联系又有区别。德尔菲法能发挥专家会议法的优点，具体如下。

（1）能充分发挥各位专家的作用，集思广益，准确性高。

（2）能把各位专家意见的分歧点表达出来，取各家之长，避各家之短。

同时，德尔菲法又能避免专家会议法的缺点，具体如下。

（1）权威人士的意见可能影响他人的意见。

（2）有些专家碍于情面，不愿意发表与其他人不同的意见。

（3）出于自尊心而不愿意修改自己原来不全面的意见。

德尔菲法的主要缺点是过程比较复杂，花费时间较长，主要凭专家的主观判断，缺乏客观标准等。

3.3.6 德尔菲法的应用案例

某书刊经销商采用德尔菲法对某一专著销售量进行预测。该经销商首先选择若干书店经理、书评家、读者、编审、销售代表和海外公司经理组成专家小组。将该专著和一些相应的背景材料发给各位专家，要求大家给出该专著最低销售量、最可能销售量和最高销售量3个数字，同时说明自己作出判断的主要理由。将专家的意见收集起来，归纳整理后返给各位专家，然后要求专家参考他人的意见重新考虑自己的预测。专家完成第1次预测并得到第1次预测的汇总结果以后，除书店经理外，其他专家在第2次预测中都做了不同程度的修正。在第3次预测中，大多数专家又一次修改了自己的看法。第4次预测时，所有专家都不再修改自己的意见。因此，专家意见收集过程在第4次以后停止。最终预测结果为最低销售量为26万册，最高销售量为60万册，最可能销售量为46万册。

德尔菲法作为一种主观的定性方法，不仅可以用于预测领域，而且可以广泛用于各种评价指标体系的建立和具体指标的确定过程。

例如，在考虑一项投资项目时，需要对该项目的市场吸引力作出评价。我们可以列出同市场吸引力有关的若干因素，包括整体市场规模、年市场增长率、历史毛利率、竞争强度、对技术的要求、对能源的要求、对环境的影响等。市场吸引力的这一综合指标就等于上述因素加权求和。每一个因素在构成市场吸引力时的重要性即权重和该因素的得分需要由管理人员的主观判断来确定。这时，可以采用德尔菲法。

3.4 其他定性预测法

3.4.1 主观概率法

1. 概述

概率是随机事件发生的可能性的大小,分为主观概率和客观概率。主观概率是人们凭经验或直觉而估算出来的概率。客观概率是根据事件发展的客观性统计出来的概率。一般情况下,人们无法计算事情发生的客观概率,只能用主观概率来描述事件发生的可能性大小(即概率)。

在经济预测活动中,许多经济事件根本无法重复试验,因此在事件发生前只能对预测问题进行逻辑推理,主观估计出其发生的概率。主观概率法是一种适用性很强的统计预测方法,可以用于人类活动的各个领域。

主观概率法的实施有如下步骤。

(1) 准备相关资料。
(2) 编制主观概率调查表。
(3) 汇总整理。
(4) 判断预测。

在预测中常用的主观概率法有主观概率加权平均法和累积概率中位数法。

2. 主观概率加权平均法

该方法是以主观概率为权数,对各种预测值进行加权平均,求得最终预测值的一种方法。其主要步骤如下。

(1) 确定主观概率。根据掌握的各种资料来确定各种可能情况发生的主观概率。
(2) 计算平均期望预测值。

以下举例说明。

实例 3-3 某汽车企业根据市场销售的历史和现状,对下一年度销售情况及可能出现的自然状态进行估计。通过对 8 位市场专家进行调查,得到不同市场状态下的估计值和可能的概率,见表 3-3。

表 3-3 不同市场状态下的估计值和可能的概率

参与预测人员编号	市场需求高 估计值	市场需求高 概率	市场需求一般 估计值	市场需求一般 概率	市场需求低 估计值	市场需求低 概率	期望值
1	279	0.33	257	0.49	228	0.18	259
2	261	0.39	275	0.45	263	0.16	268
3	269	0.29	272	0.47	217	0.24	258
4	234	0.25	226	0.41	220	0.34	226
5	208	0.37	228	0.42	237	0.21	222

续表

参与预测人员编号	市场需求高 估计值	市场需求高 概率	市场需求一般 估计值	市场需求一般 概率	市场需求低 估计值	市场需求低 概率	期望值
6	232	0.27	205	0.41	253	0.32	228
7	225	0.3	222	0.41	240	0.29	228
8	222	0.3	268	0.37	207	0.33	234

解 首先，计算每个参与预测人员的期望值。计算公式为

期望值 = 需求高时的估计值 × 概率 + 需求一般时的估计值 × 概率 +

需求低时的估计值 × 概率   （3 - 5）

如 1 号参与预测人员预测的期望值为

$$27.9 \times 0.33 + 25.7 \times 0.49 + 22.8 \times 0.18 = 25.9(万辆)$$

依此类推，计算其他人员预测的期望值，如表 3-3 所示。

其次，计算平均期望值。考虑到各位参与预测人员的地位、作用和权威性的不同，分别给予 1~8 号人员权数 1,2,3,3,2,4,4 和 5。则平均期望值为

$$\frac{25.9 \times 1 + 26.8 \times 2 + 25.8 \times 3 + 22.6 \times 3 + 22.2 \times 2 + 22.8 \times 4 + 22.8 \times 4 + 23.4 \times 5}{1 + 2 + 3 + 3 + 2 + 4 + 4 + 5}$$

$= 23.7(万辆)$

因此，可以认为下一年度汽车销售量为 23.7 万辆。

3. 累积概率中位数法

这种方法根据累积概率，确定不同预测值的中位数，对预测值进行点估计和区间估计。主要步骤如下。

（1）确定主观概率及其累积概率。每个参与预测人员都要根据现有的资料对未来销售额可能情况进行估计，并给出可能发生的不同概率，概率要在 0~1 之间分出多个层次，如 0.010,0.125,0.250…,0.990 等，一般用累积概率，并填写主观概率调查表，见表 3-4。

表 3-4 主观概率调查表

参与预测人员编号	累积概率								
	0.010	0.125	0.250	0.375	0.500	0.625	0.750	0.875	0.990
	（1）	（2）	（3）	（4）	（5）	（6）	（7）	（8）	（9）

表 3-4 中第（1）列累积概率为 0.010 的估计值是可能的最小数值，表示小于该数值的可能性只有 1%。

表 3-4 中第（9）列累积概率为 0.990 的估计值是可能的最大数值，说明大于该数值的可能性只有 1%。

表 3-4 中第（5）列累积概率为 0.500 的估计值是最大、最小的中间值，说明大于和小于该数值的机会都是 50%。

（2）汇总整理，并进行分析。即将各个参与预测人员填好的调查表进行汇总，并作出点估计和区间估计。

以下举例说明。

实例 3-4 A 汽车公司预测 B 区域 2015 年的汽车需求量，选取了 12 位调查人员进行主观概率法预测，调查汇总数据见表 3-5。试对该公司 2015 年的需求量进行预测分析。

表 3-5 调查汇总表数据

参与预测人员编号	累 积 概 率								
	0.010	0.125	0.250	0.375	0.500	0.625	0.750	0.875	0.990
	（1）	（2）	（3）	（4）	（5）	（6）	（7）	（8）	（9）
1	5 697	5 770	5 827	5 892	5 953	6 009	6 072	6 136	6 215
2	5 378	5 439	5 491	5 552	5 625	5 686	5 761	5 840	5 895
3	5 305	5 381	5 442	5 508	5 580	5 638	5 697	5 747	5 802
4	5 311	5 372	5 440	5 495	5 552	5 611	5 679	5 732	5 784
5	5 730	5 791	5 860	5 936	6 009	6 082	6 145	6 219	6 282
6	5 940	6 013	6 072	6 151	6 208	6 259	6 318	6 382	6 437
7	5 504	5 574	5 640	5 692	5 751	5 822	5 890	5 947	6 001
8	5 407	5 459	5 522	5 584	5 647	5 705	5 773	5 852	5 912
9	5 492	5 551	5 626	5 686	5 764	5 828	5 881	5 956	6 034
10	5 463	5 525	5 596	5 648	5 698	5 765	5 818	5 890	5 962
11	5 820	5 899	5 955	6 032	6 109	6 170	6 222	6 290	6 356
12	5 199	5 256	5 314	5 381	5 437	5 499	5 568	5 634	5 692
平均值	5 521	5 586	5 649	5 713	5 778	5 840	5 902	5 969	6 031

解 分析与预测：

（1）综合考虑每一个调查人员的预测，在每个累积概率上取平均值，得到在此累积概率下的预测需求量。由表 3-5 可以得出 A 汽车公司在 B 区域 2015 年需求量预测最低可到 5521 辆，小于这个数值的可能性只有 1%。

（2）A 汽车公司在 B 区域 2015 年需求量预测最高可到 6 031 辆，大于这个数值的可能性只有 1%。

（3）可以用 5 778 辆作为 A 汽车公司在 B 区域 2015 年需求量的预测值，这是最大值与最小值之间的中间值。其累积概率为 50%，是需求量期望值的估计数。

（4）取预测误差为 200 辆，则预测区间为（5 778−200）~（5 778+200），即商品销售额的预测值为 5 578~5 978 辆。

（5）当预测需求量为 5 578~5 978 辆，在第（3）列到第（8）列的范围之内时，其发生概率相当于 0.875-0.125=0.750。也就是说，需求量为 5 578~5 978 辆的可能性为 75%。

3.4.2 对比类推法

对比类推法是指应用类推性原理，将预测目标与其他类似事物进行对比分析，以推断其未来发展趋势的一种推断方法。

世界上有许多事物的变化发展规律带有某种相似性。对比类推法是指利用事物之间的相似性，把已发生事物的表现过程类推到后发生或将发生的事物上，从而对后继事物的前景做出预测。依据类推目标，对比类推法可以分为行业类推法、产品类推法、地区类推法和局部总体类推法。

1. 行业类推法

行业类推法根据同一产品在不同行业使用时间的先后，利用该产品在先使用行业所呈现出的特性，类推该产品在后使用行业的规律。

这种对比类推往往用于新产品开发预测，以相近行业的相近产品的发展变化情况来类比某种新产品的发展方向和变化趋势。许多产品的发展是从某一行业市场开始并逐步向其他行业推广的，如计算机最初在科研和教育领域使用，然后才转向商用和家用。

2. 产品类推法

产品类推法就是以市场上的同类产品或类似产品在发展中所表现出的特征来类推某产品的生命周期。许多产品在功能、构造、技术、用途等方面具有极大的相似性，因而这些产品的市场发展规律往往也有某种相似性，这样就可以利用这些相似性进行类推。

例如，可以利用直角平面电视的发展特性类推纯平彩电的发展特性。直角平面电视与纯平彩电的功能是相似的，因此可以根据直角平面电视市场的发展过程类推纯平彩电的市场需求变化趋势。与其他家电产品一样，直角平面电视的发展过程遵循萌芽—成长—成熟—衰退的生命周期演变过程，不同阶段其市场需求特征是不同的。一般来说，直角平面电视产品在 5% 以下家庭使用时，尚处萌芽期；有 15% 的家庭使用时，属成长期；有 30% 的家庭使用时，就进入成熟期；有 70% 的家庭使用时，就属衰退期。所以通过对直角平面电视发展过程进行分析，掌握直角平面电视各个阶段的市场需求特征及发生转折的时机，就可以对纯平彩电市场需求进行估计。

3. 地区类推法

地区类推法是依据其他地区（或国家）曾经发生过的事件进行类推。这种推算方法是把所要预测的产品同国内外同类产品的发展过程或变动趋势相比较，找出某些共同具有的变化规律，用于推测目标的变化趋势。

以下举例说明。

实例 3-5 某数码产品公司在 A、B、C、D、E 和 F 6 个区域上年数码产品的销售情况及各区域人口见表 3-6。经过对 A 区域消费者的抽样调查，预测今年 A 区域的人均数码产品需求为 5 件，假设今年各区域人口数不变及消费习惯基本保持不变，请运用对比类推预测法，根据 A 区域情况预测各区域今年的数码产品销售量。

表 3-6 上年数码产品销售情况

区域	销售量/万件	人口总数/万人
A	88	20
B	140	30
C	120	25
D	170	40
E	115	28
F	160	35

解 分析及预测。

这里的预测目标是根据 A 区域今年人均数码产品需求（5 件），预测 B、C、D、E 和 F 5 个区域今年的数码产品需求量。由于今年各区域人口数及消费习惯基本保持不变，可以认为 6 个区域的数码产品需求变化具有相同趋势。可采用地区类推法，将 A 区域今年人均数码产品需求（5 件）作为类推基准，预测 B、C、D、E 和 F 5 个区域今年的数码产品需求。

具体类推计算如下。

(1) 去年各区域人均数码产品需求。其计算公式为

$$人均数码产品需求 = \frac{区域销售总量}{区域人口数} \tag{3-6}$$

例如：

A 区域上年人均数码产品需求 $= \frac{88}{20}$ 件 $= 4.4$ 件

依此计算得其他区域人均数码产品需求如表 3-7 所示。

(2) 以 A 区域为类基准，计算其他各区域的相对人均数。其计算公式为

$$某区域的相对人均数 = \frac{该区域上年的人均数}{A 区域上年预测的人均数} \tag{3-7}$$

例如：

B 区域的相对人均数 $= \frac{4.67}{4.4} = 1.06$

依此计算得其他区域相对人均数如表 3-7 所示。

(3) 计算各区域今年人均数的预测值。其计算公式为

某区域的今年人均数预测值 = 该区域相对人均数 × A 区域今年人均数的预测值

$$\tag{3-8}$$

例如：

B 区域的今年人均数预测值 $= 1.06 \times 5$ 件 $= 5.30$ 件

可类似计算其他区域今年人均数预测值，结果见表 3-7。

(4) 计算各区域今年数码产品的预测值。其计算公式为

某区域的今年数码产品的预测值 = 该区域今年人均数预测值 × 人口数　(3-9)

例如：

A 区域的今年数码产品的预测值 = 5×20（万件） = 100（万件）

可类似计算其他区域今年数码产品的预测值，结果见表 3-7。

表 3-7 计算结果表

区域	销售量/万件	人口总数/万人	人均数/件	相对人均数（以 A 区域为基准）	预测值人均数/件	预测销售量/万件
A	88	20	4.40	1.00	5.00	100.00
B	140	30	4.67	1.06	5.30	159.09
C	120	25	4.80	1.09	5.45	136.36
D	170	40	4.25	0.97	4.83	193.18
E	115	28	4.11	0.93	4.67	130.68
F	160	35	4.57	1.04	5.19	181.82

4. 局部总体类推法

局部总体类推法是指以某一个公司（或企业）的普查资料或某一个地区的抽样调查资料为基础，分析判断、预测和类推某一行业或整个市场的总体情况的方法。

在预测中，获取全面系统的资料固然很重要，但在许多情况下，由于主客观条件的限制，进行全面普查往往是不可能的，只能进行局部普查或抽样调查，因此运用局部普查资料或抽样调查资料，预测和类推全面或大范围的市场变化，就成为客观需要。事实上，只有在关键因素（如消费偏好等）没有发生较大变化的情况下，这种类推才不仅是合理的，而且是有效的。

以下举例说明。

实例 3-6 已知 A 市现有总人口 1 000 万人，下设 10 个区。该市某数码产品公司为了预测下一年全市数码产品销售量，由公司经济分析部门选择辖区综合消费、经济发展处于全市中等水平的 C 区进行调查统计。调查表明，C 区现有人口 120 万人，预测下一年全区数码产品销售量为 80 万件，请用对比类推法中的局部总体类推法，根据 C 区情况预测 A 市下一年的数码产品销售量。假定下一年度 A 市人口总数和居民消费偏好保持平稳。

解 分析及预测

这里的预测目标是 A 市下一年的数码产品销售量。由于所辖 C 区综合消费、经济发展处于全市中等水平，因此可以使用局部总体类推法，以 C 区人均消费为基准，类推全市消费总水平。

具体计算如下。

(1) 计算 C 区下一年人均数码产品消费量预测值。

$$人均预测值 = \frac{销售量}{人口数} = \frac{80}{120} 件 = \frac{2}{3} 件$$

此预测值就是 A 市下一年人均消费量。

（2）计算全市下一年度数码产品销售量预测值。

$$A 市下一年数码产品销售量预测值$$
$$= A 市下一年人均消费量 \times 人口数$$
$$= \frac{2}{3} \times 1\,000(万件)$$
$$= 666.67(万件)$$

3.5 习　题

1. 简述头脑风暴法的操作程序、基本原则及注意事项。
2. 简述头脑风暴法的优缺点。
3. 简述德尔菲法的操作步骤及注意事项。
4. 简述德尔菲法的优缺点。
5. 某公司选取了12位调查人员利用主观概率法预测该公司华北地区2010年的产品需求量，调查汇总数据见表3-8。试对该公司2016年的需求量进行预测分析。

表 3-8　调查汇总数据

参与预测人员编号	累 积 概 率								
	0.010	0.125	0.250	0.375	0.500	0.625	0.750	0.875	0.990
	(1)	(2)	(3)	(4)	(5)	(6)	(7)	(8)	(9)
1	1 118	1 184	1 262	1 339	1 398	1 449	1 524	1 602	1 669
2	1 196	1 269	1 335	1 412	1 491	1 543	1 603	1 661	1 717
3	1 130	1 180	1 238	1 312	1 390	1 456	1 514	1 573	1 631
4	1 157	1 207	1 274	1 333	1 389	1 456	1 508	1 580	1 636
5	1 176	1 234	1 287	1 341	1 411	1 486	1 561	1 636	1 688
6	1 126	1 198	1 266	1 324	1 383	1 459	1 534	1 595	1 653
7	1 100	1 171	1 250	1 320	1 390	1 458	1 525	1 593	1 672
8	1 028	1 078	1 144	1 213	1 290	1 355	1 421	1 490	1 542
9	1 026	1 091	1 146	1 219	1 271	1 337	1 397	1 448	1 521
10	1 071	1 123	1 187	1 252	1 308	1 366	1 421	1 485	1 546
11	1 031	1 086	1 140	1 190	1 268	1 334	1 409	1 467	1 533
12	1 154	1 229	1 296	1 356	1 417	1 487	1 561	1 619	1 688

6. 已知某品牌产品在7个经济发达城市的销售及各城市人口情况，详见表3-9。经过对A城市消费者的抽样调查，预测今年A城市对该产品的人均需求为1.2件，假设今年这7个城市人口数及居民消费习惯基本保持不变，请运用对比类推预测法，根据A城市情况预测其他6个城市今年对该产品的需求量。

表 3-9 上年数码产品销售情况

城市	销售量/万件	人口总数/万人
A	88	120
B	140	130
C	120	125
D	170	150
E	115	168
F	160	155
G	188	200

第4章 趋势外推预测法

4.1 趋势外推预测法概述

4.1.1 趋势外推预测法的含义

趋势外推预测法（trend extrapolation）是根据事物过去和现在的发展趋势推断未来发展趋势的一类方法的总称。这类方法的基本假设是事物的未来发展趋势是过去和现在连续发展的结果。

大量事实表明，决定事物过去发展的因素，在很大程度上也决定该事物未来的发展，即使有变化，这种变化也不会太大。同时，事物发展变化的过程一般是渐进式的，而不是跳跃式的。

趋势外推预测法正是基于上述假设，通过对过去和现在的数据资料进行分析，找出事物的发展规律，从而可依据这种规律预测出它的未来趋势和状态。

趋势外推预测法首先由赖恩（Rhyne）用于科技预测。他认为，应用趋势外推预测法进行预测，主要包括以下6个步骤。

（1）选择预测参数。
（2）收集必要的数据。
（3）拟合曲线。
（4）趋势外推。
（5）预测说明。
（6）研究预测结果在制定规划和决策中的应用。

目前，趋势外推预测法已广泛应用于科技、经济和社会发展的预测。显然，如前所述，在经济领域应用该方法必须满足以下两个前提。

（1）影响经济过去和现在发展的因素，在很大程度上决定了经济的未来发展。
（2）经济发展的过程是渐进式的，而不是跳跃式的。

为了拟合数据点，实际中最常用的是一些比较简单的函数模型，如线性模型、曲线模型、指数曲线、生长曲线等。

4.1.2 常用趋势外推预测法简介

1. 线性趋势外推预测法

线性趋势外推预测法是最简单的外推预测法。这种方法可用来研究随时间按恒定增长率变化的事物。在以时间为横坐标的坐标图中，事物的变化接近一条直线。根据这条直线，可以推断事物未来的变化。

应用线性趋势外推预测法，首先收集研究对象的动态数列，然后画出数据点分布图，如果散点构成的曲线非常近似于直线，则可按直线规律外推。

2. 指数曲线法

指数曲线法（exponential curve）是一种重要的趋势外推预测法。当描述某一客观事物的指标或参数在散点图上的数据点构成指数曲线或近似指数曲线时，表明该事物的发展是按指数规律或近似指数规律变化的。如果在预测期限内，有理由说明该事物仍将按此规律发展，则可按指数曲线外推。

许多研究结果表明，技术发展，有时包括社会发展，其定量特性往往表现为按指数规律或近似指数规律增长，一种技术的发展通常要经过发生、发展和成熟3个阶段。在技术发展进入成熟阶段之前，有一个高速发展时期。一般来说，在这个时期内，很多技术特性的发展是符合指数增长规律的。例如，运输工具的速度、发动机效率、电站容量、计算机的存储容量和运算速度等，其发展规律均表现为指数增长趋势。

对于处在发生和发展阶段的技术，指数曲线法是一种重要的预测方法，一次指数曲线因与这个阶段的发展趋势相适应，所以比较适合处于发生和发展阶段技术的预测。一次指数曲线也可用于经济预测，因为它与许多经济现象的发展过程相适应。二次指数曲线和修正指数曲线则主要用于经济方面的预测。

3. 生长曲线法

生长曲线模型（growth curve models）可以描述事物发生、发展和成熟的全过程，是情报研究中常用的一种方法。

生物群体的生长，如人口的增加、细胞的繁殖，开始几乎都是按指数函数的规律增长的。在达到一定的生物密度以后，由于自身和环境的制约作用，生物群体的生长逐渐趋于稳定状态。通过对技术发展过程的研究可发现其也具有类似的规律。由于技术性能的提高与生物群体的生长存在这种非严谨的类似，因而可用生长曲线模拟技术的发展过程。

生长曲线法几乎可用来研究每个技术领域的发展，它不仅可以描述技术发展的基本倾向，更重要的是，还可以表明一项技术的增长由高速发展变为缓慢发展的转折时期，为规划决策确定开发新技术的恰当时机提供依据。

有些经济现象也符合或近似生长曲线的变化规律，因而它也完全可以用来研究经济领域的问题。

4.2 线性趋势外推预测法

4.2.1 线性趋势外推预测法的基本原理

1. 概述

线性趋势外推预测法通常假定影响事物的过去、现在和将来的主要因素基本相同，因而只要将其趋势线性地外推，便可预测未来的情形。这种预测方法一般只适用于短期或经济平稳发展时期的预测。常用的线性趋势外推预测法有拟合直线法和加权拟合直线法。

2. 拟合直线法的原理

这种方法基于最小二乘法原理，通过对数据拟合得出一条直线，使得该直线上的预测值与实际观察值之间的离差平方和最小。

3. 拟合直线方程法的数学模型

设 n 个时间序列观察值分别为 (x_1,y_1), (x_2,y_2), $\cdots$, (x_n,y_n)，y_t 为时间序列第 t 期实际观察值，$\hat{y}_t$ 为第 t 期的预测值，e_t 为实际观察值与预测值的离差，Q 为总离差平方和。

又设拟合直线方程为

$$\hat{y}_t = \hat{a} + \hat{b}x_t \tag{4-1}$$

式中，$\hat{y}_t$ 为第 t 期的预测值；x_t 为自变量，表示第 t 期的时间序列编号的取值；$\hat{a}$ 为截距；$\hat{b}$ 为斜率。

$$e_t = y_t - \hat{y}_t = y_t - \hat{a} - \hat{b}x_t \tag{4-2}$$

$$Q = \sum_{t=1}^{n} e_t^2 = \sum_{t=1}^{n}(y_t - \hat{a} - \hat{b}x_t)^2 \tag{4-3}$$

利用数学上的最优化求解方法，为使 Q 值最小，可分别对系数求偏导，并令之等于 0，有

$$\frac{\partial Q}{\partial \hat{a}} = \frac{\partial \sum_{t=1}^{n}(y_t - \hat{a} - \hat{b}x_t)^2}{\partial \hat{a}} = 0 \tag{4-4}$$

$$\frac{\partial Q}{\partial \hat{b}} = \frac{\partial \sum_{t=1}^{n}(y_t - \hat{a} - \hat{b}x_t)^2}{\partial \hat{b}} = 0 \tag{4-5}$$

进而得

$$\hat{a} = \bar{y} - \hat{b}\bar{x} \tag{4-6}$$

$$\hat{b} = \frac{\sum_{t=1}^{n}(x_t - \bar{x})(y_t - \bar{y})}{\sum_{t=1}^{n}(x_t - \bar{x})^2} \tag{4-7}$$

式中，$\bar{x} = \frac{1}{n}\sum_{t=1}^{n} x_t$；$\bar{y} = \frac{1}{n}\sum_{t=1}^{n} y_t$。

4. 加权拟合直线法的原理

在拟合直线法中，计算离差平方和时对近期误差和远期误差赋予的权重是一样的。实际上，近期数据对预测结果的影响更有意义。也就是说，对于预测精确度而言，近期误差比远期误差更重要。因此，在计算离差平方和时，对离差平方项应按照近大远小的原则赋予不同权值，即离差平方项对应的时间点距离现在越近，其赋权值越大。然后对加权离差平方和按照最小二乘法原理，使离差平方和达到最小，进而求出加权拟合直线方程。这种方法称为加权拟合直线法。

假定第 t 期离差平方和的权值为 ω_t，ω_t 逐渐递减。

5. 数学模型

加权离差平方和为

$$Q = \sum_{t=1}^{n} \omega_t (y_t - \hat{a} - \hat{b}x_t)^2 \qquad (4-8)$$

为使 Q 值最小，利用数学上的最优化求解方法，分别对系数求偏导，并令之等于0，有

$$\frac{\partial Q}{\partial \hat{a}} = \frac{\partial \sum_{t=1}^{n} \omega_t (y_t - \hat{a} - \hat{b}x_t)^2}{\partial \hat{a}} = 0 \qquad (4-9)$$

$$\frac{\partial Q}{\partial \hat{b}} = \frac{\partial \sum_{t=1}^{n} \omega_t (y_t - \hat{a} - \hat{b}x_t)^2}{\partial \hat{b}} = 0 \qquad (4-10)$$

进而得

$$\hat{a} = \bar{y} - \hat{b}\bar{x} \qquad (4-11)$$

$$\hat{b} = \frac{\sum_{t=1}^{n} \omega_t (x_t - \bar{x})(y_t - \bar{y})}{\sum_{t=1}^{n} \omega_t (x_t - \bar{x})^2} \qquad (4-12)$$

式中，$W = \sum_{t=1}^{n} \omega_t$，$\bar{x} = \frac{1}{W} \sum_{t=1}^{n} \omega_t x_t$，$\bar{y} = \frac{1}{W} \sum_{t=1}^{n} \omega_t y_t$。

实际应用中，可令 $\omega_t = \alpha^{n-t}$（$0 \leq \alpha < 1$），这可使得权值由近及远按 α 比例递减。

4.2.2 线性趋势外推预测法的应用举例

实例 4-1 已知某直辖市 2010—2020 年地区生产总值数据见表 4-1。试预测该直辖市 2021 年的 GDP。

表 4-1 某直辖市 2010—2020 年地区生产总值数据　　　　　　　　单位：亿元

年份	地区生产总值	年份	地区生产总值
2010	6 694.23	2016	15 046.45
2011	8 072.83	2017	17 165.00
2012	9 247.66	2018	19 195.00
2013	10 572.24	2019	20 181.00
2014	12 494.01	2020	21 602.00
2015	14 069.87		

解 首先，基于表 4-1 中的数据绘制趋势图，如图 4-1 所示。

从图 4-1 可知，该直辖市地区生产总值呈直线上升趋势，因此可以采取线性趋势外推预测法进行预测。

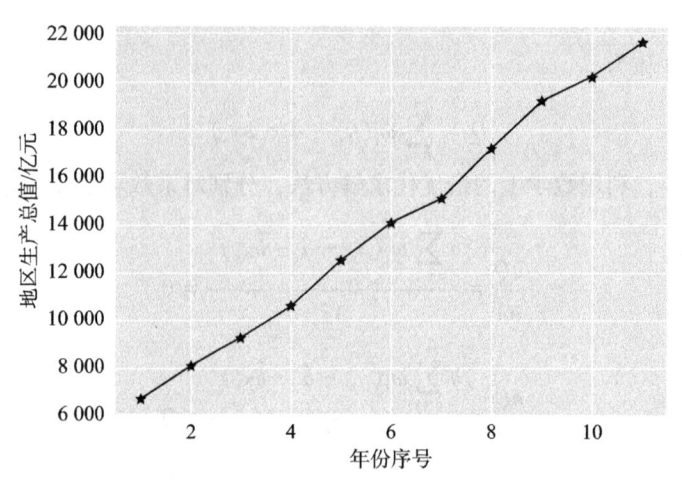

图 4-1 某直辖市 2010—2020 年地区生产总值数据趋势图

其次，基于表 4-1 中的数据计算线性趋势外推预测法模型的参数 a 和 b。

$$\hat{b} = \frac{\sum_{t=1}^{n}(x_t - \bar{x})(y_t - \bar{y})}{\sum_{t=1}^{n}(x_t - \bar{x})^2} = 1\,532.286\,5$$

$$\hat{a} = \bar{y} - \hat{b}\bar{x} = 4\,837.216\,7$$

因此预测模型为

$$y_t = 4\,837.216\,7 + 1\,532.286\,5t$$

最后，对该直辖市 2021 年的地区生产总值进行预测，将 $t = 2021-2010+1 = 12$ 带入模型得到

$$y_t = 4\,837.216\,7 + 1\,532.286\,5t$$
$$= 4\,837.216\,7 + 1\,532.286\,5 \times 12 = 23\,224.654\,7(亿元)$$

以下利用预测模型对 2010—2020 年该直辖市地区生产总值进行预测，并计算预测值与实际值的相对误差，借此判断模型是否合适，见表 4-2。

表 4-2 预测值与相对误差

年份	地区生产总值/亿元	t	预测值/亿元	相对误差/%
2010	6 694.23	1	6 369.503 182	4.85
2011	8 072.83	2	7 901.789 636	2.12
2012	9 247.66	3	9 434.076 091	2.02
2013	10 572.24	4	10 966.362 545	3.73
2014	12 494.01	5	12 498.649 000	0.04
2015	14 069.87	6	14 030.935 455	0.28
2016	15 046.45	7	15 563.221 909	3.43

续表

年份	地区生产总值/亿元	t	预测值/亿元	相对误差/%
2017	17 165.00	8	17 095.508 364	0.40
2018	19 195.00	9	18 627.794 818	2.96
2019	20 181.00	10	20 160.081 273	0.10
2020	21 602.00	11	21 692.367 727	0.42

从表4-3可知，相对误差均在5%以内，且除了2010年、2013年和2016年外，其他年份对应的相对误差均小于3%，由此可见，利用此预测模型进行预测是比较合适的。

实例4-2 仍以表4-1对应的数据来说明加权拟合直线方程法的应用。表4-3给出了各期对应的权值。

表4-3 权值表

年份	年份序号 t	权值	年份	年份序号 t	权值
2010	1	0.107 4	2016	7	0.409 6
2011	2	0.134 2	2017	8	0.512 0
2012	3	0.167 8	2018	9	0.640 0
2013	4	0.209 7	2019	10	0.800 0
2014	5	0.262 1	2020	11	1.000 0
2015	6	0.327 7			

解 首先，基于表4-1中的数据绘制趋势图，如图4-1所示。

从图4-1可知，该直辖市地区生产总值呈直线上升趋势。因此采取线性趋势外推预测法进行预测。

其次，基于表4-1中数据计算线性趋势外推预测法模型的参数 a 和 b。

$$\hat{b} = \frac{\sum_{t=1}^{n} \omega_t (x_t - \bar{x})(y_t - \bar{y})}{\sum_{t=1}^{n} \omega_t (x_t - \bar{x})^2} = 1\ 542.720\ 6$$

$$\hat{a} = \bar{y} - \hat{b}\bar{x} = 4\ 774.612\ 1$$

因此预测模型为

$$y_t = 4\ 774.612\ 1 + 1\ 542.720\ 6t$$

最后，对2021年该直辖市地区生产总值进行预测，将 $t=12$ 代入模型，得

$$y_t = 4\ 774.612\ 1 + 1\ 542.720\ 6 \times 12 = 23\ 287.259\ 3$$

同样可以利用预测模型对2010—2020年该直辖市地区生产总值进行预测，并计算预测值与实际值的相对误差，借此判断模型是否合适，结果见表4-4所示。

表 4-4　预测值与相对误差

年份	地区生产总值/亿元	年份序号 t	w_t	预测值/亿元	相对误差/%
2010	6 694.23	1	0.107 374	6 317.332 664	5.63
2011	8 072.83	2	0.134 218	7 860.053 222	2.64
2012	9 247.66	3	0.167 772	9 402.773 780	1.68
2013	10 572.24	4	0.209 715	10 945.494 338	3.53
2014	12 494.01	5	0.262 144	12 488.214 896	0.05
2015	14 069.87	6	0.327 680	14 030.935 455	0.28
2016	15 046.45	7	0.409 600	15 573.656 013	3.50
2017	17 165.00	8	0.512 000	17 116.376 571	0.28
2018	19 195.00	9	0.640 000	18 659.097 129	2.79
2019	20 181.00	10	0.800 000	20 201.817 687	0.10
2020	21 602.00	11	1.000 000	21 744.538 246	0.66

从表 4-4 可知，除了 2010 年，相对误差均在 5% 以内，且除 2013 年和 2016 年外，其他年份对应的相对误差均在 3% 以内，由此可见，利用此预测模型进行预测是比较合适的。

4.2.3　Python 在线性趋势外推预测法的应用

利用 Python 求解实例 4-1 或实例 4-2 的步骤如下：

第一，从 Excel 读取工作表中数据到 DataFrame 数据框，代码如下。

```
df0=read_excel(bookname,sheetname,na_values=['NA'])
year0=df0[xname][0]-1
df0['t']=df0[xname]-year0
xt,yt=df0['t'],df0[yname]
```

这里 bookname 为 Excel 工作簿名，sheetname 为工作簿 bookname 中的工作表名，XT 为时间序列，YT 为待分析的数据。

第二，利用 plt.plt() 绘制曲线图，以观察是不是具有线性趋势，代码如下。

```
plt.plot(xt,yt,color='blue',linewidth=3)
plt.plot(xt,yt,'D',color='red',label=yname)
```

第三，利用自编函数 linetrend() 计算系数 a 和 b，代码如下。

```
a,b=linetrend(xt,yt,w0)
```

最后，利用模型 $y=a+bt$ 进行预测。

实例 4-1(2) 对应的完整 Python 程序如下：

```python
#【实例4-1(2)】
#程序名称:epd4201.py
#功能:线性趋势预测
#用于数值计算的库
import numpy as np
import pandas as pd
import scipy as sp
from scipy import stats
from pandas import Series,DataFrame,read_excel
#用于绘图的库
import matplotlib as mpl
from matplotlib import pyplot as plt
import seaborn as sns
sns.set()
#用于统计分析的库
import statsmodels.formula.api as smf
import statsmodels.api as sm
#支持中文设置
mpl.rcParams['font.sans-serif']=['SimHei']  #用来正常显示中文标签
mpl.rcParams['axes.unicode_minus']=False  #用来正常显示负号
#求解线性趋势曲线的系数a和b
def linetrend(X,Y,w0):
    mx=np.mean(X)    #X的均值
    my=np.mean(Y)    #Y的均值
    #计算系数a和b
    W=w0**(len(X)-X)
    b=np.sum(W*(X-mx)*(Y-my))/np.sum(W*(X-mx)**2)
    a=my-b*mx
    return a,b
#参数变量设置
bookname='mydata04.xlsx'  #工作簿名称
sheetname='epd4-1'  #工作表名称
xname='年份'  #工作表中表头:对应t
yname='地区生产总值'  #工作表中表头:对应地区生产总值
resultname=sheetname+'-result.xlsx'  #输出结果保存文件
w0=0.8  #w0=1,代表不考虑权值;w0<1,考虑权值。
#读取工作表中数据到数据框
df0=read_excel(bookname,sheetname,na_values=['NA'])
```

```
year0=df0[xname][0]-1
df0['t']=df0[xname]-year0
xt,yt=df0['t'],df0[yname]
if w0!=1:df0['w']=w0**(len(xt)-xt)
#绘制曲线图:散点图+折线图
plt.plot(xt,yt,color='blue',linewidth=3)
plt.plot(xt,yt,'D',color='red',label=yname)
#plt.plot(xt,yt,'-Db',linewidth=3,label=yname)
plt.legend()
plt.savefig(sheetname+'.png')
#计算系数a和b
a,b=linetrend(xt,yt,w0)
print("模型为:")
sf1="yt=%.4f+%.4ft"
print(sf1%(a,b))
#预测
t1=int(input("请输入年份:"))-year0
sf2="yt=%.4f+%.4ft=%.4f"
print(sf2%(a,b,a+b*t1))
df0['预测值']=a+b*xt
df0['相对误差']=abs((df0['预测值']-yt)/yt)
df0.to_excel(resultname)
print("df0=\n",df0)
```

说明:

(1) Python 实现所需数据保存在工作簿 mydata04.xlsx 中 epd4-1 工作表,形式如图 4-2 所示。

	A	B
1	年份	地区生产总值
2	2010	6694.23
3	2011	8072.83
4	2012	9247.66
5	2013	10572.24
6	2014	12494.01
7	2015	14069.87
8	2016	15046.45
9	2017	17165
10	2018	19195
11	2019	20181
12	2020	21602

图 4-2 epd-1 工作表

工作表中第一行为表头。使用时，表头不要变动，表头下面的数据可以根据需要进行修改，但要求年份按升序排列。

（2）使用时，可根据实际修改下列参数变量的值，代码如下。

```
bookname ='mydata04.xlsx'  #工作簿名称
sheetname ='epd4-1'  #工作表名称
xname ='年份'  #工作表中表头：对应 t
yname ='地区生产总值'  #工作表中表头：对应地区生产总值
resultname =sheetname+'-result.xlsx'  #输出结果保存文件
w0 = 0.8  #w0 =1,代表不考虑权值;w0<1,考虑权值。
```

（3）对工作表及 Python 程序进行修改，必须保存后再运行 Python 程序，才能使得修改有效。

（4）输出结果保存在工作簿 resultname 的工作表 Sheet1 中。

4.3 二次曲线趋势外推预测法

4.3.1 二次曲线趋势外推预测法的基本原理

1. 概述

二次曲线趋势外推预测法是一种在基于事物的数据资料的散点图的走向趋势呈现出二次曲线变化时所采用的外推方法。

2. 二次曲线趋势外推预测法的原理

与拟合直线外推预测法相同，二次曲线法也是基于误差最小的标准来确定待定系数的，即依据数据拟合一条二次曲线，使该曲线上的预测值与实际观察值之间的离差平方和最小。

设 n 个时间序列观察值分别为 (x_1,y_1)，(x_2,y_2)，…，(x_n,y_n)。

设 y_t 为时间序列第 t 期实际观察值，$\hat{y}_t$ 为第 t 期的预测值，e_t 为实际观察值与预测值的离差，x_t 为时间序列编号，Q 为总离差平方和。

又设二次曲线法的模型为

$$\hat{y}_t = \hat{a} + \hat{b}x_t + \hat{c}x_t^2 \qquad (4-13)$$

则误差平方和为

$$e_t = y_t - \hat{y}_t = y_t - \hat{a} - \hat{b}x_t - \hat{c}x_t^2 \qquad (4-14)$$

$$Q = \sum_{t=1}^{n} e_t^2 = \sum_{t=1}^{n}(y_t - \hat{a} - \hat{b}x_t - \hat{c}x_t^2)^2 \qquad (4-15)$$

利用数学最优求解方法，为使 Q 值最小，可分别对系数 $\hat{a}$，$\hat{b}$ 和 $\hat{c}$ 求偏导，并令之等

于 0，则有

$$\frac{\partial Q}{\partial \hat{a}} = \frac{\partial \sum_{t=1}^{n}(y_t - \hat{a} - \hat{b}x_t - \hat{c}x_t^2)^2}{\partial \hat{a}} = 0 \qquad (4-16)$$

$$\frac{\partial Q}{\partial \hat{b}} = \frac{\partial \sum_{t=1}^{n}(y_t - \hat{a} - \hat{b}x_t - \hat{c}x_t^2)^2}{\partial \hat{b}} = 0 \qquad (4-17)$$

$$\frac{\partial Q}{\partial \hat{c}} = \frac{\partial \sum_{t=1}^{n}(y_t - \hat{a} - \hat{b}x_t - \hat{c}x_t^2)^2}{\partial \hat{c}} = 0 \qquad (4-18)$$

化简，得

$$\sum_{t=1}^{n} y_t = n\hat{a} + \hat{b}\sum_{t=1}^{n} x_t + \hat{c}\sum_{t=1}^{n} x_t^2 \qquad (4-19)$$

$$\sum_{t=1}^{n} x_t y_t = \hat{a}\sum_{t=1}^{n} x_t + \hat{b}\sum_{t=1}^{n} x_t^2 + \hat{c}\sum_{t=1}^{n} x_t^3 \qquad (4-20)$$

$$\sum_{t=1}^{n} x_t^2 y_t = \hat{a}\sum_{t=1}^{n} x_t^2 + \hat{b}\sum_{t=1}^{n} x_t^3 + \hat{c}\sum_{t=1}^{n} x_t^4 \qquad (4-21)$$

记 $X = \sum_{t=1}^{n} x_t, Y = \sum_{t=1}^{n} y_t, XY = \sum_{t=1}^{n} x_t y_t, X_2Y = \sum_{t=1}^{n} x_t^2 y_t, X_2 = \sum_{t=1}^{n} x_t^2, X_3 = \sum_{t=1}^{n} x_t^3, X_4 = \sum_{t=1}^{n} x_t^4$，则

$$\hat{a} = \frac{\begin{vmatrix} Y & X & X_2 \\ XY & X_2 & X_3 \\ X_2Y & X_3 & X_4 \end{vmatrix}}{\begin{vmatrix} n & X & X_2 \\ X & X_2 & X_3 \\ X_2 & X_3 & X_4 \end{vmatrix}}, \hat{b} = \frac{\begin{vmatrix} n & Y & X_2 \\ X & XY & X_3 \\ X_2 & X_2Y & X_4 \end{vmatrix}}{\begin{vmatrix} n & X & X_2 \\ X & X_2 & X_3 \\ X_2 & X_3 & X_4 \end{vmatrix}}, \hat{c} = \frac{\begin{vmatrix} n & X & Y \\ X & X_2 & XY \\ X_2 & X_3 & X_2Y \end{vmatrix}}{\begin{vmatrix} n & X & X_2 \\ X & X_2 & X_3 \\ X_2 & X_3 & X_4 \end{vmatrix}}$$

上述计算比较烦琐，为简化起见，可令时间序列编号呈中心对称，将中间时间序列编号定为 0，且序列个数取奇数（当不是奇数时，可通过忽略第一序列来变为奇数个）。此时时间序列编号形如：…，-4，-3，-2，-1，0，1，2，3，4，…。这样 $\sum_{t=1}^{n} x_t = 0, \sum_{t=1}^{n} x_t^3 = 0$，则系数计算公式可简化为

$$\hat{a} = \frac{\sum_{t=1}^{n} x_t^4 \sum_{t=1}^{n} y_t - \sum_{t=1}^{n} x_t^2 \sum_{t=1}^{n} x_t^2 y_t}{n \sum_{t=1}^{n} x_t^4 - \left(\sum_{t=1}^{n} x_t^2\right)^2} \qquad (4-22)$$

$$\hat{b} = \frac{\sum_{t=1}^{n} x_t y_t}{\sum_{t=1}^{n} x_t^2} \tag{4-23}$$

$$\hat{c} = \frac{n \sum_{t=1}^{n} x_t^2 y_t - \sum_{t=1}^{n} x_t^2 \sum_{t=1}^{n} y_t}{n \sum_{t=1}^{n} x_t^4 - \left(\sum_{t=1}^{n} x_t^2 \right)^2} \tag{4-24}$$

4.3.2 二次曲线趋势外推预测法的应用举例

实例 4-3 已知某省 2012—2020 年地区生产总值见表 4-5。试预测 2021 年该省的地区生产总值。

表 4-5 某省 2012—2020 年地区生产总值

年份	地区生产总值/亿元	年份	地区生产总值/亿元
2012	3 467.72	2017	7 925.58
2013	3 907.23	2018	10 011.13
2014	4 676.13	2019	11 459.00
2015	5 793.66	2020	12 656.69
2016	6 530.01		

解 首先，基于表 4-5 中数据绘制趋势图，如图 4-3 所示。从图 4-3 可知，地区生产总值呈曲线上升趋势。因此采取二次曲线法进行预测。

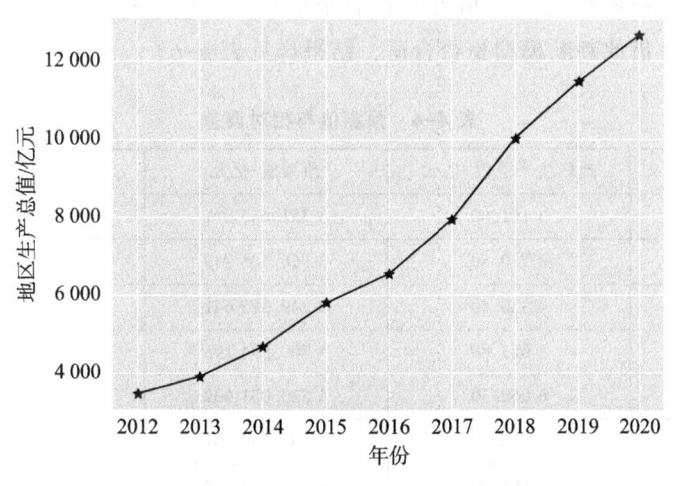

图 4-3 某省 2012—2020 年地区生产总值数据趋势图

其次，基于表 4-5 中的数据计算线性趋势外推预测法模型的参数 a, b, c，计算得

$$\hat{a} = \frac{\begin{vmatrix} Y & X & X_2 \\ XY & X_2 & X_3 \\ X_2Y & X_3 & X_4 \end{vmatrix}}{\begin{vmatrix} n & X & X_2 \\ X & X_2 & X_3 \\ X_2 & X_3 & X_4 \end{vmatrix}} = 2\,905.133\,1$$

$$\hat{b} = \frac{\begin{vmatrix} n & Y & X_2 \\ X & XY & X_3 \\ X_2 & X_2Y & X_4 \end{vmatrix}}{\begin{vmatrix} n & X & X_2 \\ X & X_2 & X_3 \\ X_2 & X_3 & X_4 \end{vmatrix}} = 362.407\,6$$

$$\hat{c} = \frac{\begin{vmatrix} n & X & Y \\ X & X_2 & XY \\ X_2 & X_3 & X_2Y \end{vmatrix}}{\begin{vmatrix} n & X & X_2 \\ X & X_2 & X_3 \\ X_2 & X_3 & X_4 \end{vmatrix}} = 84.114\,4$$

因此预测模型为

$y_t = 2\,905.133\,1 + 362.407\,6t + 84.114\,4t^2$

最后,对2021年产品的需求量进行预测,将 $t=10$ 代入模型,得

$y_t = 2\,905.133\,1 + 362.407\,6t + 84.114\,4t^2 = 14\,940.651\,4$

以下利用预测模型对2012—2020年该省地区生产总值进行预测,并计算预测值与实际值的相对误差,借此判断模型是否合适,结果详见表4-6。

表4-6 预测值与相对误差

年份	地区生产总值/亿元	预测值/亿元	相对误差/%
2012	3 161.00	3 351.655 091	3.35
2013	3 710.50	3 966.405 939	1.51
2014	4 330.40	4 749.385 641	1.57
2015	5 023.80	5 700.594 195	1.61
2016	6 060.30	6 820.031 602	4.44
2017	6 886.30	8 107.697 861	2.30
2018	7 861.00	9 563.592 974	4.47
2019	9 353.30	11 187.716 94	2.37
2020	10 488.00	12 980.069 76	2.56

从表 4-6 可知，相对误差均在 5% 以内，由此可见，利用此预测模型进行预测是比较合适的。

4.3.3　Python 在二次曲线趋势外推预测法中的应用

利用 Python 求解实例 4-3 的步骤如下：

第一，从 Excel 读取工作表中数据到 DataFrame 数据框，代码如下。

```
df0=read_excel(bookname,sheetname,na_values=['NA'])
year0=df0[xname][0]-1
df0['t']=df0[xname]-year0
xt,yt=df0['t'],df0[yname]
```

这里 bookname 为 Excel 工作簿名，sheetname 为工作簿 bookname 中的工作表名，xt 为时间序列，yt 为待分析的数据。

第二，利用 plt.plt() 绘制曲线图，以观察是不是具有二次曲线趋势，代码如下。

```
plt.plot(xt,yt,linewidth=3,color='black')
plt.plot(xt,yt,'*',color='red',label=y)
```

第三，利用自编函数 conictrend() 计算系数 a、b 和 c，代码如下。

```
a,b,c=conictrend(xt,yt)
```

最后，利用模型 $y=a+bt+ct^2$ 进行预测。

实例 4-3 对应的完整 Python 程序如下：

```
#程序名称:epd4301.py
#功能:二次曲线趋势外推预测
#用于数值计算的库
import numpy as np
import pandas as pd
import scipy as sp
from scipy import stats
from pandas import Series,DataFrame,read_excel
#用于绘图的库
import matplotlib as mpl
from matplotlib import pyplot as plt
import seaborn as sns
sns.set()
#用于统计分析的库
```

```python
import statsmodels.formula.api as smf
import statsmodels.api as sm
#设置浮点打印精度
#% precision 3
#支持中文设置
mpl.rcParams['font.sans-serif']=['SimHei'] #用来正常显示中文标签
mpl.rcParams['axes.unicode_minus']=False #用来正常显示负号
#【实例4-3】
#计算二次曲线的系数a,b,c
def conictrend(xt,yt):
    n=len(xt)
    X=np.sum(xt)
    Y=np.sum(yt)
    XY=np.sum(xt*yt)
    X2Y=np.sum(xt*xt*yt)
    X2=np.sum(xt*xt)
    X3=np.sum(xt*xt*xt)
    X4=np.sum(xt*xt*xt*xt)
    va=np.matrix([[Y,X,X2],[XY,X2,X3],[X2Y,X3,X4]])
    vb=np.matrix([[n,Y,X2],[X,XY,X3],[X2,X2Y,X4]])
    vc=np.matrix([[n,X,Y],[X,X2,XY],[X2,X3,X2Y]])
    v0=np.matrix([[n,X,X2],[X,X2,X3],[X2,X3,X4]])
    a=np.linalg.det(va)/np.linalg.det(v0)
    b=np.linalg.det(vb)/np.linalg.det(v0)
    c=np.linalg.det(vc)/np.linalg.det(v0)
    return a,b,c
#参数变量设置
bookname='mydata04.xlsx'  #工作簿名称
sheetname='epd4-3'  #工作表名称
xname='年份'  #工作表中表头:对应t
yname='地区生产总值'  #工作表中表头:对应地区生产总值
resultname=sheetname+'-result.xlsx'  #输出结果保存文件
#读取工作表中数据到数据框
df0=read_excel(bookname,sheetname,na_values=['NA'])
year0=df0[xname][0]-1
df0['t']=df0[xname]-year0
xt,yt=df0['t'],df0[yname]
#绘制曲线图:散点图+折线图
plt.plot(xt,yt,linewidth=3,color='blue')
plt.plot(xt,yt,'*',color='red',label=yname)
```

```
plt.legend()
plt.savefig(sheetname+'.png')
#计算系数 a,b 和 c
a,b,c=conictrend(xt,yt)
print("模型为:")
sf1="yt=%.4f+%.4ft+%.4ft2"
print(sf1%(a,b,c))
#预测
t1=int(input("请输入年份:"))-year0
sf2="yt=%.4f+%.4ft+%.4ft2=%.4f"
print(sf2%(a,b,c,a+b*t1+c*t1*t1))
df0['预测值']=a+b*xt+c*xt*xt
df0['相对误差']=abs((df0['预测值']-yt)/yt)
df0.to_excel(resultname)
print("df0=\n",df0)
```

说明:

(1) Python 实现所需数据保存在工作簿 mydata04.xlsx 中 epd4-3 工作表,形式如图 4-4 所示。

	A	B
1	年份	地区生产总值
2	2012	3,467.72
3	2013	3,907.23
4	2014	4,676.13
5	2015	5,793.66
6	2016	6,530.01
7	2017	7,925.58
8	2018	10,011.13
9	2019	11,459.00
10	2020	12,656.69

图 4-4　epd-3 工作表

工作表中第一行为表头。使用时,表头不要变动,表头下面的数据可以根据需要进行修改,但要求年份升序排列。

(2) 使用时,可根据实际修改下列参数变量的值,代码如下。

```
bookname='mydata04.xlsx'  #工作簿名称
sheetname='epd4-1'  #工作表名称
xname='年份'  #工作表中表头:对应 t
yname='地区生产总值'  #工作表中表头:对应地区生产总值
resultname=sheetname+'-result.xlsx'  #输出结果保存文件
```

(3) 对工作表及 Python 程序进行修改,必须保存后再运行 Python 程序,才能使得修改有效。

(4) 输出结果保存在工作簿 resultname 的工作表 Sheet1 中。

4.4　生长曲线预测法

4.4.1　生长曲线预测法的基本原理

设 y 为预测目标的定量值。修正曲线预测法的基本模型为

$$\ln y = K + ab^t, a < 0, 0 < b < 1 \tag{4-25}$$

以下说明参数 a, b, K 的估计。

假设已知关于 y 的时间序列为 $y_1, y_2, \cdots, y_T$。

将 T 个数据分为三段,每段个数为 $n = T/3$ 个。并记

$$\sum\nolimits_1 \ln y_t = \sum_{t=1}^{n} \ln y_t = nK + ab\frac{b^n - 1}{b - 1} \tag{4-26}$$

$$\sum\nolimits_2 \ln y_t = \sum_{t=n+1}^{2n} \ln y_t = nK + ab^{n+1}\frac{b^n - 1}{b - 1} \tag{4-27}$$

$$\sum\nolimits_3 \ln y_t = \sum_{t=2n+1}^{3n} \ln y_t = nK + ab^{2n+1}\frac{b^n - 1}{b - 1} \tag{4-28}$$

求解上述方程组,得

$$b = \left[\frac{\sum\nolimits_3 \ln y_t - \sum\nolimits_2 \ln y_t}{\sum\nolimits_2 \ln y_t - \sum\nolimits_1 \ln y_t}\right]^{\frac{1}{n}} \tag{4-29}$$

$$a = \frac{b-1}{(b^n-1)^2}\left(\sum\nolimits_2 \ln y_t - \sum\nolimits_1 \ln y_t\right) \tag{4-30}$$

$$K = \frac{1}{n}\left[\sum\nolimits_1 \ln y_t - a\frac{b^n - 1}{b - 1}\right] \tag{4-31}$$

4.4.2 生长曲线预测法的应用

实例 4-4 已知 B 公司 2003—2020 年产品的需求量见表 4-7。试预测该公司 2021 年产品的需求量。

表 4-7 B 公司 2003—2020 年产品的需求量

年份	需求量/辆	年份	需求量/辆	年份	需求量/辆
2003	201	2009	10 442	2015	26 071
2004	655	2010	13 430	2016	28 706
2005	2 802	2011	16 729	2017	29 370
2006	3 530	2012	17 009	2018	30 284
2007	4 885	2013	20 072	2019	31 569
2008	6 784	2014	22 913	2020	32 516

解 首先,基于表 4-7 中数据绘制趋势图,如图 4-5 所示。

从图 4-5 可知,趋势图类似生长曲线的形态。因此,采取生长曲线预测法进行预测。

其次,基于表 4-7 中数据计算生长曲线预测法模型的参数 a, b 和 K。

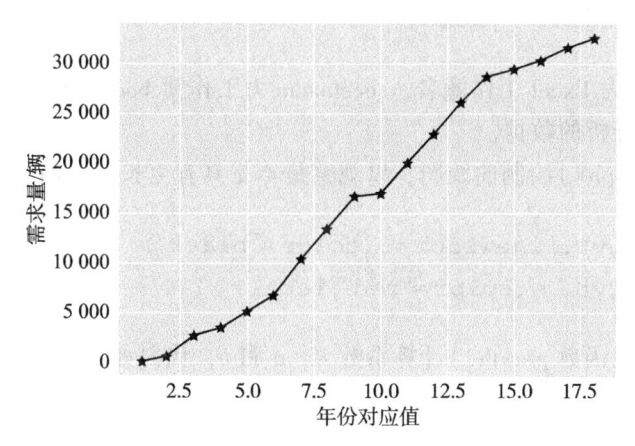

图 4-5　B 公司 2003—2020 年产品的需求量

$$\sum\nolimits_{1} \ln y_t = \sum_{t=1}^{n} \ln y_t = 45.211\,3$$

$$\sum\nolimits_{2} \ln y_t = \sum_{t=n+1}^{2n} \ln y_t = 58.171\,8$$

$$\sum\nolimits_{3} \ln y_t = \sum_{t=2n+1}^{3n} \ln y_t = 61.789\,0$$

$$b = \left[\frac{\sum_{3} \ln y_t - \sum_{2} \ln y_t}{\sum_{2} \ln y_t - \sum_{1} \ln y_t} \right]^{\frac{1}{n}} = 0.808\,4$$

$$a = \frac{b-1}{(b^n-1)^2} \left(\sum\nolimits_{2} \ln y_t - \sum\nolimits_{1} \ln y_t \right) = -4.778\,2$$

$$K = \frac{1}{n} \left[\sum\nolimits_{1} \ln y_t - a \frac{b^n-1}{b-1} \right] = 10.531\,6$$

因此预测模型为

$$y_t = e^{10.531\,6 - 4.778\,2 \times 0.808\,4^t}$$

最后，对 2021 年产品的需求量进行预测，将 $t=19$ 代入模型，得

$$y_{t=19} = e^{10.531\,6 - 4.778\,2 \times 0.808\,4^t} = 34\,461 \text{ 辆}$$

4.4.3　Python 在生长曲线预测法中的应用

利用 Python 求解实例 4-4 的步骤如下：

第一，从 Excel 读取工作表中数据到 DataFrame 数据框，代码如下。

```
df0=read_excel(bookname,sheetname,na_values=['NA'])
year0=df0[xname][0]-1
df0['t']=df0[xname]-year0
```

```
xt,yt=df0['t'],df0[yname]
```

这里 bookname 为 Excel 工作簿名，sheetname 为工作簿 bookname 中的工作表名，xt 为时间序列，yt 为待分析的数据。

第二，利用 plt.plt() 绘制曲线图，以观察是不是具有生长曲线趋势，代码如下。

```
plt.plot(xt,yt,linewidth=3,color='black')
plt.plot(xt,yt,'*',color='red',label=y)
```

第三，利用自编函数 growth() 计算系数 K，a 和 b，代码如下。

```
#计算系数 K,a 和 b
a,b,K=growth(xt,yt)
```

最后，利用模型 $y_t = e^{k+ab^t}$ 进行预测。

实例 4-4 对应的完整 Python 程序如下：

```
#程序名称:epd4401.py
#功能:生长曲线预测法
#用于数值计算的库
import numpy as np
import pandas as pd
import scipy as sp
from scipy import stats
from pandas import Series,DataFrame,read_excel
#用于绘图的库
import matplotlib as mpl
from matplotlib import pyplot as plt
import seaborn as sns
sns.set()
#用于统计分析的库
import statsmodels.formula.api as smf
import statsmodels.api as sm
#设置浮点打印精度
#% precision 3
#支持中文设置
mpl.rcParams['font.sans-serif']=['SimHei'] #用来正常显示中文标签
mpl.rcParams['axes.unicode_minus']=False #用来正常显示负号
#【实例 4-4】
#求生长曲线的系数 K,a 和 b
```

```python
def growth(xt,yt):
    n0 = len(yt)
    n = n0 // 3
    yt1 = yt[0:n]
    yt2 = yt[n:2*n]
    yt3 = yt[2*n:n0]
    sum1 = np.sum(np.log(yt1))
    sum2 = np.sum(np.log(yt2))
    sum3 = np.sum(np.log(yt3))
    print("∑lny1 =%.4f"%(sum1))
    print("∑lny2 =%.4f"%(sum2))
    print("∑lny3 =%.4f"%(sum3))
    b = ((sum3-sum2)/(sum2-sum1))**(1.0/n)
    a = (b-1)*(sum2-sum1)/((b**n-1)**2)
    #K = ((sum1*sum3-sum2**2)/(sum1+sum3-2*sum2))/n
    K = (sum1-a*(b**n-1)/(b-1))/n
    return a,b,K
#参数变量设置
bookname = 'mydata04.xlsx'  #工作簿名称
sheetname = 'epd4-4'  #工作表名称
xname = '年份'  #工作表中表头:对应 t
yname = '需求量'  #工作表中表头:对应 GDP
resultname = sheetname+'-result.xlsx'  #输出结果保存文件
#读取工作表中数据到数据框
df0 = read_excel(bookname,sheetname,na_values = ['NA'])
year0 = df0[xname][0]-1
df0['t'] = df0[xname]-year0
xt,yt = df0['t'],df0[yname]
#绘制曲线图:散点图+折线图
plt.plot(xt,yt,linewidth = 3,color = 'black')
plt.plot(xt,yt,'*',color = 'red',label = yname)
plt.legend()
plt.savefig(sheetname+'.png')
#计算系数 K,a 和 b
a,b,K = growth(xt,yt)
print("模型为:")
sf1 = "yt = e%.4f+%.4f*%.4ft"
print(sf1%(K,a,b))
#预测
```

```
t1=int(input("请输入年份:"))-year0
sf2="yt=e%.4f+%.4f*%.4ft=*%.4f"
print(sf2%(K,a,b,np.exp(K+a*b**t1)))
df0['预测值']=np.exp(K+a*b**xt)
df0['相对误差']=abs((df0['预测值']-yt)/yt)
df0.to_excel(resultname)
print("df0=\n",df0)
```

说明：

（1）Python 实现所需数据保存在工作簿 mydata04.xlsx 中 epd4-4 工作表，形式如图 4-6 所示。

工作表中第一行为表头。使用时，表头不要变动，表头下面的数据可以根据需要进行修改，但要求年份升序排列。

（2）使用时，可根据实际修改下列参数变量的值，代码如下。

```
bookname='mydata04.xlsx'
#工作簿名称
sheetname='epd4-4'  #工作表名称
xname='年份'  #工作表中表头:对应 t
yname='需求量'  #工作表中表头:对应 GDP
resultname=sheetname+'-result.xlsx'
#输出结果保存文件
```

	A	B
1	年份	需求量
2	2003	201
3	2004	655
4	2005	2802
5	2006	3530
6	2007	4885
7	2008	4784
8	2009	10442
9	2010	13430
10	2011	16729
11	2012	17009
12	2013	20072
13	2014	22913
14	2015	26071
15	2016	28706
16	2017	29370
17	2018	30284
18	2019	31569
19	2020	32516

图 4-6　epd4-4 工作表

（3）对工作表及 Python 程序进行修改，必须保存后再运行 Python 程序，才能使得修改有效。

（4）输出结果保存在工作簿 resultname 的工作表 Sheet1 中。

4.5　习　题

1. B 公司 2011—2020 年销售利润见表 4-8。试利用线性外推预测法对该公司 2021 年的销售利润进行预测。

表 4-8　B 公司 2011—2020 年销售利润　　　　　　　　　　　　　单位：百万元

年份	利润 $y(t)$	年份	利润 $y(t)$
2011	508	2013	550
2012	527	2014	583

续表

年份	利润 $y(t)$	年份	利润 $y(t)$
2015	608	2018	677
2016	634	2019	706
2017	657	2020	735

2. 已知某省 2012—2020 年的地区生产总值见表 4-9。试利用二次曲线外推预测法对该省 2021 年的地区生产总值进行预测，并分析预测方法是否合理。

表 4-9 某省 2012—2020 年地区生产总值　　　　　　　　单位：亿元

年份	地区生产总值	年份	地区生产总值
2012	3 545.39	2017	6 520.14
2013	3 880.53	2018	7 581.32
2014	4 212.82	2019	9 230.68
2015	4 757.45	2020	11 330.38
2016	5 633.24		

第 5 章　回归分析预测法

5.1　回归分析预测法概述

在实际经济问题中，某一经济行为往往会受到一种或多种因素的影响。例如，汽车的拥有量与汽车配件销售额、经济收入等因素有关；西瓜的产量受施肥量、降水量、气温等因素的影响。在经济预测中，可以从事物变化的因果关系出发，寻找因变量与自变量之间的内在联系。

回归分析法是指在掌握大量实验和观察数据的基础上，利用数理统计方法建立因变量与自变量之间的回归模型的一种预测方法。回归分析中，当研究的因果关系只涉及因变量和一个自变量时，叫作一元回归分析；当研究的因果关系涉及因变量和两个或两个以上自变量时，叫作多元回归分析。此外，又依据描述自变量与因变量之间因果关系的函数表达式是线性的还是非线性的，分为线性回归分析和非线性回归分析。通常，线性回归预测法是最基本的分析方法，非线性回归问题可以借助数学手段转化为线性回归问题处理。

回归分析预测法主要包含以下 5 个步骤。

（1）确定影响预测目标变化的主要因素。全面分析影响预测目标变化的因素，尽可能地找出影响预测目标变化的所有因素，分别对每一个影响因素与预测目标的相关程度进行分析，选择相关程度较高的影响因素作为自变量。

（2）选择合理的预测模型，确定模型参数。利用最小二乘法可以确定线性回归模型的参数，对于非线性回归预测模型可转化为线性回归模型后再进行参数的估算。

（3）统计假设检验。与时间序列预测法不同，并非任何回归预测模型都能直接用于预测，只有通过统计假设检验后证明有效的回归预测模型才能应用于实际预测。统计假设检验主要采用相关分析、t 检验、F 检验等来判断自变量与因变量之间的相关性及自变量的变化对因变量的变化的解释程度，借此判断回归预测模型的有效性。

（4）应用模型进行实际预测。当回归预测模型通过统计假设检验后，就可以利用它进行实际预测。预测时，先通过一定方法确定自变量的先期预测值，然后把自变量的先期预测值代入预测模型，便可计算得到预测值。

（5）检验预测结果的可靠性。借助有关专家的经验，将回归分析预测所得到的结果与运用其他预测方法所得到的结果进行对比分析，并结合实际情况，对预测结果是否切合实际作出评价。

5.2 一元线性回归预测法

5.2.1 一元线性回归预测法原理

1. 概述

在进行预测时,若仅考虑一个影响预测目标的因素,且因变量与自变量之间的关系可用一条直线近似表示,则可用一元线性回归预测法进行预测。利用一元线性回归预测法进行预测的基本过程如图 5-1 所示。

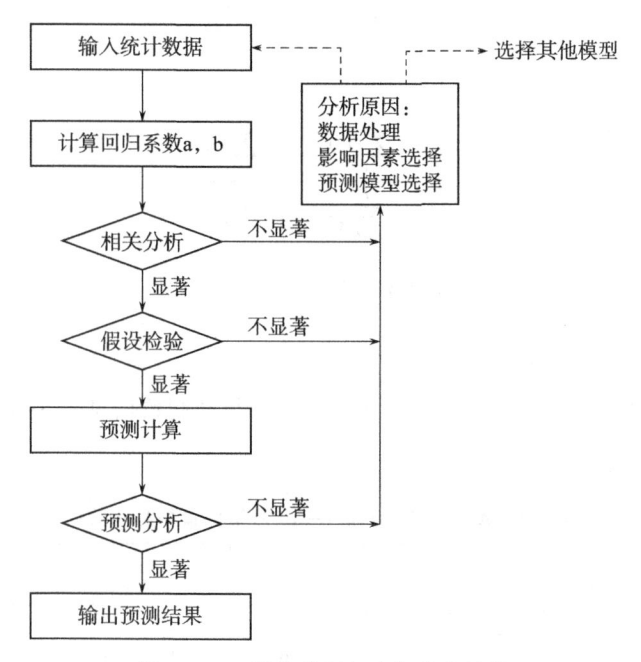

图 5-1 一元线性回归分析基本过程

2. 预测模型求解

对一元线性回归分析模型来说,因变量 y_i 和自变量 x_i 之间的关系可以表示为

$$y_i = a + bx_i + \varepsilon \tag{5-1}$$

式中,a 为截距项;b 为回归系数;ε 为随机误差项。假定如下:

(1) $\varepsilon_i \sim N(0, \sigma^2)$;
(2) $E(\varepsilon_i) = 0$;
(3) $D(\varepsilon_i) = \sigma^2$;
(4) $\text{cov}(\varepsilon_i, \varepsilon_j) = 0, i \neq j$。

一元线性回归预测模型为

$$\hat{y}_i = \hat{a} + \hat{b}x_i \tag{5-2}$$

式中，x_i 是影响因素，为自变量（也称解释变量）；$\hat{y}_i$ 是预测值，为因变量（也称被解释变量）；$\hat{a}$，$\hat{b}$ 是两个待定常数，$\hat{b}$ 称为回归系数。

利用最小二乘法确定 $\hat{a}$ 和 $\hat{b}$ 两个常数。

误差平方和为

$$Q_e = \sum_{i=1}^{n}(y_i - \hat{y}_i)^2 = \sum_{i=1}^{n}(y_i - \hat{a} - \hat{b}x_i)^2 \qquad (5-3)$$

根据极值原理，分别对 $\hat{a}$ 和 $\hat{b}$ 求偏导，并令其值等于 0，得

$$\frac{\partial Q_e}{\partial \hat{a}} = -2\sum_{i=1}^{n}(y_i - \hat{a} - \hat{b}x_i) = 0 \qquad (5-4)$$

$$\frac{\partial Q_e}{\partial \hat{b}} = -2\sum_{i=1}^{n}(y_i - \hat{a} - \hat{b}x_i)x_i = 0 \qquad (5-5)$$

求解得

$$\hat{b} = \frac{\sum_{i=1}^{n}x_i y_i - \bar{X}\sum_{i=1}^{n}y_i}{\sum_{i=1}^{n}x_i^2 - \bar{X}\sum_{i=1}^{n}x_i} \qquad (5-6)$$

$$\hat{a} = \bar{y} - \hat{b}\bar{x} \qquad (5-7)$$

式中，$\bar{x} = \frac{1}{n}\sum_{i=1}^{n}x_i$，$\bar{y} = \frac{1}{n}\sum_{i=1}^{n}y_i$。

实例 5-1 已知 A 产品 2020 年 1—10 月销售量与利润数据见表 5-1。试建立它们之间的一元线性回归模型。

表 5-1 A 产品 2020 年 1—10 月销售量与利润数据

月份	1	2	3	4	5	6	7	8	9	10
销售量/件	45	42	56	48	42	35	58	40	39	50
利润/万元	653	630	952	750	699	590	949	620	656	872

解 首先建立计算表，见表 5-2。

表 5-2 计算表

月份	销售量 x/件	利润 y/万元	x^2	xy	月份	销售量 x/件	利润 y/万元	x^2	xy
1	45	653	2 025	29 385	7	58	949	3 364	55 042
2	42	630	1 764	26 460	8	40	620	1 600	24 800
3	56	952	3 136	53 312	9	39	656	1 521	25 584
4	48	750	2 304	36 000	10	50	872	2 500	43 600
5	42	699	1 764	29 358	总和	455	7 371	21 203	344 191
6	35	590	1 225	20 650	平均值	45.5	737.1		

其次，基于表 5-2 计算系数 $\hat{a}$ 和 $\hat{b}$。

$$\hat{b} = \frac{\sum_{i=1}^{n} x_i y_i - \bar{x} \sum_{i=1}^{n} y_i}{\sum_{i=1}^{n} x_i^2 - \bar{x} \sum_{i=1}^{n} x_i} = \frac{344\ 191 - 455 \times 7\ 371/10}{21\ 203 - 455 \times 455/10} = 17.603\ 4$$

$$\hat{a} = \bar{y} - b\bar{x} = \frac{7\ 371}{10} - \frac{17.6 \times 455}{10} = -63.854\ 5$$

因此预测模型为

$$\hat{y}_i = -63.854\ 5 + 17.603\ 4 x_i$$

3. 相关分析

相关分析是研究现象之间是否存在某种依存关系，并对具有依存关系的现象探讨其相关方向以及相关程度，是研究随机变量之间的相关关系的一种统计方法。两个变量间线性关系的程度用相关系数 r 来描述。对任意一组数据，有

$$y_i - \bar{y} = (y_i - \hat{y}_i) + (\hat{y}_i - \bar{y}) \tag{5-8}$$

对等式两边求平方和，并将右边展开，得

$$\sum (y_i - \bar{y})^2 = \sum [(y_i - \hat{y}_i) + (\hat{y}_i - \bar{y})]^2$$
$$= \sum (y_i - \hat{y}_i)^2 + \sum (\hat{y}_i - \bar{y})^2 + 2\sum (y_i - \hat{y}_i)(\hat{y}_i - \bar{y}) \tag{5-9}$$

由于

$$\sum (y_i - \hat{y}_i)(\hat{y}_i - \bar{y}) = \sum (y_i - a - bx_i)(a + bx_i - a - b\bar{x})$$
$$= b\sum (y_i - \bar{y})(x_i - \bar{x}) - b^2 \sum (x_i - \bar{x})^2 = 0 \tag{5-10}$$

因此有

$$\sum (y_i - \bar{y})^2 = \sum (y_i - \hat{y}_i)^2 + \sum (\hat{y}_i - \bar{y})^2 \tag{5-11}$$

$$\text{TSS} = \text{ESS} + \text{RSS} \tag{5-12}$$

$$\text{TSS} = \sum (y_i - \bar{y})^2 \tag{5-13}$$

TSS 为偏差平方和，反映了 n 个 y 值的分散程度，也称总变差。

$$\text{RSS} = \sum (y_i - \hat{y}_i)^2 \tag{5-14}$$

RSS 为残差平方和，反映了除 x 对 y 的线性影响之外的一切使 y 变化的因素（其中包括 x 对 y 的非线性影响及观察误差），也称未解释变差。

$$\text{ESS} = \sum (\hat{y}_i - \bar{y})^2 \tag{5-15}$$

ESS 为回归平方和，体现了 x 对 y 的变化的部分解释说明，也称可解释变差。

可决系数 R^2 定量描述了 x 对 y 的解释程度，是评价两个变量之间线性相关关系强弱的一个指标，$0 \leq R^2 \leq 1$。

$$R^2 = \frac{\text{可解释变差}}{\text{总变差}} = \frac{\text{ESS}}{\text{TSS}} = \frac{\sum (y_i - \hat{y}_i)^2}{\sum (y_i - \bar{y})^2} = 1 - \frac{\sum (\hat{y}_i - \bar{y})^2}{\sum (y_i - \bar{y})^2} \tag{5-16}$$

评价两个变量之间线性相关关系强弱的另一个指标是相关系数。相关系数 r 有两种定义。

（1）根据偏差平方和定义：

$$r = \sqrt{1 - \frac{\sum (\hat{y}_i - \bar{y})^2}{\sum (y_i - \bar{y})^2}} \tag{5-17}$$

（2）根据 x 和 y 的协方差与方差定义：

$$r = \frac{\sum (x_i - \bar{x})(y_i - \bar{y})}{\sqrt{\sum (x_i - \bar{x})^2 \sum (y_i - \bar{y})^2}} \tag{5-18}$$

可以证明，对一元线性回归分析，两种定义是等价的。不过后一种定义在概念上便于推广讨论，而且不需要先求回归方程的残差。

正相关：如果 x，y 变化的方向一致（如身高与体重的关系），$r>0$。

一般地：

- $|r| > 0.95$，显著相关；
- $|r| \geq 0.8$，高度相关；
- $0.5 \leq |r| < 0.8$，中度相关；
- $0.3 \leq |r| < 0.5$，低度相关；
- $|r| < 0.3$，关系极弱，认为不相关。

负相关：如果 x，y 变化的方向相反（如吸烟与肺功能的关系），$r<0$。

无线性相关：$r=0$。

对实例 5-1 而言，有

$$R^2 = 1 - \frac{\sum (\hat{y}_i - \bar{y})^2}{\sum (y_i - \bar{y})^2} = 0.90$$

$$r = \frac{\sum (x_i - \bar{x})(y_i - \bar{y})}{\sqrt{\sum (x_i - \bar{x})^2 \sum (y_i - \bar{y})^2}} = 0.95$$

因此利润和销售量高度相关。

4. 模型检验

通过参数确定，很容易得到变量间关系的回归模型，但是，模型是否与实际数据有很好的拟合度？能否进行预测？数据是否与其他因素有关？为解决这些问题，要进行模型的检验。常用方法有经济意义检验、t 检验和 F 检验。

（1）经济意义检验。模型中的参数符号有其特定的经济含义，通过实际经济现象就可以看出模型是否与实际相符。如在实例 5-1 中，利润增加与销售量同向变动，即 b 应大于 0；又由 $a=-63.8$，销售量为 0 时，亏损 63.8 元，即所谓非生产性销售，这与实际也是相符的，从而通过了经济意义检验。

（2）t 检验。t 检验就是用 t 统计量对回归系数 b 进行检验，其目的是检验变量 x 与变量 y 之间是否确实有关系，即 x 是否影响 y。t 统计量的计算公式如下：

$$t = \frac{b}{S_b} \tag{5-19}$$

$$S_b = \sqrt{\frac{\sum_{i=1}^{n}(y_i - \hat{y}_i)^2}{(n-2)\sum_{i=1}^{n}x_i^2}} \tag{5-20}$$

式中，b 为回归系数；y_i 为实测值；$\hat{y}_i$ 为通过模型计算得到的预测值；n 为样本个数。

t 检验的基本过程如下。

首先，通过公式计算 t 统计量，利用实例5-1中的数据计算得到 $t=8.73$。

然后，选择显著水平 α，即检验可靠性程度，一般取0.05，自由度为$(n-2)$，查 t 检验表以确定临界值 $t_{\alpha/2}(n-2)$，对实例5-1而言，$t_{0.025}(8) = 2.31$。

ta = stats. t. ppf(q = 1 - 0.05/2,df = 8) = 2.31

最后，进行判断。当 $|t| \geq t_{\alpha/2}(n-2)$ 时，说明变量 x 与 y 之间关系显著，其可靠性程度为 $1-\alpha$。当 $|t|<t_{\alpha/2}(n-2)$ 时，说明 x 与 y 之间没有明确的关系，模型中引入变量 x 是错误的，用该回归模型进行预测是不可行的。对实例5-1而言，由于 $t=8.73>2.31$，因此，x 与 y 之间存在显著关系，t 检验通过。

（3）F 检验。所谓 F 检验就是通过构造 F 统计量

$$F = \frac{\text{RSS}}{\text{ESS}/(n-2)} = \frac{R^2}{(1-R^2)/(n-2)} \tag{5-21}$$

判断模型是否成立。F 近似等于可解释变差与未解释变差之比，该比值越大越好。可以证明，在 $H_0: b=0$ 成立时，$F \sim F_\alpha(1,n-2)$。

F 检验的具体步骤如下。

首先，计算 F 值。对实例5-1而言，$F=76.23$。

然后，根据给定的检验水平 α，查 F 分布表，求临界值 $F_\alpha(1,n-2)$。若 $F>F_\alpha(1,n-2)$，则否定 H_0，认为 x 和 y 之间存在显著的线性统计关系；反之，x 和 y 之间不存在线性统计关系。

$$F_{0.05}(1,8) = 5.32 < F = 76.23$$

fa = stats. f. ppf(q = 1 - 0.05,dfn = 1,dfd = 8) = 5.32

可见 F 检验与 t 检验结果是一致的。

对一元线性回归分析来说，R 检验、t 检验和 F 检验是等价的。

5. 预测

通过检验后，即可进行预测。对实例5-1而言，假设2021年销售额为60万元，则2021年的估计利润为

$$\hat{y}_i = -63.8545 + 17.6034x_i = -63.8545 + 17.6034 \times 60 \approx 992(万元)$$

5.2.2　Python在一元线性回归预测法中的应用

利用Python求解实例5-1的步骤如下。

第一，从Excel读取工作表中数据到DataFrame数据框，代码如下。

```
df0 = read_excel(bookname,sheetname,na_values = ['NA'])
yt = df0[yname]
```

这里 bookname 为 Excel 工作簿名，sheetname 为工作簿 bookname 中的工作表名。xt 为自变量数据，yt 为因变量数据。

第二，利用 sns.lmplot() 函数绘制曲线图，观察是否具有一元线性关系。

```
sns.lmplot(x = xname,y = yname,data = df0,
scatter_kws = {"color":"black"},
line_kws = {"color":"red"})
```

本实例对应的销售量与利润关系如图 5-2 所示。

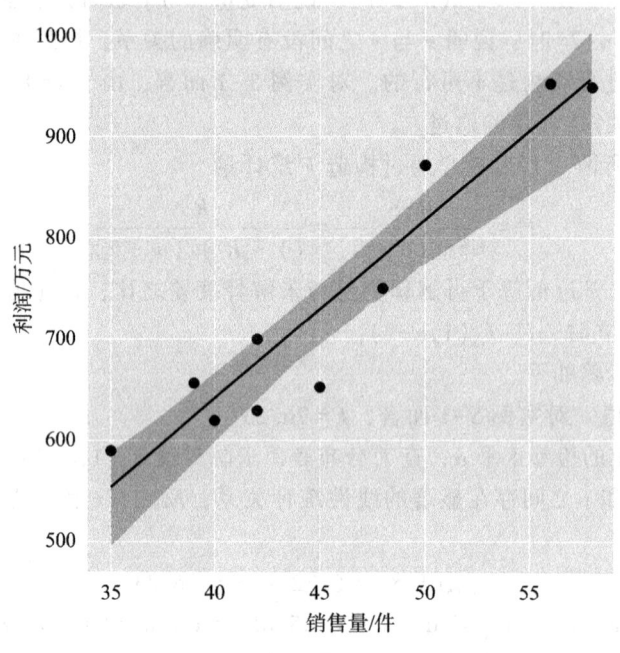

图 5-2　销售量与利润关系

从图中初步判断自变量和因变量之间具有一元线性关系。

第三，利用函数 smf.ols().fit() 进行回归模拟，并利用 model.summary() 输出分析结果。

```
model = smf.ols(formula = formula0,data = df0).fit()
print(model.summary())#输出模型结果
```

模型输出结果为

```
OLS Regression Results
==============================================================
Dep.Variable:    利润           R-squared:        0.905
Model:           OLS  Adj.     R-squared:        0.893
Method:          Least Squares F-statistic:      76.23
Date:            Thu,04 Nov 2021 Prob(F-statistic): 2.31e-05
Time:            10:21:59      Log-Likelihood:   -51.164
No.Observations: 10            AIC:              106.3
Df Residuals:    8             BIC:              106.9
Df Model:        1
Covariance Type: nonrobust
==============================================================
              coef   std err    t     P>|t|   [0.025   0.975]
--------------------------------------------------------------
Intercept   -63.8545  92.838  -0.688  0.511  -277.940  150.231
销售量        17.6034   2.016   8.731  0.000    12.954   22.253

Omnibus:        0.892    Durbin-Watson:    1.177
Prob(Omnibus):  0.640    Jarque-Bera(JB):  0.718
Skew:          -0.391    Prob(JB):         0.698
Kurtosis:       1.945    Cond.No.          300.
==============================================================
```

说明：

上述汇总结果的每个部分可以单独获取。例如 model.rsquared 对应 R2 值，model.tvalues 和 model.pvalues 分别对应系数的 t 值及其 P 值，model.fvalue 和 model.f_pvalue 分别对应 F 值及其 P 值。

第四，进行检验。

从输出结果可知

$R^2 = 0.905$

t-statistic('销售量') = 8.731, P 值 ≈ 0.000

F-statistic = 76.23, Prob(F-statistic) = 2.31e-05

因此，检验通过。

最后，按照 $y = a + bx$ 进行预测。

模型系数 a, b 分别为

a = model.params[0] = -63.8545
b = model.params[1] = 17.6034

模型为

$$y = -63.8545 + 17.6034x$$

输入销售量=60,则对应的利润为

$$yt = -63.8545 + 17.6034 \times 60 = 992.3493$$

实例5-1对应的完整Python程序如下:

```
#【实例5-1】
#程序名称:epd5201.py
#功能:一元线性回归预测
#用于数值计算的库
import numpy as np
import pandas as pd
import scipy as sp
from scipy import stats
from pandas import Series,DataFrame,read_excel
#用于绘图的库
import matplotlib as mpl
from matplotlib import pyplot as plt
import seaborn as sns
sns.set()
#用于统计分析的库
import statsmodels.formula.api as smf
import statsmodels.api as sm
#设置浮点打印精度
#% precision 3
#支持中文设置
mpl.rcParams['font.sans-serif']=['SimHei'] #用来正常显示中文标签
mpl.rcParams['axes.unicode_minus']=False #用来正常显示负号
def to_txt(fname,inform):
    fp=open(fname,'w')
    print(inform,file=fp)
#参数变量设置
bookname='mydata05.xlsx'  #工作簿名称
sheetname='epd5-1'  #工作表名称
xname='销售量'  #工作表中表头:对应销售量
yname='利润'   #工作表中表头:对应利润
```

```python
resultname=sheetname+'-result.xlsx'   #输出结果保存文件
#读取工作表中数据到数据框
df0=read_excel(bookname,sheetname,na_values=['NA'])
xt,yt=df0[xname],df0[yname]
#绘制曲线图:散点图+回归线
sns.lmplot(x=xname,y=yname,data=df0,
    scatter_kws={"color":"black"},
    line_kws={"color":"red"})
#plt.legend()
plt.savefig(sheetname+'.png')
#模型分析
formula0=yname+'~'+xname
model=smf.ols(formula=formula0,data=df0).fit()
print(model.summary())   #输出模型结果
to_txt(sheetname+'-sumarry.txt',model.summary())
#计算系数 a 和 b
a,b=model.params[0],model.params[1]
sf1="y=%.4f+%.4fx"
print("模型为:\n"+sf1%(a,b))
#检验
n,m=len(xt),1
alpha=0.05
#t 检验
ta=stats.t.ppf(q=1-alpha/2,df=n-m-1)
if abs(model.tvalues[xname])>ta and model.pvalues[xname]<0.05:
    print("t 检验通过!")
else:
    print("t 检验不通过!")
#F 检验
fa=stats.f.ppf(q=1-alpha,dfn=m,dfd=n-m-1)
if model.fvalue>fa and model.f_pvalue<0.05:
    print("F 检验通过!")
else:
    print("F 检验不通过!")
#预测
x1=int(input("输入销售量="))
sf2="yt=%.4f+%.4fx%d=%.4f"
print(sf2%(a,b,x1,a+b*x1))
df0['预测值']=model.predict(xt)
```

```
df0['相对误差']=abs((df0['预测值']-yt)/yt)
df0.to_excel(resultname)
```

说明：

（1）Python 分析所需数据保存在工作簿 mydata05.xlsx 中 epd5-1 工作表，如图 5-3 所示。

	A	B	C
1	月份	销售量	利润
2	1	45	653
3	2	42	630
4	3	56	952
5	4	48	750
6	5	42	699
7	6	35	590
8	7	58	949
9	8	40	620
10	9	39	656
11	10	50	872

图 5-3　epd5-1 工作表

工作表中第一行为表头。使用时，表头不要变动，表头下面的数据可以根据需要进行修改。

（2）使用时，可根据实际修改下列参数变量的值。

```
bookname='mydata05.xlsx'  #工作簿名称
sheetname='epd5-1'  #工作表名称
xname='销售量'  #工作表中 A 列表头
yname='利润'  #工作表中 B 列表头
resultname=sheet+'-result.xls'  #输出结果保存文件
```

（3）对工作表及 Python 程序进行修改，必须保存后再运行 Python 程序，才能使得修改有效。

（4）输出结果保存在工作簿 resultname 的工作表 Sheet1 中。

（5）利用 smf.ols().fit()进行回归分析，并借助 model.summary()获取分析结果。如下：

```
model=smf.ols("YT~XT",data=data0).fit()
print(model.summary())#输出模型结果
```

本实例 model.summary()的内容为

```
OLS Regression Results
===================================================
Dep.Variable:  利润         R-squared:  0.905
Model:  OLS  Adj.           R-squared:  0.893
```

```
Method: Least Squares        F-statistic: 76.23
Date: Thu,04 Nov 2021        Prob(F-statistic): 2.31e-05
Time: 10:21:59               Log-Likelihood: -51.164
No.Observations: 10          AIC: 106.3
Df Residuals: 8              BIC: 106.9
Df Model: 1
Covariance Type: nonrobust
==================================================================
              coef    std err    t    P>|t|   [0.025   0.975]
------------------------------------------------------------------
Intercept   -63.8545  92.838   -0.688  0.511  -277.940  150.231
销售量       17.6034   2.016    8.731   0.000   12.954   22.253
==================================================================
Omnibus: 0.892               Durbin-Watson: 1.177
Prob(Omnibus): 0.640         Jarque-Bera(JB): 0.718
Skew: -0.391                 Prob(JB): 0.698
Kurtosis: 1.945              Cond.No.  300.
==================================================================
```

从上面输出结果可知:

$b = 17.6034$

$a = -63.8545$

自变量对应的 t 的绝对值 $= 8.7311 > t_{\alpha/2}(n-2) = 2.3060$，$t$ 检验通过。

$F = 76.2315 > F_{\alpha}(1, n-2) = 5.3177$，$F$ 检验通过。

$R^2 = 0.9050$，相关分析通过。

当 2021 年销售量为 60 件时，预计利润为 992.3493 万元。

$y_t = -63.8545 + 17.6034 \times 60 = 992.3493$（万元）

5.3 多元线性回归预测法

5.3.1 多元线性回归预测法原理

1. 概述

在进行预测时,若预测目标的因素不止一个,则要使用多元线性回归预测法进行预测。利用多元线性回归预测法进行预测的基本过程如图 5-4 所示。

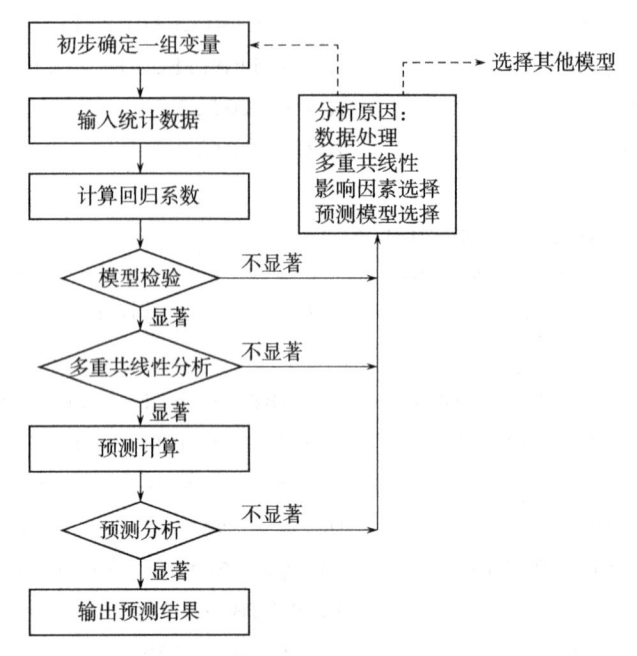

图 5-4　多元线性回归分析基本过程

2. 预测模型求解

设 x_i, y_i 之间的关系可以表述为

$$y = b_0 + b_1 x_1 + b_2 x_2 + \cdots + b_m x_m + \varepsilon \tag{5-22}$$

对 n 组样本观察值的第 i 组样本，模型又可表示为

$$y_i = b_0 + b_1 x_{i1} + b_2 x_{i2} + \cdots + b_m x_{im} + \varepsilon_i \tag{5-23}$$

式中，b_0 为截距项；$b_j(j=1,2,\cdots,m)$ 为回归系数；ε_i 为随机误差项，假定如下：

(1) $\varepsilon_i \sim N(0, \sigma^2)$；

(2) $E(\varepsilon_i) = 0$；

(3) $D(\varepsilon_i) = \sigma^2$；

(4) $\mathrm{cov}(\varepsilon_i, \varepsilon_j) = 0$ $(i \neq j)$；

(5) $x_1, x_2, \cdots, x_m$ 之间不线性相关。

对 n 组样本观察值，模型表示为

$$\begin{cases} y_1 = b_0 + b_1 x_{11} + b_2 x_{12} + \cdots + b_m x_{1m} + \varepsilon_1 \\ y_2 = b_0 + b_1 x_{21} + b_2 x_{22} + \cdots + b_m x_{2m} + \varepsilon_2 \\ \cdots\cdots \\ y_n = b_0 + b_1 x_{n1} + b_2 x_{n2} + \cdots + b_m x_{nm} + \varepsilon_n \end{cases} \tag{5-24}$$

记 $\boldsymbol{Y} = (y_1, y_2, \cdots, y_n)^{\mathrm{T}}$

$$X = \begin{bmatrix} 1 & x_{11} & \cdots & x_{1m} \\ \vdots & \vdots & \ddots & \vdots \\ 1 & x_{n1} & \cdots & x_{nm} \end{bmatrix} \quad (5-25)$$

$$\boldsymbol{B} = (b_0, b_1, b_2, \cdots, b_m)^T \quad (5-26)$$

$$\boldsymbol{V} = (\varepsilon_1, \varepsilon_2, \cdots, \varepsilon_n)^T \quad (5-27)$$

则 $\boldsymbol{Y} = \boldsymbol{XB} + \boldsymbol{V}$。因此，多元线性回归分析法的数学模型为

$$\hat{\boldsymbol{y}} = \boldsymbol{X}\hat{\boldsymbol{B}} \quad (5-28)$$

$$\hat{\boldsymbol{y}} = (\hat{y}_1, \hat{y}_2, \cdots, \hat{y}_n)^T \quad (5-29)$$

$$\hat{\boldsymbol{B}} = (\hat{b}_0, \hat{b}_1, \hat{b}_2, \cdots, \hat{b}_m)^T \quad (5-30)$$

相应的误差为

$$\boldsymbol{Y} - \hat{\boldsymbol{y}} = (\varepsilon_1, \varepsilon_2, \cdots, \varepsilon_n)^T \quad (5-31)$$

此为随机误差项的估计值。

根据最小二乘法原理，选择 $\hat{\boldsymbol{B}}$ 使残差平方和最小：

$$\min \sum e_i^2 = (\boldsymbol{Y} - \boldsymbol{X}\hat{\boldsymbol{B}})(\boldsymbol{Y} - \boldsymbol{A}\hat{\boldsymbol{B}}) \quad (5-32)$$

根据极值原理，有

$$\frac{\partial (\boldsymbol{Y} - \boldsymbol{X}\hat{\boldsymbol{B}})^T (\boldsymbol{Y} - \boldsymbol{X}\hat{\boldsymbol{B}})}{\partial \hat{\boldsymbol{B}}} = -2\boldsymbol{X}^T \boldsymbol{Y} + 2\boldsymbol{X}^T \boldsymbol{X}\hat{\boldsymbol{B}} = 0 \quad (5-33)$$

从而推导得

$$\hat{\boldsymbol{B}} = (\boldsymbol{X}^T \boldsymbol{X})^{-1} \boldsymbol{X}^T \boldsymbol{Y} \quad (5-34)$$

实例 5-2 B 产品的需求量与个人收入及价格的关系见表 5-3。试建立模型来预测收入为 1 500 元和价格为 8 元时产品 B 的需求量。

表 5-3 B 产品的需求量与个人收入及价格的关系

月份序号	需求量 y	收入 x_1/百元	价格 x_2/元	月份序号	需求量 y	收入 x_1/百元	价格 x_2/元
1	100	10	4	6	65	7	7
2	75	6	7	7	90	13	5
3	80	9	6	8	100	11	3.8
4	70	5	6	9	110	13	3
5	50	3	8	10	60	3	9

解

$$X = \begin{bmatrix} 1 & 10 & 4 \\ 1 & 6 & 7 \\ 1 & 9 & 6 \\ 1 & 5 & 6 \\ 1 & 3 & 8 \\ 1 & 7 & 7 \\ 1 & 13 & 5 \\ 1 & 11 & 3.8 \\ 1 & 13 & 3 \\ 1 & 3 & 9 \end{bmatrix}, X^{\mathrm{T}}X = \begin{bmatrix} 10 & 80 & 58.8 \\ 80 & 768 & 411.8 \\ 58.8 & 411.8 & 379.44 \end{bmatrix}$$

$$(X^{\mathrm{T}}X)^{-1} = \begin{bmatrix} 13.858\,1 & -0.698\,6 & -1.389\,4 \\ -0.698\,6 & 0.038\,3 & 0.066\,7 \\ -1.389\,4 & 0.066\,7 & 0.145\,6 \end{bmatrix}$$

$$\hat{B} = (X^{\mathrm{T}}X)^{-1}X^{\mathrm{T}}Y = (107.520\,8 \quad 1.592\,1 \quad -6.846\,6)^{\mathrm{T}}$$

预测模型为

$$\hat{y} = 107.520\,8 + 1.592\,1 x_1 - 6.846\,6 x_2$$

3. 模型检验

在多元线性回归分析中,为了检验模型的假设是否正确、引入的影响因素是否有效,需要对模型进行检验。常用的检验方法是 R 检验、t 检验和 F 检验。

(1) 经济意义检验。对实例 5-2 而言,产品的需求量与收入同向变动,与价格反向变动,即 $b_1>0$,$b_2<0$;这与实际是相符的,从而通过了经济意义检验。

(2) R 检验。对实例 5-2 而言,

$$R^2 = \frac{\mathrm{RSS}}{\mathrm{TSS}} = 1 - \frac{\mathrm{ESS}}{\mathrm{TSS}} = 1 - \frac{\sum(y_i - \hat{y}_i)^2}{\sum(y_i - \bar{y})^2} = 0.922\,2$$

$$r = \frac{\sum(x_i - \bar{x})(y_i - \bar{y})}{\sqrt{\sum(x_i - \bar{x})^2 \sum(y_i - \bar{y})^2}} = 0.960\,3$$

因此 R 检验通过。

(3) F 检验。F 检验就是通过构造 F 统计量:

$$F = \frac{\mathrm{RSS}/m}{\mathrm{ESS}/(n-m-1)} = \frac{R^2/m}{(1-R^2)/(n-m-1)} \tag{5-35}$$

判断模型是否成立。可以证明,在 $H_0:b_0=b_1=\cdots=b_m=0$ 成立时,$F \sim F_\alpha(m, n-m-1)$。

F 检验步骤如下。

首先,计算 F 值。对实例 5-2 而言,$F=41.475\,2$。

然后,根据给定的检验水平 α,查 F 分布表,求临界值 $F_\alpha(1, n-2)$。若 $F>F_\alpha(1, n-2)$,则否定 H_0,认为 x 和 y 之间存在显著的线性统计关系;反之,x 和 y 之间不存在线性统计关系。

对实例 5-2 而言，$F_{0.05}(2,7) = 4.7374 < F = 41.4752$
$$fa = stats.f.ppf(q = 1 - 0.05, dfn = 2, dfd = 7) = 4.7374$$
因此，F 检验通过。

（4）t 检验。R 检验和 t 检验都是将所有自变量作为一个整体来检验它们与 y 的相关程度和解释能力，并没有说明每个自变量对 y 的影响。t 检验可以判别每个自变量对 y 的影响。

回归模型是一种统计模型，是从观测数据中得到的。t 检验就是用 t 统计量对回归系数 b 进行检验，其目的是检验变量 x 与变量 y 之间是否确实有关系，x 是否影响 y。t 统计量的计算公式如下：

$$t = \frac{b_j}{S_{b_j}}, \quad j = 0, 1, 2, \cdots, m \tag{5-36}$$

$$S_{b_j} = \sqrt{C_{jj}} \sqrt{\frac{1}{n-m-1} \sum_{i=1}^{n} (y_i - \hat{y}_i)^2} \tag{5-37}$$

式中，C_{jj} 为矩阵 $(X^T X)^{-1}$ 主对角线上的第 j 个元素。

建立假设：
$$H_0: b_j = 0$$

若 $|t| \geq t_{\alpha/2}(n-m-1)$，说明变量 x_j 与 y 之间关系显著，其可靠性程度为 $1-\alpha$。当 $|t| < t_{\alpha/2}(n-2)$ 时，说明 x 与 y 之间没有明确的关系，模型中引入变量 x 是错误的，用该回归模型进行预测是不可行的。

t 检验的基本步骤如下。

首先，通过公式计算 t 统计量，根据实例 5-2 中的数据计算得到

$$t(b_2) = 2.8973$$
$$t(b_1) = 1.3131$$
$$t(b_0) = 4.6637$$

然后，选择显著性水平 α，即检验可靠性程度，一般取 0.05，自由度为 $(n-m-1)$，查 t 检验表以确定临界值 $t_{\alpha/2}(n-m-1)$。

对实例 5-2 而言，$t_{0.025}(7) = 2.3646$。
$$ta = stats.t.ppf(q = 1 - 0.05/2, df = 7) = 2.3646$$

最后，进行判断。当 $|t| \geq t_{\alpha/2}(n-2)$ 时，说明变量 x 与 y 之间关系显著，其可靠性程度为 $1-\alpha$。当 $|t| < t_{\alpha/2}(n-2)$ 时，说明 x 与 y 之间没有明确的关系，模型中引入变量 x 是错误的，用该回归模型进行预测是不可行的。

对实例 5-2 而言，由于 $t(b_2) > t_{0.025}(7)$，$t(b_1) < t_{0.025}(7)$，所以 x_2 与 y 之间存在显著关系，x_1 与 y 之间关系不显著。

4. 多重共线性分析

在预测分析中，若两个解释变量之间存在较强的相关，则认为回归分析中存在多重共线性。

一个多元回归模型 $Y = XB + V$ 存在多重共线性关系，主要表现为矩阵 X 中存在相关的列。多重共线性可能引起以下后果。

（1）参数估计的精度较低；
（2）回归参数的估计值对样本容量非常敏感，不稳定；
（3）不能正确判断各解释变量对 y 的影响是否显著。

可通过计算自变量之间的相关系数矩阵和经验直觉，来判断分析自变量之间是否存在多重共线性。

消除多重共线性的常用方法如下。

方法 1：消减变量。

从一组高度相关、具有多重共线性的自变量中删除某个变量。例如将一组自变量中与因变量相关系数最小的一个自变量删除，重建回归预测方法。

方法 2：改变变量的定义形式。

定义新的自变量代替具有高度多重共线性的变量，或者通过加权平均等方法，将一组多重共线性的自变量合并为一个自变量。

假设回归模型为

$$y = b_0 + b_1 x_1 + b_2 x_2 + \varepsilon \tag{5-38}$$

如果 x_1 和 x_2 高度相关，那么可以采用变量比的形式：

$$\frac{y}{x_1} = \frac{b_0}{x_1} + b_1 + \frac{b_2 x_2}{x_1} + \varepsilon' \tag{5-39}$$

除了以上常用方法，在可能的条件下，还可以通过收集更多的观察资料增加样本容量，减轻多重共线性所造成的影响。

虽然多重共线性对回归模型不利，但是否消除应视其影响程度轻重而定。只要多重共线性对重要的 x_j 影响不大，那么即使估计模型含有多重共线性，仍能有较好的预测效果。

5. 预测

通过检验后，即可进行预测。在实例 5-2 中，假设 $x_1 = 15$，$x_2 = 8$，则

$$y = -6.846\ 6 x_2 + 1.592\ 1 x_1 + 107.520\ 8 = 76.630\ 2$$

5.3.2 Python 在多元线性回归预测法中的应用

利用 Python 求解实例 5-2 的步骤如下。

第一，从 Excel 读取工作表中数据到 DataFrame 数据框，代码如下。

```
df0＝read_excel(bookname,sheetname,na_values＝['NA'])
xt1,xt2,yt＝df0[xname1],df0[xname2],df0[yname]
```

这里 bookname 为 Excel 工作簿名，sheetname 为工作簿 bookname 中的工作表名，xt1、xt2 对应自变量数据，yt 为因变量数据。

第二，利用函数 smf.ols().fit() 进行回归模拟，并利用 model.summary() 输出分析结果。

```
formula0＝yname+'~'+xname1+'+'+xname2
model＝smf.ols(formula＝formula0,data＝df0).fit()
```

```
print(model.summary())#输出模型结果
```

模型输出结果为

OLS Regression Results

Dep.Variable:	需求量	R-squared:	0.922
Model:	OLS	Adj. R-squared:	0.900
Method:	Least Squares	F-statistic:	41.48
Date:	Fri,05 Nov 2021	Prob(F-statistic):	0.000131
Time:	12:03:07	Log-Likelihood:	-30.640
No.Observations:	10	AIC:	67.28
Df Residuals:	7	BIC:	68.19
Df Model:	2		
Covariance Type:	nonrobust		

	coef	std err	t	P>|t|	[0.025	0.975]
Intercept	107.5208	23.055	4.664	0.002	53.005	162.037
收入	1.5921	1.212	1.313	0.231	-1.275	4.459
价格	-6.8466	2.363	-2.897	0.023	-12.434	-1.259

Omnibus:	0.617	Durbin-Watson:	0.567
Prob(Omnibus):	0.735	Jarque-Bera(JB):	0.565
Skew:	0.231	Prob(JB):	0.754
Kurtosis:	1.931	Cond.No.	121.

说明：

上述汇总结果的每个部分可以单独获取。例如 model.rsquared 对应 R2 值，model.tvalues 和 model.pvalues 分别对应系数的 t 值及其 P 值，model.fvalue 和 model.f_pvalue 分别对应 F 值及其 P 值。

第四，进行检验。

从输出结果可知

R2=0.922

t-statistic('收入')=1.313，P 值=0.231

t-statistic('价格')=-2.897，P 值=0.023

F-statistic=41.48，Prob(F-statistic)=0.000131

R^2、F 检验和价格的检验通过，收入的 t 检验对应 P 值>0.05，说明可能存在多重共线，需进行多重共线分析。只有检验通过，并不存在多重共线，才可进行预测。虽然多重共线性对回归模型不利，但是否消除应视其影响程度轻重而定。只要多重共线性对重要的 x_j 影响不大，那么即使估计模型含有多重共线性，仍能有较好的预测效果。这里忽略这种分析。

最后，按照 $y=a+bx_1+cx_2$ 进行预测。

模型系数 a,b,c 分别为

a,b,c =
a=model.params[0]=107.5208
b=model.params[1]=1.5921
C=model.params[2]=-6.8466

模型为

y=107.520 8+1.592 1*x1-6.846 6*x2

输入收入 x1=15，价格 x2=8，则需求量为

yt=107.520 8+1.592 1*15.000 0-6.846 6*8.000 0=76.630 2

实例 5-2 对应的完整 Python 程序如下。

```
#【实例 5-2】
#程序名称:epd5301.py
#功能:多元线性回归预测
#用于数值计算的库
import numpy as np
import pandas as pd
import scipy as sp
from scipy import stats
from pandas import Series,DataFrame,read_excel
#用于绘图的库
import matplotlib as mpl
from matplotlib import pyplot as plt
import seaborn as sns
sns.set()
#用于统计分析的库
import statsmodels.formula.api as smf
import statsmodels.api as sm
#设置浮点打印精度
#% precision 3
#支持中文设置
```

```python
mpl.rcParams['font.sans-serif']=['SimHei']  #用来正常显示中文标签
mpl.rcParams['axes.unicode_minus']=False  #用来正常显示负号
def to_txt(fname,inform):
    fp=open(fname,'W')
    print(inform,file=fp)
#参数变量设置
bookname='mydata05.xlsx'  #工作簿名称
sheetname='epd5-2'  #工作表名称
xname1='收入'  #工作表中表头
xname2='价格'  #工作表中表头
yname='需求量'  #工作表中表头
resultname=sheetname+'-result.xlsx'  #输出结果保存文件
#读取工作表中数据到数据框
df0=read_excel(bookname,sheetname,na_values=['NA'])
xt1,xt2,yt=df0[xname1],df0[xname2],df0[yname]
#模型分析
formula0=yname+'~'+xname1+'+'+xname2
model=smf.ols(formula=formula0,data=df0).fit()
print(model.summary())  #输出模型结果
to_txt(sheetname f'-summary.txt',model.summary())
#计算系数 a,b,c
a,b,c=model.params[0],model.params[1],model.params[2]
sf1="y=%.4f+%.4f×x1+%.4f×x2"
print("模型为:\n"+sf1%(a,b,c))
#检验
n=len(yt)
m=2
alpha=0.05
#t 检验
ta=stats.t.ppf(q=1-alpha/2,df=n-m-1)
condition1=False
if abs(model.tvalues[xname1])>ta and model.pvalues[xname1]<0.05:
    condition1=True
condition2=False
if abs(model.tvalues[xname2])>ta and model.pvalues[xname2]<0.05:
    condition2=True
if condition1 and condition2:
```

```
        print("t 检验通过!")
    else:
        print("t 检验不通过!")
#F 检验
fa=stats.f.ppf(q=1-alpha,dfn=m,dfd=n-m-1)
if model.fvalue>fa and model.f_pvalue<0.05:
    print("F 检验通过!")
else:
    print("F 检验不通过!")
#预测
x1=float(input("输入收入 x1="))
x2=float(input("输入价格 x2="))
sf2="yt=%.4f+%.4f×.4f+%.4f×.4f=%.4f"
print(sf2%(a,b,x1,c,x2,a+b*x1+c*x2))
df0['预测值']=model.predict(df0[[xname1,xname2]])
df0['相对误差']=abs((df0['预测值']-yt)/yt)
df0.to_excel(resultname)
```

说明：

（1）Python 分析所需数据保存在工作簿 mydata05.xlsx 中 epd5-2 工作表，形式如图 5-5 所示。

	A	B	C	D
1	月份	销售量	收入	价格
2	1	100	10	4
3	2	75	6	7
4	3	80	9	6
5	4	70	5	6
6	5	50	3	8
7	6	65	7	7
8	7	90	13	5
9	8	100	11	3.8
10	9	110	13	3
11	10	60	3	9

图 5-5　epd5-2 工作表

工作表中第一行为表头。使用时，表头不要变动，表头下面的数据可以根据需要进行修改。

（2）使用时，可根据实际修改下列参数变量的值。

```
bookname='mydata05.xlsx'  #工作簿名称
sheetname='epd5-2'  #工作表名称
xname='销售量'  #工作表中 A 列表头
```

```
yname='利润'    #工作表中 B 列表头
resultname=sheetname+'-result.xlsx'    #输出结果保存文件
```

（3）对工作表及 Python 程序进行修改，必须保存后再运行 Python 程序，才能使得修改有效。

（4）输出结果保存在工作簿 resultname 的工作表 Sheet1 中。

（5）利用 smf.ols().fit() 进行回归分析，并借助 model.summary() 获取分析结果。如下：

```
model=smf.ols("y~x1+x2",data=df0).fit()
print(model.summary())    #输出模型结果
```

本实例 model.summary() 的内容为

```
OLS Regression Results
============================================================
Dep.Variable:        需求量         R-squared:        0.922
Model:               OLS   Adj.    R-squared:        0.900
Method:              Least Squares F-statistic:      41.48
Date:                Fri,29 Oct 2021 Prob(F-statistic): 0.000131
Time:                10:09:40      Log-Likelihood:   -30.640
No.Observations:     10            AIC:              67.28
Df Residuals:        7             BIC:              68.19
Df Model:            2
Covariance Type:     nonrobust
============================================================
            coef   std err    t    P>|t|   [0.025   0.975]
------------------------------------------------------------
Intercept  107.5208 23.055  4.664  0.002   53.005  162.037
收入         1.5921  1.212  1.313  0.231   -1.275    4.459
价格        -6.8466  2.363 -2.897  0.023  -12.434   -1.259
============================================================
Omnibus:          0.617    Durbin-Watson:    0.567
Prob(Omnibus):    0.735    Jarque-Bera(JB):  0.565
Skew:             0.231    Prob(JB):         0.754
Kurtosis:         1.931    Cond.No.          121.
============================================================
```

从上面输出结果可知：

$$b_2=-6.8466,\ b_1=1.5921,\ b_0=107.5208$$

$R^2 = 0.922\ 2$，R 检验通过。

$F_{0.05}(2, 7) = 4.737\ 4 < F = 41.475\ 2$，$F$ 检验通过。

系数 b_2，b_1，b_0 对应的 t 值分别如下：

$$t(b_2) = 2.897\ 3$$
$$t(b_1) = 1.313\ 1$$
$$t(b_0) = 4.663\ 7$$
$$t_{0.025}(7) = 2.364\ 6$$

x_2 与 y 之间存在显著关系，x_1 与 y 之间关系不显著，模型为

$$y = 107.520\ 8 + 1.592\ 1x_1 - 6.846\ 6x_2$$

$x_1 = 15$，$x_2 = 8$ 时，$y = 76.630\ 2$。

5.4 非线性回归预测法

5.4.1 常见的非线性回归模型

非线性回归模型的一般形式为

$$y = f_1(x_1) + f_2(x_2) + \cdots + f_m(x_m) + \varepsilon \tag{5-34}$$

式中，$f_m(x_m)$ 可以是多项式、指数、幂函数或其他函数形式。

实际预测中，常见的非线性函数有以下几种。

（1）二次曲线

$$y = \beta_0 + \beta_1 x + \beta_2 x^2 + \varepsilon \tag{5-35}$$

式中，β_i（$i = 0, 1, 2$）为参数；ε 为随机项，$\varepsilon \sim N(0, \sigma^2)$。

（2）指数曲线

$$y = \alpha e^{\beta x} e^{\varepsilon} \tag{5-36}$$

式中，α，β 为参数；ε 为随机项，$\varepsilon \sim N(0, \sigma^2)$。

（3）修正指数曲线

$$y = K + \alpha e^{\beta x} e^{\varepsilon} \tag{5-37}$$

式中，K 为常数；α，β 为参数；ε 为随机项，$\varepsilon \sim N(0, \sigma^2)$。

（4）幂函数

$$y = \alpha x^{\beta} e^{\varepsilon} \tag{5-38}$$

式中，α，β 为参数；ε 为随机项，$\varepsilon \sim N(0, \sigma^2)$。

（5）柯布·道格拉斯生产函数

$$y = A L^{\alpha} K^{\beta} e^{\varepsilon} \tag{5-39}$$

式中，L 为劳动投入；K 为投资；A, α, β 为参数；ε 为随机项，$\varepsilon \sim N(0, \sigma^2)$。

5.4.2 非线性回归模型求解的基本思路

对非线性模型，求解的基本思路是有如下几点。

(1) 利用变量替代将非线性模型转换为线性模型;
(2) 利用线性回归方法求解;
(3) 反向转换得到非线性模型的系数;
(4) 进行预测。

以下举例说明如何将修正指数曲线转换为线性模型。

修正指数曲线为

$$y = K + \alpha e^{\beta x} e^{\varepsilon} \qquad (5-40)$$

将 K 移到左边后,等式两边取对数,得

$$\ln(y - K) = \ln\alpha + \beta x + \varepsilon \qquad (5-41)$$

令 $y' = \ln(y-K)$,$\alpha' = \ln\alpha$,得到转换后的线性模型:

$$y' = \alpha' + \beta x + \varepsilon \qquad (5-42)$$

对转换后的模型可应用线性回归技术求解。最后利用逆向转换可求得系数 α 为

$$\alpha = e^{\alpha'} \qquad (5-43)$$

表 5-4 给出了常见函数的转换规则。

表 5-4 常见函数的转换规则

函数形式	转换规则	转换后模型
二次曲线模型 $y = \beta_0 + \beta_1 x + \beta_2 x^2 + \varepsilon$	$z_1 = x, z_2 = x^2$	$y = \beta_0 + \beta_1 z_1 + \beta_2 z_2 + \varepsilon$
指数曲线 $y = \alpha e^{\beta x} e^{\varepsilon}$	两边取对数 $y' = \ln y, \alpha' = \ln\alpha$	$y' = \alpha' + \beta x + \varepsilon$
修正指数曲线 $y = K + \alpha e^{\beta x} e^{\varepsilon}$	K 移项后,两边取对数 $y' = \ln(y-K), \alpha' = \ln\alpha$	$y' = \alpha' + \beta x + \varepsilon$
幂函数 $y = \alpha x^{\beta} e^{\varepsilon}$	两边取对数 $y' = \ln y, x' = \ln x, \alpha' = \ln\alpha$	$y' = \alpha' + \beta x' + \varepsilon$
柯布·道格拉斯生产函数 $y = AL^{\alpha} K^{\beta} e^{\varepsilon}$	两边取对数 $y' = \ln y, z_1 = \ln L, z_2 = \ln K, \lambda_0 = \ln A$	$y' = \lambda_0 + \alpha z_1 + \beta z_2 + \varepsilon$

5.4.3 Python 在非线性回归预测法中的应用

实例 5-3 C 产品 2006—2020 年产量及当年产品成本见表 5-5。试运用非线性回归方法对该产品 2021 年的成本进行预测。

表 5-5 C 产品 2006—2020 年产量及当年产品成本关系

年份	产量 x (t) /件	产品成本 y/(元/件)
2006	3 000	360.78
2007	3 500	340.24

续表

年份	产量 x (t) /件	产品成本 y/ (元/件)
2008	3 800	345.44
2009	4 004	336.03
2010	4 300	325.54
2011	5 016	319.09
2012	5 511	318.63
2013	5 648	320.25
2014	5 876	314.56
2015	6 651	305.72
2016	6 024	310.82
2017	6 354	304.03
2018	6 950	306.84
2019	7 381	300.71
2020	7 558	301.11

解 利用散点图，可以大致判断产品生产成本随着产量的增加、管理水平的提高呈逐步下降趋势。在无重大技术改革、原材料基本不变的情况下，最低生产成本不低于 280 元/件。故选取修正指数曲线

$$y = 280 + \alpha e^{\beta x} e^{\varepsilon}$$

建立成本预测模型如下。

$$y' = \ln(y-K), \quad \alpha' = \ln\alpha$$
$$y' = \alpha' + \beta x + \varepsilon$$

利用 Python 求解实例 5-3 的步骤如下。

第一，从 Excel 读取工作表中数据到 DataFrame 数据框，代码如下。

```
df0 = read_excel(bookname,sheetname,na_values = ['NA'])
xt,yt = df0[xname],df0[yname]
```

这里 bookname 为 Excel 工作簿名，sheetname 为工作簿 bookname 中的工作表名，xt 为自变量数据，yt 为因变量数据。

第二，利用 sns.lmplot() 函数绘制曲线图，观察图形，确定模型类型，代码如下。

```
sns.lmplot(x = xname,y = yname,data = df0,
scatter_kws = {"color":"black"},
line_kws = {"color":"red"})
```

根据图形确定采用如下模型：

$$y = 280 + \alpha e^{\beta x} e^{\varepsilon}$$

第三，对数据进行适当转换后，利用函数 smf.ols( ).fit( ) 进行回归模拟，并利用 model.summary( ) 输出分析结果。代码如下：

```
K=280
yname1=yname+'1'
df0[yname1]=np.log(df0[yname]-K)
formula0=yname1+'~'+x
model=smf.ols(formula=formula0,data=df0).fit()
print(model.summary())    #输出模型结果
```

模型输出结果为

OLS Regression Results

Dep.Variable:	产品成本1	R-squared:	0.956
Model:	OLS	Adj. R-squared:	0.952
Method:	Least Squares	F-statistic:	280.2
Date:	Fri,05 Nov 2021	Prob(F-statistic):	3.55e-10
Time:	12:14:39	Log-Likelihood:	15.493
No.Observations:	15	AIC:	-26.99
Df Residuals:	13	BIC:	-25.57
Df Model:	1		
Covariance Type:	nonrobust		

	coef	std err	t	P>|t|	[0.025	0.975]
Intercept	5.1741	0.096	53.963	0.000	4.967	5.381
产量	-0.0003	1.71e-05	-16.738	0.000	-0.000	-0.000

Omnibus:	0.630	Durbin-Watson:	2.163
Prob(Omnibus):	0.730	Jarque-Bera(JB):	0.644
Skew:	-0.374	Prob(JB):	0.725
Kurtosis:	2.314	Cond.No.	2.25e+04

说明：

上述汇总结果的每个部分可以单独获取。例如 model.rsquared 对应 R^2 值，model.tvalues 和 model.pvalues 分别对应系数的 t 值及其 P 值，model.fvalue 和 model.f_pvalue 分别对应 F 值及其 P 值。

第四，进行检验。

从输出结果可知

$R^2 = 0.956$

t-statistic('产量') = -16.738, P 值 ≈ 0.000

F-statistic = 280.2, Prob(F-statistic) = 3.55e-10

因此，检验通过。

最后，按照 $y = a + bx$ 进行预测。

模型系数 a, b 分别为

a = model.params[0] = 176.645 9

b = model.params[1] = -0.000 3

模型为

$y = 280 + 176.645\ 9 \exp(-0.000\ 3 x)$

输入产量 $x = 8000$，成本为

$y = 280 + 176.645\ 9 \exp(-0.000\ 3 \times 8000) = 297.952\ 3$

实例 5-3 对应的完整 Python 程序如下：

```python
#【实例 5-3】
#程序名称:epd5401.py
#功能:非线性回归预测
#用于数值计算的库
import numpy as np
import pandas as pd
import scipy as sp
from scipy import stats
from pandas import Series,DataFrame,read_excel
#用于绘图的库
import matplotlib as mpl
from matplotlib import pyplot as plt
import seaborn as sns
sns.set()
#用于统计分析的库
import statsmodels.formula.api as smf
import statsmodels.api as sm
#支持中文设置
mpl.rcParams['font.sans-serif']=['SimHei']  #用来正常显示中文标签
mpl.rcParams['axes.unicode_minus']=False  #用来正常显示负号
def  to_txt (fname,inform):
```

```python
        fp=open(fname,'W')
        print(inform,file=fp)
#参数变量设置
bookname='mydata05.xlsx'  #工作簿名称
sheetname='epd5-3'  #工作表名称
xname='产量'  #工作表中表头
yname='产品成本'  #工作表中表头
resultname=sheetname+'-result.xlsx'  #输出结果保存文件
#读取工作表中数据到数据框
df0=read_excel(bookname,sheetname,na_values=['NA'])
xt,yt=df0[xname],df0[yname]
#绘制曲线图:散点图+回归线
sns.lmplot(x=xname,y=yname,data=df0,
      scatter_kws={"color":"black"},
      line_kws={"color":"red"})
#plt.legend()
plt.savefig(sheetname+'.png')
#模型分析
K=280
yname1=yname+'1'
df0[yname1]=np.log(yt-K)
formula0=yname1+'~'+xname
model=smf.ols(formula=formula0,data=df0).fit()
print(model.summary())   #输出模型结果
#计算系数 a 和 b
a,b=np.exp(model.params[0]),model.params[1]
sf1="y=%d+%.4fexp(%.4fx)"
print("模型为:\n"+sf1%(K,a,b))
#检验
n,m=len(yt),1
alpha=0.05
#t 检验
ta=stats.t.ppf(q=1-alpha/2,df=n-m-1)
if abs(model.tvalues[xname])>ta and model.pvalues[xname]<0.05:
    print("t 检验通过!")
else:
    print("t 检验不通过!")
#F 检验
fa=stats.f.ppf(q=1-alpha,dfn=m,dfd=n-m-1)
```

```
if model.fvalue>fa and model.f_pvalue<0.05:
    print("F 检验通过!")
else:
    print("F 检验不通过!")
#预测
x=int(input("输入产量 x="))
sf2="y=%d+%.4fexp(%.4f×%d)=%.4f"
print(sf2%(K,a,b,x,K+a*np.exp(b*x)))
df0['预测值']=model.predict(xt)
df0['相对误差']=abs((df0['预测值']-yt)/xt)
df0.to_excel(resultname)
```

说明：

（1）Python 分析所需数据保存在工作簿 mydata05.xlsx 中 epd5-3 工作表，形式如图 5-6 所示。

	A	B	C
1	年份	产量	产品成本
2	2006	3000	360.78
3	2007	3500	340.24
4	2008	3800	345.44
5	2009	4004	336.03
6	2010	4300	325.54
7	2011	5016	319.09
8	2012	5511	318.63
9	2013	5648	320.25
10	2014	5876	314.56
11	2015	6651	305.72
12	2016	6024	310.82
13	2017	6354	304.03
14	2018	6950	306.84
15	2019	7381	300.71
16	2020	7558	301.11

图 5-6　epd5-3 工作表

工作表中第一行为表头。使用时，表头不要变动，表头下面的数据可以根据需要进行修改。

（2）使用时，可根据实际修改下列参数变量的值。

```
bookname='mydata05.xlsx'  #工作簿名称
sheetname='epd5-3'  #工作表名称
xname='产量'  #工作表中表头
yname='产品成本'  #工作表中表头
resultname=sheetname+'-result.xlsx'  #输出结果保存文件
```

(3) 对工作表及 Python 程序进行修改，必须保存后再运行 Python 程序，才能使得修改有效。

(4) 输出结果保存在工作簿 resultname 的工作表 Sheet1 中。

(5) 利用 smf.ols().fit() 进行回归分析，并借助 model.summary() 获取分析结果如下：

```
model=smf.ols("y~x",data=df0).fit()
print(model.summary())    #输出模型结果
```

本实例 model.summary() 的内容为

```
OLS Regression Results

Dep.Variable：  产品成本1        R-squared:          0.956
Model：         OLS    Adj.    R-squared:          0.952
Method：        Least Squares   F-statistic:        280.2
Date：          Fri,29 Oct 2021 Prob(F-statistic):  3.55e-10
Time：          10:56:08        Log-Likelihood:     15.493
No.Observations: 15             AIC:                -26.99
Df Residuals：  13              BIC:                -25.57
Df Model：      1
Covariance Type：nonrobust

              coef    std err    t      P>|t|   [0.025   0.975]

Intercept    5.1741   0.096     53.963  0.000   4.967    5.381
产量         -0.0003  1.71e-05  -16.738  0.000  -0.000   -0.000

Omnibus：        0.630      Durbin-Watson:       2.163
Prob(Omnibus)：  0.730      Jarque-Bera(JB):     0.644
Skew：          -0.374      Prob(JB):            0.725
Kurtosis：       2.314      Cond.No.             2.25e+04
```

从上面输出结果可知

$$\beta = -0.000\,286, \alpha' = 5.174\,147$$

所有的 t 值均满足 $|t| \geq t_{\alpha/2}(n-2)$，$t$ 检验通过。

$F = 280.1517 > F_\alpha(1, n-2) = 4.6672$，$F$ 检验通过。

$R^2 = 0.9557$，相关分析通过。

当 2021 年产量为 8 000 件时，产品成本为 298 元/件。

$$y = 280 + 176.6459 e^{-0.0003 \times 8000} \approx 298 \text{（元/件）}$$

5.5 习　题

1. 已知某公司 2011—2020 年研发费用和利润的数据见表 5-6。试用回归分析预测法分析研发费用和利润的关系，并预测当 2021 年研发费用为 15 百万元时，公司的利润。

表 5-6　某公司 2011—2020 年研发费用和利润　　　　　　　　　单位：百万元

年份	研发费用	利润
2011	9	100
2012	10	150
2013	10	200
2014	11	180
2015	9	250
2016	11	280
2017	11	290
2018	12	310
2019	13	320
2020	12	300

2. 已知某公司 2020 年 1—10 月生产 C 产品的间接费用与直接劳动时间和机器运转时间之间关系见表 5-7。试建立模型预测生产 C 产品的直接劳动时间为 47 000h 和机器运转时间为 18 000h 的间接费用。

表 5-7　间接费用与直接劳动时间和机器运转时间之间的关系

月份	间接费用/元	直接劳动时间/h	机器运转时间/h
1	290 000	45 000	16 000
2	240 000	42 000	14 000
3	270 000	44 000	15 000
4	250 000	45 000	13 000
5	260 000	43 000	13 000
6	280 000	46 000	14 000
7	300 000	44 000	16 000
8	280 000	45 000	16 000
9	280 000	44 000	15 000
10	270 000	43 000	15 000

第 6 章 确定型时间序列预测法

6.1 确定型时间序列预测法概述

6.1.1 时间序列预测法的基本含义

时间序列也称时间数列,是将预测目标的历史数据按时间先后顺序排列所形成的数列。

时间序列预测法就是通过编制和分析时间序列,根据时间序列所反映出来的发展过程、方向和趋势,分析随时间的变化趋势,并建立数学模型以预测目标未来可能达到的水平的预测方法。

时间序列预测法以连贯性原理为依据,以假设事物过去和现在的发展变化趋向会延续到未来为前提。它抛开对事物发展变化的因果关系的具体分析,直接从时间序列统计数据中找出反映事物发展的演变规律,从而预测目标的未来发展趋势。

时间序列预测法的基本过程包括:收集与整理预测目标的历史资料;对这些资料进行检查鉴别,排成数列;分析时间数列,从中寻找该预测目标随时间变化而变化的规律,得出一定的模式;以此模式预测该预测目标将来的情况。

对时间序列来说,一般不能以回归分析方法来建立模型并加以分析,因为回归分析想要建立的是因果模型,而时间序列中各观测值之间通常存在相关性,且时间相隔越短,两观察值的相关性越大,时间序列并不满足所谓"各观测值为独立"的必要假设。因此,时间序列分析和其他传统分析不同的是,它不需要借助预测变量,仅依照变量本身过去的数据所存在的形态来建立模型。

时间序列预测法可分为随机型和确定型两大类,前者使用概率论的方法,后者使用非概率论的方法。本章主要介绍确定型时间序列预测法,包括移动平均法、指数平滑法、季节分析法等方法。

6.1.2 时间序列的影响因素分析

时间序列中每一期数据均是不同因素相互作用的结果。根据各种因素的特点或影响效果,可将这些因素分为 4 类:①长期趋势 T;②季节变动 S;③循环变动 C;④不规则变动 R。

1. 长期趋势 T

长期趋势是指受某种关键因素的影响,时间序列朝着一定的方向持续上升、下降或停留在某一水平上的倾向(如图 6-1 所示)。

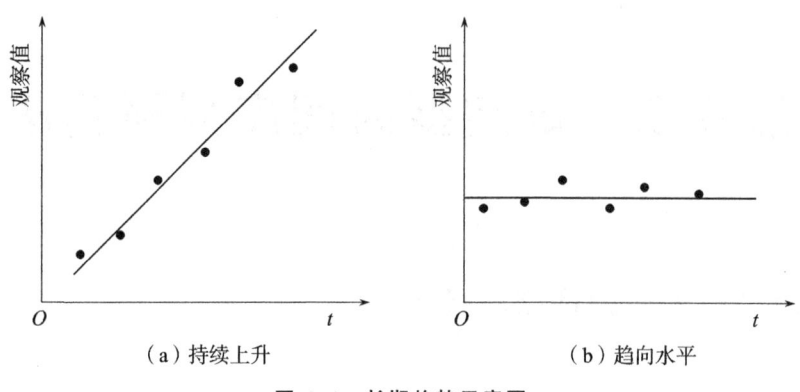

图6-1 长期趋势示意图

（a）持续上升　　（b）趋向水平

2. 季节变动 S

季节变动是指时间序列在一定固定周期（一般为一年）内呈现固定的规则变动（如图6-2所示）。季节变动主要受季节与习俗的影响。例如，在空调夏季的销售量多而冬季少，"六一"儿童节前夕玩具的销售量增加，等等。

3. 循环变动 C

循环变动是指时间序列围绕长期趋势的一种波浪形或振荡式变动（如图6-3所示）。循环变动的周期为2~15年，其变动的原因很多，而且周期的长短与幅度也不一致。通常一个时间序列的循环是由其他多个小的时间序列循环组合而成的，如总体经济指标的循环往往是由各个产业的循环组合而成的。有时总体经济会受重大事件很大的影响，如战争等。同样，各产业的循环往往受到整体经济环境的影响，如经济繁荣往往在循环的顶点，而经济萧条则在循环的谷底。

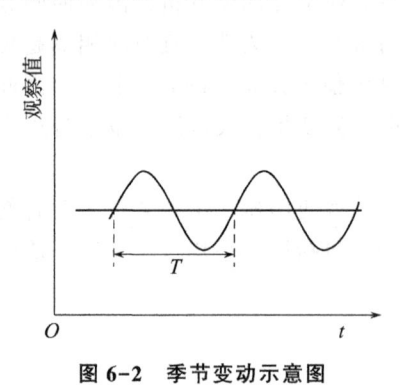

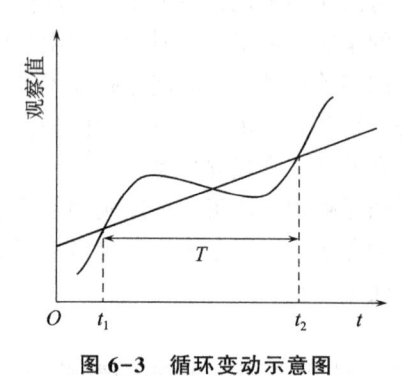

图6-2 季节变动示意图　　图6-3 循环变动示意图

4. 不规则变动 R

不规则变动是指一些随机因素所引起的变动。这些随机因素包括自然灾害、人为的意外因素、天气突然改变及政治情况巨大变化等。在时间序列分析中，不规则变动是将长期趋势、季节变动及循环变动等成分剔除后所剩下的随机状况的部分。

6.1.3 时间序列预测法的实施步骤

时间序列预测法的实施步骤如下。

第一步，收集历史资料，加以整理，编成时间序列，并根据时间序列绘制统计图。

第二步，分析时间序列。时间序列中每一时期的数值都是由许多不同的因素同时发生作用的综合结果。

第三步，求时间序列的长期趋势 T、季节变动 S、循环变动 C 和不规则变动 R 的值，并选定近似的数学模型来代表它们。对于数学模型中的未知参数，可使用合适的技术方法求出其值。

第四步，利用时间序列资料求出长期趋势、季节变动、循环变动和不规则变动的数学模型后，就可以利用它来预测未来的长期趋势 T、季节变动 S 和循环变动 C，并在可能的情况下预测不规则变动 R，然后用以下模型计算出未来的时间序列的预测值 Y。

加法模型：$Y=T+S+C+R$。

乘法模型：$Y=TSCR$。

加法模型通常假定时间序列系基于四种成分相加而成，各成分彼此相互独立，不会交互影响。

乘法模型通常假定时间序列系基于四种成分相乘的结果，各成分之间明显存在相互依赖的关系，即假定季节变动与循环变动为长期趋势的函数。

在时间序列分析中，大多数采用乘法模型，因为乘法模型比加法模型更能正确地代表时间序列。

如果不规则变动的预测值难以求得，就只求长期趋势和季节变动的预测值，以两者相乘之积或相加之和作为时间序列的预测值。如果经济现象本身没有季节变动或不需预测分季或分月的资料，则长期趋势的预测值就是时间序列的预测值，即 $T=Y$。但要注意，这个预测值只反映现象未来的发展趋势，即使很准确的趋势线在按时间顺序的观察方面所起的作用，实质上也只是一个平均数的作用，实际值将围绕着它上下波动。

6.2 移动平均法

6.2.1 一次移动平均法

一次移动平均法是在算术平均法的基础上加以改进的。下面介绍移动平均法的基本思想。

假定某个预测目标的 T 个观察值为 $y_1, y_2, \cdots, y_T$。记 y_t 为 t 期观察值，$t=1,2,\cdots,T$。选取 N 个最近观察值进行平均，作为 $t+1$ 的预察值。

$$M_t^{(1)}(N) = \frac{y_t + y_{t-1} + \cdots + y_{t-N+1}}{N} \qquad (6-1)$$

式中，N 为计算移动平均值所选定的数据个数，$N<T$，称为步长或跨距。

以下推导一次平均值的递推公式。

$$M_t^{(1)}(N) = \frac{y_t + y_{t-1} + \cdots + y_{t-N+1}}{N}$$

$$= \frac{y_t + y_{t-1} + \cdots + y_{t-N+1} + y_{t-N} - y_{t-N}}{N}$$

$$= \frac{y_{t-1} + \cdots + y_{t-N+1} + y_{t-N}}{N} + \frac{y_t - y_{t-N}}{N}$$

$$= M_{t-1}^{(N)} + \frac{y_t - y_{t-N}}{N} \qquad (6-2)$$

第 $t+1$ 期的预测值为

$$\hat{y}_{t+1} = M_t^{(1)}(N) \qquad (6-3)$$

舍去前一个周期的最早的一个观察值（即 y_{t-N+1}），将预测值 $\hat{y}_{t+1}$ 作为新周期的一个观察值（即 y_{t+1}），再对 N 个最近观察值进行平均，作为 $t+2$ 的预测值。

$$\hat{y}_{t+2} = M_{t+1}^{(1)}(N) = \frac{y_{t+1} + y_t + \cdots + y_{t-N}}{N} \qquad (6-4)$$

$$(y_{t+1} = M_t^{(1)}(N)) \qquad (6-5)$$

依此类推，可以求出以后各期的预测值。以下举例说明。

实例 6-1 产品 A 的销售情况见表 6-1。

表 6-1 产品 A 销售情况

年份	2009	2010	2011	2012	2013	2014	2015	2016	2017	2018	2019	2020	2021
y_t/件	469	438	488	431	464	463	406	470	472	442	424	408	

解 $N=3$ 时，有

$$\hat{y}_{2012} = \frac{y_{2009} + y_{2010} + y_{2011}}{3} = \frac{469 + 438 + 488}{3} 件 = 465 件$$

$N=5$ 时，有

$$\hat{y}_{2014} = \frac{y_{2009} + y_{2010} + y_{2011} + y_{2012} + y_{2013}}{5} = \frac{469 + 438 + 488 + 431 + 364}{5} 件 = 458 件$$

依此类推计算其他各期数据，计算结果见表 6-2。

表 6-2 计算结果

年份	2009	2010	2011	2012	2013	2014	2015	2016	2017	2018	2019	2020	2021
y_t/件	469	438	488	431	464	463	406	470	472	442	424	408	
$y(N=3)$				465	452	461	453	444	446	449	461	446	425
$y(N=5)$						458	457	450	447	455	451	443	443

特别指出，若想使用该方法预测 2022 年的数据，则需将 2021 年的预测值作为实际值，然后按照上面的计算方法来计算，即 $N=3$ 时，有

$$\hat{y}_{2022} = \frac{y_{2019}+y_{2020}+y_{2021}}{3} = \frac{408+424+425}{3} \text{件} = 419 \text{件}$$

$N=5$ 时，有

$$\hat{y}_{2022} = \frac{y_{2017}+y_{2018}+y_{2019}+y_{2020}+y_{2021}}{5} = \frac{472+442+424+408+442}{5} \text{件} = 434 \text{件}$$

下面绘制图形对比移动平均前后的结果差异。绘制图形如图 6-4 所示。

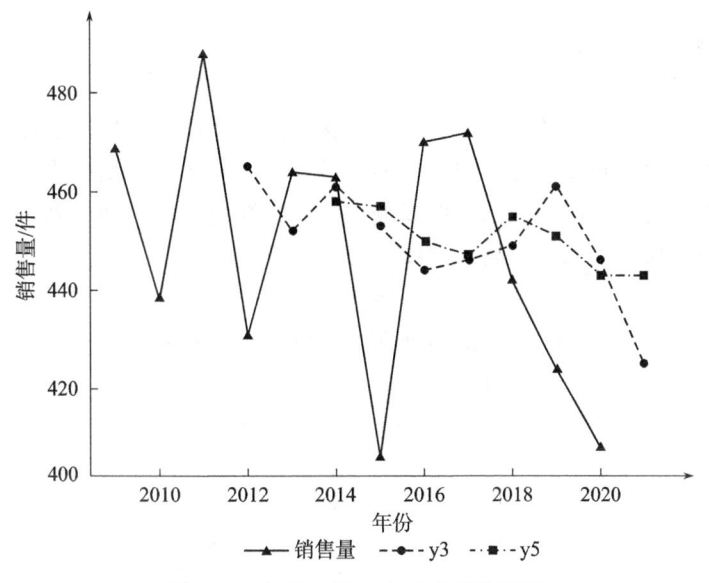

图 6-4　产品 A 的一次移动平均预测

从图 6-4 可知，移动平均的新序列平滑了原来序列的峰谷，即消除了不规则变动的影响。N 越大，修匀的程度也越大；如果 N 值越小，则原序列的特征保留得越多，可能存在的随机干扰也就越大。

因此，N 的选择比较重要。数据的随机因素较大时，宜采用较大的 N，这样有助于较大限度地平滑由随机性所带来的严重偏差；数据的随机因素较小时，宜采用较小的 N，这样有助于跟踪数据的变化，并且预测值滞后的期数也少。

一次移动平均法的预测精度一般采用 MSE 来衡量，其计算公式为

$$\text{MSE} = \frac{1}{K} \sum_{t=1}^{K} (y_t - \hat{y}_t)^2 \tag{6-6}$$

因此，实践中，可通过计算均方误差 MSE 来作为选择 N 的准则，即令 N 分别取不同值，计算不同 N 值下的 MSE 值，选择最小的 MSE 值对应的 N。

例如，当 $N=3$ 时，有

$$\text{MSE}(N=3) = \frac{1}{9} \sum_{t=4}^{12} (y_t - \hat{y}_t)^2 = 853.67$$

当 $N=5$ 时，有

$$\text{MSE}(N=5) = \frac{1}{7}\sum_{t=6}^{12}(y_t - \hat{y}_t)^2 = 816.06$$

计算结果表明，$N=5$ 时，MSE 较小，故选择 N 为 5，那么 2021 年销售量为 443 件。

注意事项如下。

（1）一次移动平均法一般只适用于平稳模式，即时间序列没有明显的周期变化和趋势变化。

（2）误差的积累，使得对远期的预测误差越来越大，因此一次移动平均法一般只适用于下一个时期（第 $t+1$ 期）的预测。

6.2.2 二次移动平均法

如前所述，当预测变量的基本趋势发生变化时，一次移动平均法不能迅速地适应这种变化，将产生较大的预测偏差并出现一定的滞后。当时间序列的变化为线性趋势时，一次移动平均法的滞后偏差会使预测值偏低或偏高。对线性增加的时间序列，预测值偏低；对线性减少的时间序列，预测值偏高。设线性趋势方程为

$$y_t = a + bt \tag{6-7}$$

$$y_{t+1} - y_t = a + b(t+1) - a - bt = b \tag{6-8}$$

采用一次移动平均法预测，有

$$M_t^{(1)} = \frac{y_t + y_{t-1} + \cdots + y_{t-N+1}}{N}$$

$$\hat{y}_{t+1} = M_t^{(1)}$$

$$= a + bt - \frac{(N-1)b}{2} \tag{6-9}$$

进而得

$$y_{t+1} - \hat{y}_{t+1} = a + b(t+1) - \left[a + bt - \frac{(N-1)b}{2}\right] = \frac{(N+1)b}{2} \tag{6-10}$$

从以上推导可知，每进行一次移动平均，得到的新序列就比原序列滞后 $\frac{(N+1)b}{2}$。二次移动平均是对一次移动平均再进行一次移动平均。计算公式为

$$M_t^{(2)}(N) = \frac{M_t^{(1)} + M_{t-1}^{(1)} + \cdots + M_{t-N+1}^{(1)}}{N}$$

$$= M_{t-1}^{(2)}(N) + \frac{M_t^{(1)} - M_{t-N}^{(1)}}{N} \tag{6-11}$$

类似地，可以得到二次移动平均值比一次移动平均值滞后 $\frac{(N+1)b}{2}$，即

$$M_t^{(1)} - M_t^{(2)} = \frac{(N+1)b}{2} \tag{6-12}$$

如图 6-5 所示。

第6章 确定型时间序列预测法

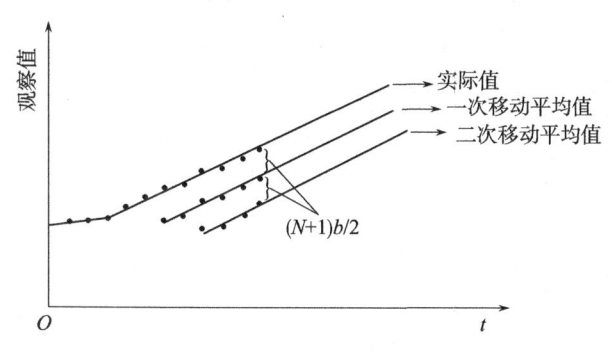

图 6-5 移动平均滞后示意

从图 6-5 可知，一次移动平均值滞后于实际观察值，二次移动平均值滞后于一次移动平均值的距离，并且序列为严格线性时，两个滞差相等。为了消除滞后偏差对预测的影响，可在一次平均值的基础上再进行移动平均，即二次移动平均，并在此基础上按照下列思路建立预测模型：将二次移动平均值与一次移动平均值的距离加回到一次移动平均值上作为预测值。

设时间序列 $\{y_t\}$ 从某时期 T 开始具有直线趋势，且认为未来时期趋势保持不变，则第 $T+L$ 期的预测值可按以下公式计算：

$$\hat{y}_{T+L} = a_T + b_T L \quad (6-13)$$

式中，T 为当前的时期数；L 为由 T 到预测期的时期数，$L=1,2,\cdots$；a_T 为截距；b_T 为斜率。a_T 和 b_T 的计算公式分别为

$$a_T = M_T^{(1)} + (M_T^{(1)} - M_T^{(2)}) = 2M_T^{(1)} - M_T^{(2)} \quad (6-14)$$

$$b_T = \frac{2(M_T^{(1)} - M_T^{(2)})}{N-1} \quad (6-15)$$

实例 6-2 假定 2005—2020 年产品 B 的销售情况见表 6-3。

表 6-3 产品 B 销售情况

年份	2005	2006	2007	2008	2009	2010	2011	2012	2013	2014	2015	2016	2017	2018	2019	2020
销售量 y_t/件	184	595	637	527	874	1 725	2 366	2 552	2 865	3 729	2 795	4 150	2 474	3 439	5 643	5 917

解 假定 $N=3$。

首先，利用式（6-1）计算一次移动平均值：

$$M_3^{(1)} = \frac{y_3 + y_2 + y_1}{3} = \frac{637 + 595 + 184}{3} = 472.00$$

依此类推，计算其他一次移动平均值，结果如表 6-4 所示。

下一步，利用式（6-2）计算二次移动平均值：

$$M_5^{(2)} = \frac{M_5^{(1)} + M_4^{(1)} + M_3^{(1)}}{3} = \frac{679.33 + 586.33 + 472.00}{3} = 579.22$$

依此类推，计算出其他二次移动平均值，结果如表 6-4 所示。

表 6-4 计算表

年份	年份序号 t	销售量 y_t /件	$M_t^{(1)}$	$M_t^{(2)}$	a_T	b_T	L	预测值
1998	1	184					1	6 861.67
1999	2	595					2	7 792.67
2000	3	637	472.00				3	8 723.67
2001	4	527	586.33				4	9 654.67
2002	5	874	679.33	579.22			5	10 585.67
2003	6	1 725	1 042.00	769.22			6	11 516.67
2004	7	2 366	1 655.00	1 125.44			7	12 447.67
2005	8	2 552	2 214.33	1 637.11			8	13 378.67
2006	9	2 865	2 594.33	2 154.56			9	14 309.67
2007	10	3 729	3 048.67	2 619.11			10	15 240.67
2008	11	2 795	3 129.67	2 924.22			11	16 171.67
2009	12	4 150	3 558.00	3 245.44			12	17 102.67
2010	13	2 474	3 139.67	3 275.78			13	18 033.67
2011	14	3 439	3 354.33	3 350.67			14	18 964.67
2012	15	5 643	3 852.00	3 448.67			15	19 895.67
2013	16	5 917	4 999.67	4 068.67	5 930.67	931.00	16	20 826.67

下一步，确定 T，并分别利用式（6-3）和式（6-4）计算 a_T 和 b_T。

假定 $T=16$，有

$$a_{T=16} = 2M_{16}^{(1)} - M_{16}^{(2)} = 5\ 930.67$$

$$b_{T=16} = \frac{2(M_{16}^{(1)} - M_{16}^{(2)})}{3-1} = 931.00$$

最后，进行预测。

如预测 2021 年销售量，$L=1$：

$$\hat{y}_{17} = a_T + b_T L = 6\ 861.67$$

如预测 2022 年销售量，$L=2$：

$$\hat{y}_{18} = a_T + b_T L = 7\ 792.67$$

二次移动平均法的预测精度一般采用平均相对误差绝对值 MAPE 来衡量，其计算公式为

$$\text{MAPE} = \frac{1}{N} \sum_{t=1}^{N} \left| \frac{y_t - \hat{y}_t}{y_t} \right| \tag{6-16}$$

6.2.3 Python 在移动平均法中的应用

1. Python 在一次移动平均法中的应用

利用 Python 求解实例 6-1 的步骤如下。

第一，从 Excel 读取工作表中数据到 DataFrame 数据框，代码如下。

```
df0 = read_excel(bookname,sheetname,na_values = ['NA'])
xt,yt = df0[xname],df0[yname]
```

这里 bookname 为 Excel 工作簿名，sheetname 为工作簿 bookname 中的工作表名。xt 为时间数据，yt 为待分析的数据。

第二，调用函数 to_mav（YT，N）计算移动平均值，代码如下。

```
m3 = to_mav(yt,3)
m5 = to_mav(yt,5)
```

第三，计算 MSE 值，代码如下。

```
len0 = len(yt)
MSE3 = np.sum((yt[3:len0-1]-m3[3:len0-1])**2)/(len0-4)
MSE5 = np.sum((yt[5:len0-1]-m5[5:len0-1])**2)/(len0-6)
print("MSE3 = %.2f"%(MSE3))
print("MSE5 = %.2f"%(MSE5))
```

最后，利用 plot() 函数绘制对比图。

实例 6-1 对应的完整 Python 程序如下。

```
#【实例6-1】Python 实现
#程序名称:epd6201.py
#功能:一次移动平均值
#用于数值计算的库
import numpy as np
import pandas as pd
import scipy as sp
from scipy import stats
from pandas import Series,DataFrame,read_excel
#用于绘图的库
import matplotlib as mpl
from matplotlib import pyplot as plt
import seaborn as sns
```

```python
sns.set()
#用于统计分析的库
import statsmodels.formula.api as smf
import statsmodels.api as sm
#支持中文设置
mpl.rcParams['font.sans-serif']=['SimHei'] #用来正常显示中文标签
mpl.rcParams['axes.unicode_minus']=False #用来正常显示负号
#返回YT的一次移动平均值
def to_mav(YT,N):
    len0=len(YT)
    y0=np.zeros(len0)
    y0[N:len0]=[np.sum(YT[i:i+N])/N for i in range(0,len0-N)]
    return y0
#参数变量设置
bookname='mydata06.xlsx'  #工作簿名称
sheetname='epd6-1'  #工作表名称
xname='年份'  #工作表中表头
yname='销售量'  #工作表中表头
resultname=sheetname+'-result.xlsx'  #输出结果保存文件
#读取工作表中数据到数据框
df0=read_excel(bookname,sheetname,na_values=['NA'])
xt,yt=df0[xname],df0[yname]
#计算移动平均值
m3=to_mav(yt,3)
m5=to_mav(yt,5)
#y30=df0[y].rolling(3).mean()
#计算均方误差MSE
len0=len(yt)
MSE3=np.sum((yt[3:len0-1]-m3[3:len0-1])**2)/(len0-4)
MSE5=np.sum((yt[5:len0-1]-m5[5:len0-1])**2)/(len0-6)
print("MSE3=%.2f"%(MSE3))
print("MSE5=%.2f"%(MSE5))
#绘制曲线图:散点图+折线图
len0=len(yt)
x1,y1=xt[0:len0-1],yt[0:len0-1]
x3,y3=xt[3:len0],m3[3:len0]
x5,y5=xt[5:len0],m5[5:len0]
plt.plot(x1,y1,'-*',color='red',label=yname)
plt.plot(x3,y3,'-.o',color='blue',label='m3')
```

```
plt.plot(x5,y5,'--D',color='green',label='m5')
plt.legend()
plt.savefig(sheetname+'.png')
#小数保留2位,结果输出到Excel文件
df0['m3']=np.round(m3,2)
df0['m5']=np.round(m5,2)
df0.to_excel(resultname)
print("df0=",df0)
```

说明：

（1）Python 分析所需数据保存在工作簿 mydata06.xlsx 中 epd6-1 工作表，如图 6-6 所示。

	A	B
1	年份	销售量
2	2009	469
3	2010	438
4	2011	488
5	2012	431
6	2013	464
7	2014	463
8	2015	406
9	2016	470
10	2017	472
11	2018	442
12	2019	424
13	2020	408
14	2021	0

图 6-6　epd-1 工作表

工作表中第一行为表头。使用时，表头不要变动，表头下面的数据可以根据需要进行修改，但要求年份升序排列。

（2）使用时，可根据实际修改下列参数变量的值，代码如下。

```
bookname='mydata06.xlsx'  #工作簿名称
sheetname='epd6-1'  #工作表名称
xname='年份'  #工作表中A列表头
yname='销售量'  #工作表中B列表头
resultname=sheetname+'-result.xlsx'  #输出结果保存文件
```

（3）对工作表及 Python 程序进行修改，必须保存后再运行 Python 程序，才能使得修改有效。

（4）输出结果保存在工作簿 resultname 的工作表 Sheet1 中。本实例的输出结果如图 6-7 所示。

（5）MSE3 对应 $N=3$ 时的均方误差，MSE5 对应 $N=5$ 时的均方误差。

	A	B	C	D	E
1		年份	销售量	y(N=3)	y(N=5)
2	0	2009	469	0	0
3	1	2010	438	0	0
4	2	2011	488	0	0
5	3	2012	431	465	0
6	4	2013	464	452	0
7	5	2014	463	461	458
8	6	2015	406	453	457
9	7	2016	470	444	450
10	8	2017	472	446	447
11	9	2018	442	449	455
12	10	2019	424	461	451
13	11	2020	408	446	443
14	12	2021	0	425	443

图 6-7　实例 6-1 输出结果

2. Python 在二次移动平均法中的应用

利用 Python 求解实例 6-2 的步骤如下。

第一，从 Excel 读取工作表中数据到 DataFrame 数据框，代码如下。

```
df0 = read_excel(bookname,sheetname,na_values = ['NA'])
xt,yt = df0[xname],df0[yname]
```

这里 bookname 为 Excel 工作簿名，sheetname 为工作簿 bookname 中的工作表名。
xt 为时间数据，yt 为待分析的数据。

第二，调用函数 to_mav2( ) 分别计算一次移动平均值和二次移动平均值，代码如下。

```
N = 3
len0 = len(yt)
m1 = to_mav2(yt,N,0)    #一次移动平均值
m2 = to_mav2(m1,N,N-1)  #二次移动平均值
L = xt -xt[0]+1
```

第三，计算 a 和 b，代码如下。

```
T = len0
a = 2 * m1[T-1]-m2[T-1]
b = 2 * (m1[T-1]-m2[T-1])/(N-1)
aT,bT = np.zeros(len0),np.zeros(len0)
aT[len0-1],bT[len0-1] = a,b
```

最后，按照模型 $y = a+bL$ 进行预测。

实例 6-2 对应的完整 Python 程序如下:

```python
#【实例 6-2】Python 实现
#程序名称:epd6202.py
#功能:二次移动平均值
#用于数值计算的库
import numpy as np
import pandas as pd
import scipy as sp
from scipy import stats
from pandas import Series,DataFrame,read_excel
#用于绘图的库
import matplotlib as mpl
from matplotlib import pyplot as plt
import seaborn as sns
sns.set()
#用于统计分析的库
import statsmodels.formula.api as smf
import statsmodels.api as sm
#支持中文设置
mpl.rcParams['font.sans-serif']=['SimHei'] #用来正常显示中文标签
mpl.rcParams['axes.unicode_minus']=False #用来正常显示负号
#返回 YT 的移动平均值
def to_mav2(YT,N,i0):
    len0=len(YT)
    y0=np.zeros(len0)
    y0[N+i0-1:len0]=[np.sum(YT[i:i+N])/N for i in range(i0,len0-N+1)]
    return y0
#参数变量设置
bookname='mydata06.xlsx' #工作簿名称
sheetname='epd6-2' #工作表名称
xname='年份' #工作表中表头
yname='销售量' #工作表中表头
resultname=sheetname+'-result.xlsx' #输出结果保存文件
#读取工作表中数据到数据框
df0=read_excel(bookname,sheetname,na_values=['NA'])
xt,yt=df0[xname],df0[yname]
#计算移动平均值
```

```
N=3
len0=len(yt)
m1=to_mav2(yt,N,0)    #一次移动平均值
m2=to_mav2(m1,N,N-1)  #二次移动平均值
L=xt-xt[0]+1
#计算aT和bT
T=len0
a=2*m1[T-1]-m2[T-1]
b=2*(m1[T-1]-m2[T-1])/(N-1)
aT,bT=np.zeros(len0),np.zeros(len0)
aT[len0-1],bT[len0-1]=a,b
#进行预测
L0=1
print("2021年销售量预测值为:")
sf="y(2021)=%.2f+%.2f*%d=%.2f"
print(sf%(a,b,L0,a+b*L0))
L0=2
print("2022年销售量预测值为:")
sf="y(2022)=%.2f+%.2f*%d=%.2f"
print(sf%(a,b,L0,a+b*L0))
#小数保留2位,结果输出到Excel文件
df0['m1']=np.round(m1,2)
df0['m2']=np.round(m2,2)
df0['aT']=np.round(aT,2)
df0['bT']=np.round(bT,2)
df0['L']=np.round(L,2)
df0['预测值']=np.round(a+b*L,2)
print("df0=",df0)
df0.to_excel(resultname)
```

说明:

(1) Python 分析所需数据保存在工作簿 mydata06.xlsx 中 epd6-2 工作表,如图 6-8 所示。

工作表中第一行为表头。使用时,表头不要变动,表头下面的数据可以根据需要进行修改,但要求年份升序排列。

(2) 使用时,可根据实际修改下列参数变量的值,代码如下。

```
bookname='mydata06.xlsx'  #工作簿名称
sheetname='epd6-2'        #工作表名称
```

	A	B
1	年份	销售量
2	2005	184
3	2006	595
4	2007	637
5	2008	527
6	2009	874
7	2010	1725
8	2011	2366
9	2012	2552
10	2013	2865
11	2014	3729
12	2015	2795
13	2016	4150
14	2017	2474
15	2018	3439
16	2019	4643
17	2020	5917

图 6-8 epd-2 工作表

```
xname ='年份'  #工作表中 A 列表头
yname ='销售量'  #工作表中 B 列表头
resultname=sheetname+'-result.xlsx'  #输出结果保存文件
```

（3）对工作表及 Python 程序进行修改，必须保存后再运行 Python 程序，这样才能使得修改有效。

（4）输出结果保存在工作簿 resultname 的工作表 Sheet1 中。本实例的输出结果如图 6-9 所示。

	A	B	C	D	E	F	G	H	I
1		年份	销售量	m1	m2	L	aT	bT	预测值
2	0	2005	184	0	0	1	0	0	6861.67
3	1	2006	595	0	0	2	0	0	7792.67
4	2	2007	637	472	0	3	0	0	8723.67
5	3	2008	527	586.33	0	4	0	0	9654.67
6	4	2009	874	479.33	579.22	5	0	0	10585.67
7	5	2010	1725	1042	769.22	6	0	0	11516.67
8	6	2011	2366	1655	1125.44	7	0	0	12447.67
9	7	2012	2552	2214.33	1637.11	8	0	0	13378.67
10	8	2013	2865	2594.33	2154.56	9	0	0	14309.67
11	9	2014	3729	3048.67	2619.11	10	0	0	15240.67
12	10	2015	2795	3129.67	2924.22	11	0	0	16171.67
13	11	2016	4150	3558	3245.44	12	0	0	17102.67
14	12	2017	2474	3139.67	3275.78	13	0	0	18033.67
15	13	2018	3439	3354.33	3350.67	14	0	0	18964.67
16	14	2019	5643	3852	3448.67	15	0	0	19895.67
17	15	2020	5917	4999.67	4068.67	16	5930.67	931	20826.67

图 6-9 实例 6-2 输出结果

这里 m_1 表示 $N=3$ 的一次移动平均值,这里 m_2 表示 $N=3$ 的二次移动平均值。

6.3 指数平滑法

在移动平均值法中,最近 N 期数据的权重均为 $1/N$,而早于 $t-(N-1)$ 期的观察值的权值均为 0。在实际应用中,最新观察值往往包含更多信息,应该赋予更大的权重。一般认为,越是近期的数据越能反映当前情况,对预测的影响越大;反之则越小。指数平滑法是对移动平均法的改进,是对时间序列由近及远采取具有逐步衰减性质的加权处理。

6.3.1 一次指数平滑法

设 $y_0, y_1, \cdots, y_n$ 为时间序列观察值,$S_t^{(1)}$ 为第 t 期的一次指数平滑值,其计算公式为

$$S_t^{(1)} = \alpha y_t + (1-\alpha) S_{t-1}^{(1)}$$
$$= \alpha y_t + \alpha(1-\alpha) y_{t-1} + \alpha(1-\alpha)^2 y_{t-2} + \cdots \quad (6-17)$$

式中,α 为平滑系数,$0<\alpha<1$。化简,得

$$S_t^{(1)} = S_{t-1}^{(1)} + \alpha(y_t - S_{t-1}^{(1)}) \quad (6-18)$$

预测公式为

$$\hat{y}_{t+1} = S_t^{(1)} = \hat{y}_t + \alpha(y_t - \hat{y}_t) \quad (6-19)$$

由式(6-19)可知,指数平滑法克服了移动平均值的不足,有如下优点。

(1) 不再需要存储过去 N 期的历史数据,而只需最近期观察值 y_t,最近期预测值 $\hat{y}_t$ 和权系数 α。

(2) 在移动平均值法中,最近 N 期数据的权重均为 $1/N$,而早于 $t-(N-1)$ 期的观察值的权值均为 0,而在指数平滑法中,各期数据的权值逐期衰减,最近期数据的权值最大为 α。

α 的大小体现了修正的幅度,α 越大,修正的幅度越大;反之则越小。因此,α 不仅反映了预测模型对时间序列变化的反应速度,而且决定了预测模型修匀误差的能力。在实际应用中,α 值是根据时间序列的变化特性来选取的。若时间序列的波动不大,比较平稳,则 α 应取值小一些,如 0.1~0.3;若时间序列具有迅速且明显的变动倾向,则 α 应取值大一些,如 0.6~0.9。实质上,α 是一个经验数据,通过多个值进行试算比较而定,哪个值引起的预测误差小,α 就采用哪个。最佳的 α 的选择应使预测结果的均方差最小。

因此,选取 α 的一种比较有效的方法是,将已知时间序列分为两段,选择一系列 α,用前段数据建立模型,对后一段数据进行预测,以事后预测误差为评价标准。例如,已知某产品三年的月销售量,α 可取 0.05,0.1,0.2,0.3,用前两年的数据来建立模型,预测第三年的销售量,然后计算实际值与预测值之差的平方和,选择误差平方和最小时对应的 α 作为预测时的平滑系数。

实例 6-3 假定 2005—2020 年产品 C 的销售情况如表 6-5 所示。

表 6-5 2005—2020 年产品 C 销售情况

年份	2005	2006	2007	2008	2009	2010	2011	2012	2013	2014	2015	2016	2017	2018	2019	2020
销售量 y_t /件	99	144	110	114	152	193	234	257	298	315	341	345	538	689	797	917

解 假定初始 $\hat{y}_1 = S_0^{(1)} = 99$。

利用公式 $\hat{y}_{t+1} = \hat{y}_t + \alpha(y_t - \hat{y}_t)$，计算不同平滑系数 $\alpha(0.1, 0.3, 0.5)$ 下的一次指数平滑值，并计算预测值与实际值的误差平方。例如，$\alpha = 0.1$ 时，有

$$\hat{y}_2 = \alpha y_1 + (1-\alpha)\hat{y}_1 = 0.1 \times 144 + 0.9 \times 99 = 103.50$$

$$|\hat{y}_2 - y_2|^2 = 42.25$$

依此类推，可计算其他数据，计算结果见表 6-6。

表 6-6 计算表

年份	年份序号 t	实际销售量/件	一次指数平滑法 α=0.1 预测值	误差平方	α=0.3 预测值	误差平方	α=0.5 预测值	误差平方
2005	0	99						
2006	1	144	99	2 025.00	99	2 025.00	99	2 025.00
2007	2	110	103.50	42.25	112.50	6.25	121.50	132.25
2008	3	114	104.15	97.02	111.75	5.06	115.75	3.06
2009	4	152	105.14	2 196.33	112.43	1 566.18	114.88	1 378.27
2010	5	193	109.82	6 918.66	124.30	4 720.03	133.44	3 547.69
2011	6	234	118.14	13 423.69	144.91	7 937.34	163.22	5 009.99
2012	7	257	129.73	16 198.82	171.64	7 287.05	198.61	3 409.47
2013	8	298	142.45	24 194.91	197.25	10 151.56	227.80	4 927.38
2014	9	315	158.01	24 646.62	227.47	7 661.23	262.90	2 714.17
2015	10	341	173.71	27 987.01	253.73	7 616.04	288.95	2 709.08
2016	11	345	190.44	23 889.99	279.91	4 236.57	314.98	901.47
2017	12	538	205.89	110 295.37	299.44	56 911.95	329.99	43 269.08
2018	13	689	239.10	202 407.06	371.01	101 119.92	433.99	65 028.11
2019	14	797	284.09	263 073.64	466.40	109 293.39	561.50	55 461.69
2020	15	917	335.38	338 277.57	565.58	123 493.81	679.25	56 525.79
2021	16		393.55		671.01		798.12	
总计				1 055 673.94		444 031.40		247 042.48
平均值				70 378.26		29 602.09		16 469.50

从表 6-10 可知，α=0.5 时，误差平方和最小，因此取 α=0.5 时的预测值作为 2021 年产品 C 的预计销售量（798 件）。

6.3.2 二次指数平滑法

二次指数平滑法的基本原理与二次移动平均法的完全相同，可在完成同样任务的前提下，克服一次指数平滑法的局限性。

计算公式

$$S_t^{(2)} = \alpha S_t^{(1)} + (1-\alpha) S_{t-1}^{(2)} \qquad (6-20)$$

式中

$$S_t^{(1)} = \alpha y_t + (1-\alpha) S_{t-1}^{(1)} \qquad (6-21)$$

设时间序列 $\{y_t\}$ 从某时期 T 开始具有直线趋势，且认为未来时期趋势保持不变，则第 $T+L$ 期的预测值可按以下公式计算：

$$\hat{y}_{T+L} = a_T + b_T L \qquad (6-22)$$

式中，T 为当前的时期数；L 为由 T 到预测期的时期数，$L=1, 2, \cdots$；a_T 为截距；b_T 为斜率。a_T 和 b_T 的计算公式分别为

$$a_T = 2S_t^{(1)} - S_t^{(2)} \qquad (6-23)$$

$$b_T = \frac{\alpha}{1-\alpha}(S_t^{(1)} - S_t^{(2)}) \qquad (6-24)$$

式中，α 为平滑系数；L 为所需预测的超前时期数；$S_t^{(1)}$ 为一次平滑指数值；$S_t^{(2)}$ 为二次平滑指数值；a_T 为截距；b_T 为斜率。

对于初始值 $S_0^{(1)}$，$S_0^{(2)}$ 可按如下规则选取：

当 $n>15$ 时，$S_0^{(1)} = S_0^{(2)} = y_0$。

当 $n<15$ 时，取最初几个数据的平均值作为初始值，一般取前 3~5 个数据的算术平均值。

实例 6-4 2005—2021 年产品 C 的销售情况如表 6-9 所示。

解 假定 α=0.5，由于 $n>15$，因此可选取 $S_0^{(1)} = S_0^{(2)} = y_0 = 99$。

首先，计算一次指数平滑值。

$$S_1^{(1)} = \alpha y_1 + (1-\alpha) S_0^{(1)} = 0.5 \times 144 + 0.5 \times 99 = 121.50$$

下一步，计算二次指数平滑值。

$$S_1^{(2)} = \alpha S_1^{(1)} + (1-\alpha) S_0^{(2)} = 0.5 \times 121.50 + 0.5 \times 99 = 110.25$$

下一步，计算 a_T 和 b_T。计算公式为

$$a_T = S_t^{(1)} + (S_t^{(1)} - S_t^{(2)}) = 2S_t^{(1)} - S_t^{(2)} \qquad (6-25)$$

$$b_T = \frac{\alpha}{1-\alpha}(S_t^{(1)} - S_t^{(2)}) \qquad (6-26)$$

最后，计算预测值。假定 $T=15$，$L=1$，

$$\hat{y}_{16} = a_{15} + b_{15} \times 1 = 1\ 023.41$$

计算结果见表 6-7。

表 6-7 计算结果

年份	年份序号 t	y_t	$s_t(1)$	$S_t(2)$	a	b	预测值 $(L=1)$	预测误差平方
2005	0	99	99	99	99.00	0.00		
2006	1	144	121.50	110.25	132.75	11.25	99.00	2 025.00
2007	2	110	115.75	113.00	118.50	2.75	144.00	1 156.00
2008	3	114	114.88	113.94	115.81	0.94	121.25	52.56
2009	4	152	133.44	123.69	143.19	9.75	116.75	1 242.56
2010	5	193	163.22	143.45	182.98	19.77	152.94	1 605.00
2011	6	234	198.61	171.03	226.19	27.58	202.75	976.56
2012	7	257	227.80	199.42	256.19	28.39	253.77	10.46
2013	8	298	262.90	231.16	294.64	31.74	284.58	180.15
2014	9	315	288.95	260.06	317.85	28.90	326.39	129.66
2015	10	341	314.98	287.52	342.44	27.46	346.74	32.97
2016	11	345	329.99	308.75	351.22	21.24	369.90	619.79
2017	12	538	433.99	371.37	496.61	62.62	372.46	27 403.50
2018	13	689	561.50	466.43	656.56	95.06	559.24	16 838.67
2019	14	797	679.25	572.84	785.66	106.41	751.62	2 059.25
2020	15	917	798.12	685.48	910.77	112.64	892.06	621.90
2021	16						1 023.41	
总计								54 954.039

6.3.3 Python 在指数平滑法中的应用

1. Python 在一次指数平滑法中的应用

利用 Python 求解实例 6-3 的步骤如下。

第一,从 Excel 读取工作表中数据到 DataFrame 数据框,代码如下。

```
df0 = read_excel(bookname,sheetname,na_values = ['NA'])
xt,yt = df0[xname],df0[yname]
```

这里 bookname 为 Excel 工作簿名,sheetname 为工作簿 bookname 中的工作表名。
xt 为时间数据,yt 为待分析的数据。

第二,调用函数 to_esm1(YT, a) 分别计算 $a=0.1$, 0.3 和 0.5 下的一次指数平滑值,并计算误差平方,代码如下。

```
len0 = len(yt)
es1 = to_esm1(yt,0.1)   #一次指数平滑值,α = 0.1
es1e = (yt[1:len0-1]-es1[1:len0-1]) * * 2
```

```
es1e[len0-1]=np.sum(es1e[1:len0-1])
es2=to_esm1(yt,0.3)    #一次指数平滑值,α=0.3
es2e=(yt[1:len0-1]-es2[1:len0-1])**2
es2e[len0-1]=np.sum(es2e[1:len0-1])
es3=to_esm1(yt,0.5)    #一次指数平滑值,α=0.5
es3e=(yt[1:len0-1]-es3[1:len0-1])**2
es3e[len0-1]=np.sum(es3e[1:len0-1])
```

最后,将结果输出到 Excel 文件。

实例 6-3 对应的完整 Python 程序如下。

```
#【实例6-3】Python 实现
#程序名称:epd6301.py
#功能:一次指数平滑法
#用于数值计算的库
import numpy as np
import pandas as pd
import scipy as sp
from scipy import stats
from pandas import Series,DataFrame,read_excel
#用于绘图的库
import matplotlib as mpl
from matplotlib import pyplot as plt
import seaborn as sns
sns.set()
#用于统计分析的库
import statsmodels.formula.api as smf
import statsmodels.api as sm
#支持中文设置
mpl.rcParams['font.sans-serif']=['SimHei']  #用来正常显示中文标签
mpl.rcParams['axes.unicode_minus']=False  #用来正常显示负号
#返回 YT 的一次指数平滑法
def to_esm1(YT,a):
    len0=len(YT)
    y0=np.zeros(len0)
    y0[1]=YT[0]
    for i in range(1,len0-1):
        y0[i+1]=a*YT[i]+(1-a)*y0[i]
    return y0
```

```
#参数变量设置
bookname='mydata06.xlsx'  #工作簿名称
sheetname='epd6-3'  #工作表名称
xname='年份'  #工作表中表头
yname='销售量'  #工作表中表头
resultname=sheetname+'-result.xlsx'  #输出结果保存文件
#读取工作表中数据到数据框
df0=read_excel(bookname,sheetname,na_values=['NA'])
xt,yt=df0[xname],df0[yname]
#计算一次指数平滑值
len0=len(yt)
es1=to_esm1(yt,0.1)   #一次指数平滑值,α=0.1
es1e=(yt[1:len0-1]-es1[1:len0-1])**2
es1e[len0-1]=np.sum(es1e[1:len0-1])
es2=to_esm1(yt,0.3)   #一次指数平滑值,α=0.3
es2e=(yt[1:len0-1]-es2[1:len0-1])**2
es2e[len0-1]=np.sum(es2e[1:len0-1])
es3=to_esm1(yt,0.5)   #一次指数平滑值,α=0.5
es3e=(yt[1:len0-1]-es3[1:len0-1])**2
es3e[len0-1]=np.sum(es3e[1:len0-1])
#小数保留2位,结果输出到Excel文件
df0['预测值1']=np.round(es1,2)
df0['误差平方1']=np.round(es1e,2)
df0['预测值2']=np.round(es2,2)
df0['误差平方2']=np.round(es2e,2)
df0['预测值3']=np.round(es3,2)
df0['误差平方3']=np.round(es3e,2)
df0.to_excel(resultname)
print("df0=",df0)
```

说明:

(1) Python分析所需数据保存在工作簿mydata06.xlsx中epd6-3工作表,如图6-10所示。工作表中第一行为表头。使用时,表头不要变动,表头下面的数据可以根据需要进行修改,但要求年份升序排列。

(2) 使用时,可根据实际修改下列参数变量的值,代码如下。

```
bookname='mydata06.xlsx'  #工作簿名称
sheetname='epd6-3'  #工作表名称
xname='年份'  #工作表中A列表头
```

	A	B
1	年份	销售量
2	2005	99
3	2006	144
4	2007	110
5	2008	114
6	2009	152
7	2010	193
8	2011	234
9	2012	257
10	2013	298
11	2014	315
12	2015	341
13	2016	345
14	2017	538
15	2018	689
16	2019	797
17	2020	917
18	2021	0

图 6-10　epd6-3 工作表

```
yname='销售量'   #工作表中 B 列表头
resultname=sheetname+'-result.xlsx'   #输出结果保存文件
```

(3) 对工作表及 Python 程序进行修改，必须保存后再运行 Python 程序，才能使得修改有效。

(4) 输出结果保存在工作簿 resultname 的工作表 Sheet1 中。本实例的输出结果如图 6-11 所示。

	A	B	C	D	E	F	G	H	I
1		年份	销售量	预测值1	误差平方1	预测值2	误差平方2	预测值3	误差平方3
2	0	2005	99	0	0	0	0	0	0
3	1	2006	144	99	2025	99	2025	99	2025
4	2	2007	110	103.5	42.25	112.5	6.25	121.5	132.25
5	3	2008	114	104.15	97.02	111.75	5.06	115.75	3.06
6	4	2009	152	105.14	2196.33	112.42	1566.18	114.88	1378.27
7	5	2010	193	109.82	6918.66	124.3	4720.03	133.44	3547.69
8	6	2011	234	118.14	13423.69	144.91	7937.34	163.22	5009.99
9	7	2012	257	129.73	16198.82	171.64	7287.05	198.61	3409.47
10	8	2013	298	142.45	24194.91	197.25	10151.56	227.8	4927.38
11	9	2014	315	158.01	24646.62	227.47	7661.23	262.9	2714.17
12	10	2015	341	173.71	27987.01	253.73	7616.04	288.95	2709.08
13	11	2016	345	190.44	23889.99	279.91	4236.57	314.98	901.47
14	12	2017	538	205.89	110295.37	299.44	56911.95	329.99	43269.08
15	13	2018	689	239.1	202407.06	371.01	101119.92	433.99	65028.11
16	14	2019	797	284.09	263073.64	466.4	109293.39	561.5	55461.69
17	15	2020	917	335.38	338277.57	565.58	123493.81	679.25	56525.79
18	16	2021	0	393.55	1053648.9	671.01	442006.4	798.12	245017.48

图 6-11　实例 6-3 输出结果

预测值 1 和误差平方 1 对应 α=0.1 时一次指数平滑预测值和平方误差。
预测值 1 和误差平方 1 对应 α=0.3 时一次指数平滑预测值和平方误差。
预测值 1 和误差平方 1 对应 α=0.5 时一次指数平滑预测值和平方误差。

2. Python 在二次指数平滑法中的应用

利用 Python 求解实例 6-4 的步骤如下。

第一，从 Excel 读取工作表中数据到 DataFrame 数据框，代码如下。

```
df0 = read_excel(bookname,sheetname,na_values = ['NA'])
xt,yt = df0[xname],df0[yname]
```

这里 bookname 为 Excel 工作簿名，sheetname 为工作簿 bookname 中的工作表名。xt 为时间数据，yt 为待分析的数据。

第二，调用函数 to_esm2（YT, a）计算特定 a 下的二次指数平滑值，代码如下。

```
a = 0.5
len0 = len(yt)
s1 = to_esm2(yt,a)    #一次指数平滑值
s2 = to_esm2(s1,a)    #二次指数平滑值
```

第三，计算 aT 和 bT，代码如下。

```
aT = 2 * s1-s2
bT = a * (s1-s2)/(1-a)
```

最后，按模型 $y = a_T + b_T L$ 进行预测，并将结果保存到 Excel 文件。
实例 6-4 对应的完整 Python 程序如下：

```
#【实例 6-4】Python 实现
#程序名称:epd6302.py
#功能:二次指数平滑法
#用于数值计算的库
import numpy as np
import pandas as pd
import scipy as sp
from scipy import stats
from pandas import Series,DataFrame,read_excel
#用于绘图的库
import matplotlib as mpl
from matplotlib import pyplot as plt
import seaborn as sns
```

```python
sns.set()
#用于统计分析的库
import statsmodels.formula.api as smf
import statsmodels.api as sm
#支持中文设置
mpl.rcParams['font.sans-serif']=['SimHei'] #用来正常显示中文标签
mpl.rcParams['axes.unicode_minus']=False #用来正常显示负号
#返回YT的一次指数平滑法
def to_esm2(YT,a):
    len0=len(YT)
    y0=np.zeros(len0)
    y0[0]=YT[0]
    for i in range(1,len0-1):
        y0[i]=a*YT[i]+(1-a)*y0[i-1]
    return y0
#参数变量设置
bookname='mydata06.xlsx'  #工作簿名称
sheetname='epd6-4'  #工作表名称
xname='年份'  #工作表中表头
yname='销售量'  #工作表中表头
resultname=sheetname+'-result.xlsx'  #输出结果保存文件
#读取工作表中数据到数据框
df0=read_excel(bookname,sheetname,na_values=['NA'])
xt,yt=df0[xname],df0[yname]
#计算一次指数平滑值
a=0.5
len0=len(yt)
s1=to_esm2(yt,a)   #一次指数平滑值
s2=to_esm2(s1,a)   #二次指数平滑值
aT=2*s1-s2
bT=a*(s1-s2)/(1-a)
L=1
yt1,yt1e=np.zeros(len0),np.zeros(len0)
yt1[1:len0-1]=aT[0:len0-2]+bT[0:len0-2]*L
yt1e[1:len0-1]=(yt1[1:len0-1]-yt[1:len0-1])**2
#小数保留2位,结果输出到Excel文件
df0['s1']=np.round(s1,2)
df0['s2']=np.round(s2,2)
df0['aT']=np.round(aT,2)
```

```
df0['bT']=np.round(bT,2)
df0['预测值']=np.round(yt1,2)
df0['误差平方']=np.round(yt1e,2)
df0.to_excel(resultname)
print("df0 = ",df0)
```

说明：

（1）Python 分析所需数据保存在工作簿 mydata06.xls 中 epd6-4 工作表，如图 6-12 所示。

	A	B
1	年份	销售量
2	2005	99
3	2006	144
4	2007	110
5	2008	114
6	2009	152
7	2010	193
8	2011	234
9	2012	257
10	2013	298
11	2014	315
12	2015	341
13	2016	345
14	2017	538
15	2018	689
16	2019	797
17	2020	917
18	2021	0

图 6-12　epd-4 工作表

工作表中第一行为表头。使用时，表头不要变动，表头下面的数据可以根据需要进行修改，但要求年份升序排列。

（2）使用时，可根据实际修改下列参数变量的值。

```
bookname='mydata06.xls'  #工作簿名称
sheetname='epd6-4'  #工作表名称
xname='年份'  #工作表中 A 列表头
yname='销售量'  #工作表中 B 列表头
resultname=sheetname+'-result.xls'  #输出结果保存文件
```

（3）对工作表及 Python 程序进行修改，必须保存后再运行 Python 程序，才能使修改有效。

（4）输出结果保存在工作簿 resultname 的工作表 Sheet1 中。本实例的输出结果如图 6-13 所示。

	A	B	C	D	E	F	G	H	I
1		年份	销售量	s1	s2	aT	bT	预测值	预测平方
2	0	2005	99	99	99	99	0	0	0
3	1	2006	144	121.5	121.5	132.75	11.25	99	2025
4	2	2007	110	115.75	115.75	118.5	2.75	144	1156
5	3	2008	114	114.88	114.88	115.81	0.94	121.25	52.56
6	4	2009	152	133.44	133.44	143.19	9.75	116.75	1242.56
7	5	2010	193	163.22	163.22	182.98	19.77	152.94	1605
8	6	2011	234	198.61	198.61	226.19	27.58	202.75	976.56
9	7	2012	257	227.8	227.8	256.19	28.39	253.77	10.46
10	8	2013	298	262.9	262.9	294.64	31.74	284.58	180.15
11	9	2014	315	288.95	288.95	317.85	28.9	326.39	129.66
12	10	2015	341	314.98	314.98	342.44	27.46	346.74	32.97
13	11	2016	345	329.99	329.99	351.22	21.24	369.9	619.79
14	12	2017	538	433.99	433.99	496.61	62.62	372.46	27403.5
15	13	2018	689	561.5	561.5	656.56	95.06	559.24	16838.7
16	14	2019	797	679.25	679.25	785.66	106.41	751.62	2059.25
17	15	2020	917	798.12	798.12	910.77	112.64	892.06	621.9
18	16	2021	0	0	0	0	0	0	0

图 6-13 实例 6-4 输出结果

s1 列为 $\alpha=0.5$ 时一次指数平滑预测值，s2 列为 $\alpha=0.5$ 时二次指数平滑预测值。

6.4 季节周期预测法

6.4.1 季节周期预测法概述

由于气候条件、社会风俗及消费习惯等因素的作用，有些预测对象的经济行为具有明显的周期性波动。例如，服装、空调和化肥农药等产品，每年总有几个月出现需求高峰，有几个月需求则较低。对于这类产品市场需求的预测，需要考虑季节波动的因素。在经济预测中，通常遇到的是以年度为循环周期的波动，因此习惯上称为季节周期波动。

预测季节波动的一种最常用、最简单的方法是对长期趋势变动进行适当修正，修正模型为

$$\hat{y}_t = f(t) F_j \tag{6-27}$$

式中，$f(t)$ 为时间序列中长期趋势变动函数；F_j 为季节指数，表示季节性波动的幅度，$j=1,2,\cdots,K$。K 为一个季节周期内季节阶段的个数。如果以季度为周期，则 $K=4$；如以月度为周期，则 $K=12$。长期趋势为线性时，$f(t)=a+bt$，可以利用移动平均法、指数平滑法等方法求解。

6.4.2 季节周期预测法（一）

这种方法的基本思路是：首先，分离出不含季节周期波动的长期趋势；然后，计算季节指数；最后，建立预测模型。

假定时间序列为 $\{y_t\}$，总的周期数为 N，每个周期内阶段数为 K，序列长度为 $T = NK$。计算过程的主要步骤如下。

（1）建立趋势方程 $f(t) = a+bt$。

以下采取二次移动平均值法。

$$M_t^{(1)} = \frac{y_t + y_{t-1} + \cdots + y_{t-k+1}}{K}, \quad t = 1,2,\cdots,T \quad (6-28)$$

$$M_t^{(2)} = \frac{M_t^{(1)} + M_{t-1}^{(1)} + \cdots + M_{t-k+1}^{(1)}}{K}, \quad t = 1,2,\cdots,T \quad (6-29)$$

$$a_T = 2M_t^{(1)} - M_t^{(2)}, \quad t = 1,2,\cdots,T \quad (6-30)$$

$$b_T = \frac{2(M_t^{(1)} - M_t^{(2)})}{k-1}, \quad t = 1,2,\cdots,T \quad (6-31)$$

则不含季节因素的基本趋势值 y_t' 为

$$y_t' = a_T + b_T L, \quad L = 0, -1, -2, \cdots, -(T-1) \quad (6-32)$$

（2）计算每个周期各个时刻的季节指数 P_t。

$$P_t = \frac{y_t}{\hat{y}_t} \quad (6-33)$$

（3）计算平均季节指数 F_j'。

$$F_j' = \frac{1}{N} \sum_{i=1}^{N} P_{j+(i-1)K}, \quad j = 1,2,\cdots,K \quad (6-34)$$

（4）对平均季节指数进行归一化处理，使完整周期内各季节的指数平均为1。

$$F_j = \frac{F_j'}{\bar{F}}, \quad j = 1,2,\cdots,K \quad (6-35)$$

式中，$\bar{F} = \frac{1}{K} \sum_{j=1}^{k} F_j'$。

（5）进行预测。考虑季节影响后的预测模型为

$$\hat{y}_{T+L} = (a_T + b_T L) F_j \quad (6-36)$$

式中，F_j 为 $T+L$ 时间相应的季节指数。

实例 6-5 产品 D 2016—2020 年各季度销售情况见表 6-8。试对 2021 年该产品的销售情况进行预测。

表 6-8　2016—2020 年产品 D 的销售情况

年份	2016	2017	2018	2019	2020
第 1 季度	862	931	1 029	1 151	1 247
第 2 季度	865	946	1 043	1 153	1 282
第 3 季度	902	997	1 111	1 207	1 325
第 4 季度	960	1 062	1 135	1 179	1 393

解　第一，使用二次移动平均值法求得趋势方程。趋势方程为

$$y'_{20+L} = 1374.69 + 41.96L$$

第二，令 $L=0,-1,\cdots,-19$，分别求得不含季节变动的数据 y'_t，计算结果详见表 6-9。

第三，计算每个周期各个时刻的季节指数 p_t，计算结果详见表 6-9。

第四，计算平均季节指数。

$$F'_1 = \frac{1.4927 + 1.2491 + 1.1269 + 1.0648 + 0.9985}{5} = 1.1864$$

类似地，可求得

$$F'_2 = 1.1420$$
$$F'_3 = 1.1421$$
$$F'_4 = 1.1333$$

第五，进行归一化处理。

$$\bar{F} = \frac{1.1864 + 1.1420 + 1.1421 + 1.1333}{4} = 1.1510$$

$$F_1 = \frac{F'_1}{\bar{F}} = \frac{1.1864}{1.1510} = 1.0308$$

类似地，可求得

$$F_2 = 0.9922$$
$$F_3 = 0.9923$$
$$F_4 = 0.9847$$

第六，进行预测。预测模型为

$$\hat{y}_{T+L} = (1374.69 + 41.96L)F_j$$

如对 2021 年第一季度产品 D 的销售情况进行预测，则第一季度的 $F_1 = 1.0308$，2021 年第一季度产品 D 的销售量的预测值为

$$\hat{y}_{T+L} = (1374.69 + 41.96 \times 1) \times 1.0308 = 1460.27$$

同理，第二季度的 $F_2 = 0.9922$，因此 2021 年第二季度产品 D 的销售量的预测值为

$$\hat{y}_{T+L} = (1374.69 + 41.96 \times 2) \times 0.9922 = 1447.25$$

计算结果详见表 6-9。

表 6-9 计算结果表

年份	季度	季度序号 t	y_t	$M_t^{(1)}$	$M_t^{(2)}$	a_T	b_T	L	y_t'	p_t	F_j'	F_j
2016	Q1th	1	862					−19	577.48	1.4927	1.1864	1.0308
	Q2th	2	865					−18	619.44	1.3964	1.1420	0.9922
	Q3th	3	902					−17	661.40	1.3638	1.1421	0.9923
	Q4th	4	960	897.25				−16	703.35	1.3649	1.1333	0.9847
2017	Q1th	5	931	914.50				−15	745.31	1.2491		
	Q2th	6	946	934.75				−14	787.27	1.2016		
	Q3th	7	997	958.50	926.25			−13	829.23	1.2023		
	Q4th	8	1062	984.00	947.94			−12	871.19	1.2190		
2018	Q1th	9	1029	1008.50	971.44			−11	913.15	1.1269		
	Q2th	10	1043	1032.75	995.94			−10	955.10	1.0920		
	Q3th	11	1111	1061.25	1021.63			−9	997.06	1.1143		
	Q4th	12	1135	1079.50	1045.50			−8	1039.02	1.0924		
2019	Q1th	13	1151	1110.00	1070.88			−7	1080.98	1.0648		
	Q2th	14	1153	1137.50	1097.06			−6	1122.94	1.0268		
	Q3th	15	1207	1161.50	1122.13			−5	1164.90	1.0361		
	Q4th	16	1179	1172.50	1145.38			−4	1206.85	0.9769		
2020	Q1th	17	1247	1196.50	1167.00			−3	1248.81	0.9985		
	Q2th	18	1282	1228.75	1189.81			−2	1290.77	0.9932		
	Q3th	19	1325	1258.25	1214.00			−1	1332.73	0.9942		
	Q4th	20	1393	1311.75	1248.81	1374.69	41.96	0	1374.69	1.0133		

说明：Q1th 表示第一季度，Q2th 表示第二季度，Q3th 表示第三季度，Q4th 表示第四季度。

6.4.3 季节周期预测法（二）

这种方法的基本思路是：首先，计算季节指数；然后，用季节指数消除观察数据中的周期波动；最后，建立趋势方程并进行预测。

假定时间序列为 $\{y_t\}$，总的周期数为 N，每个周期内阶段数为 K，序列长度为 $T = NK$。记 y_{ij} 为第 i 周期 j 阶段的观察数据。计算过程的主要步骤如下。

（1）计算每个周期中各阶段的指数。

$$F_{ij} = \frac{y_{ij}}{\bar{y}_{i-}}, \quad i = 1,2,\cdots,N; j = 1,2,\cdots,K \quad (6-37)$$

式中，$\bar{y}_{i-} = \dfrac{1}{K} \sum_{j=1}^{k} y_{ij}$。

(2) 计算平均季节指数。

$$F_j = \frac{1}{N}\sum_{i=1}^{N} F_{ij}, \quad j = 1, 2, \cdots, K \tag{6-38}$$

(3) 使用季节指数消除观察数据中的周期波动。

$$y'_{ij} = \frac{y_{ij}}{F_j}, \quad i = 1, 2, \cdots, N; j = 1, 2, \cdots, K \tag{6-39}$$

(4) 利用 y'_{ij} 建立趋势方程 $f(t) = a + bt$，并进行预测。

以下采取前面介绍的二次移动平均值法。

令 $\{z_t\}$ 表示使用季节指数消除观察数据中的周期波动后的时间序列，则

$$M_t^{(1)} = \frac{z_t + z_{t-1} + \cdots + z_{t-K+1}}{K} \tag{6-40}$$

$$M_t^{(2)} = \frac{M_t^{(1)} + M_{t-1}^{(1)} + \cdots + M_{t-K+1}^{(1)}}{K} \tag{6-41}$$

$$a_T = 2M_t^{(1)} - M_t^{(2)}, \quad t = 1, 2, \cdots, T \tag{6-42}$$

$$b_T = \frac{2(M_t^{(1)} - M_t^{(2)})}{K - 1}, \quad t = 1, 2, \cdots, T \tag{6-43}$$

因此考虑季节影响后的预测模型为

$$\hat{y}_{T+L} = (a_T + b_T L) F_j \tag{6-44}$$

实例 6-6 本例仍以实例 6-5 中表 6-16 的数据为基础。

解 第一，计算每个周期中各阶段的指数。

例如，2016 年各季度的指数计算如下。

$$\bar{y}_{1\cdot} = \frac{1}{K}\sum_{j=1}^{K} y_{1j} = \frac{862 + 865 + 902 + 960}{4} = 897.25$$

$$F_{11} = \frac{y_{11}}{\bar{y}_{1\cdot}} = \frac{862}{897.25} = 0.9607$$

依此类推计算其他指数，详见表 6-10。

第二，计算平均季节指数。

第一季度的平均季节指数为

$$F_1 = \frac{1}{5}\sum_{i=1}^{5} F_{i1} = \frac{0.9607 + 0.9461 + 0.9532 + 0.9817 + 0.9506}{5} = 0.9585$$

依此类推计算其他平均季节指数，详见表 6-10。

第三，使用季节指数消除观察数据中的周期波动。

例如，以下使用季节指数消除 2016 年第一季度观察值的周期波动。

$$y'_{11} = \frac{y_{11}}{F_1} = \frac{862}{0.9585} = 899.35$$

依此类推计算其他数据，详见表 6-10。

第四，利用 y'_{ij} 建立趋势方程 $f(t) = a + bt$，并进行预测。

以 y'_{ij} 为基础利用二次移动平均值法计算，得

$$a_T = 1372.50$$

$$b_T = 40.59$$

例如,2021年第一季度产品 D 的销售量的预测值为

$$\hat{y}_{T+L} = (1\,372.50 + 40.59 \times 1) \times 0.958\,5 = 1\,354.41$$

同样,2021年第二季度产品 D 的销售量的预测值为

$$\hat{y}_{T+L} = (1\,372.50 + 40.59 \times 2) \times 0.970\,5 = 1\,410.74$$

计算结果详见表 6-10。

表 6-10 计算结果表

年份	季度	季度序号 t	y_t	F_{ij}	F_j	y'_t	M_t^1	M_t^2	a_T	b_T
2009	Q1th	1	862	0.960 7	0.958 5	899.35				
	Q2th	2	865	0.964 1	0.970 5	891.33				
	Q3th	3	902	1.005 3	1.017 4	886.54				
	Q4th	4	960	1.069 9	1.053 6	911.14	897.09			
2010	Q1th	5	931	0.946 1	0.958 5	971.34	915.09			
	Q2th	6	946	0.961 4	0.970 5	974.79	935.95			
	Q3th	7	997	1.013 2	1.017 4	979.91	959.30	926.86		
	Q4th	8	106 2	1.079 3	1.053 6	1 007.95	983.50	948.46		
2011	Q1th	9	1 029	0.953 2	0.958 5	1 073.58	1009.06	971.95		
	Q2th	10	1 043	0.966 2	0.970 5	1 074.74	1 034.05	996.47		
	Q3th	11	1 111	1.029 2	1.017 4	1 091.95	1 062.06	1 022.17		
	Q4th	12	1 135	1.051 4	1.053 6	1 077.24	1 079.38	1 046.14		
2012	Q1th	13	1 151	0.981 7	0.958 5	1 200.87	1 111.20	1 071.67		
	Q2th	14	1 153	0.983 4	0.970 5	1 188.09	1 139.54	1 098.04		
	Q3th	15	1 207	1.029 4	1.017 4	1 186.31	1 163.13	1 123.31		
	Q4th	16	1 179	1.005 5	1.053 6	1 119.00	1 173.57	1 146.86		
2013	Q1th	17	1 247	0.950 6	0.958 5	1 301.03	1 198.61	1168.71		
	Q2th	18	1 282	0.977 3	0.970 5	1 321.02	1 231.84	1 191.78		
	Q3th	19	1 325	1.010 1	1.017 4	1 302.29	1 260.83	1 216.21		
	Q4th	20	1 393	1.061 9	1.053 6	1 322.11	1 311.61	1 250.72	1 372.50	40.59

说明:Q1th 表示第一季度,Q2th 表示第二季度,Q3th 表示第三季度,Q4th 表示第四季度。

两种方法预测结果差异分析,对比结果详见表 6-11。

表 6-11 两种方法预测结果比较

预测值	方法 1	方法 2	绝对差异百分比/%
2014 年第一季度产品 D 的销售量的预测值	1 460.27	1 354.41	7.25
2014 年第二季度产品 D 的销售量的预测值	1 447.25	1 410.74	2.52

从表6-11可知,使用两种方法的预测结果相差不大。

6.4.4　Python在季节周期预测法中的应用

1. Python在季节周期预测法中应用(一)

利用Python求解实例6-5的步骤如下。

第一,从Excel读取工作表中数据到DataFrame数据框,代码如下。

```
df0 = read_excel(bookname,sheetname,na_values = ['NA'])
xt,yt = df0[xname],df0[yname]
```

这里bookname为Excel工作簿名,sheetname为工作簿bookname中的工作表名。xt为时间数据,yt为待分析的数据。

第二,建立趋势方程$y=a+bt$。

这里调用to_mav2(YT,N,i0)分别计算一次移动平均值和二次移动平均值,并计算a和b,代码如下。

```
N,K = 5,4  #N为总的周期数,K为每个周期内阶段数
len0 = len(yt)
m1 = to_mav2(yt,K,0)    #一次移动平均值
m2 = to_mav2(m1,K,K-1)   #二次移动平均值
a = 2 * m1[len0-1]-m2[len0-1]
b = 2 * (m1[len0-1]-m2[len0-1])/(K-1)
aT,bT = np.zeros(len0),np.zeros(len0)
aT[len0-1],bT[len0-1] = a,b
L = xt-len0
```

第三,利用模型$y=a+b*L$计算不含季节因素的基本趋势$y'_t = y_{t1}$,代码如下。

```
yt1 = a+b * L
```

第四,计算每个周期各个时刻的季节指数p_t,代码如下。

```
p = yt/yt1
p0 = np.array(p).reshape(N,K)
```

第五,计算平均季节指数$F'_j = F_{j1}$,代码如下。

```
Fj1 = np.sum(p0,axis = 0)/N   #y的j季度均值
```

第六,对平均季节指数进行归一化处理,代码如下。

```
Fj=K*Fj1/np.sum(Fj1)
```

最后,进行预测,代码如下。

```
yT=(a+bL)Fj
```

实例6-5对应完整Python程序如下:

```python
#【实例6-5】
#程序名称:epd6401.py
#功能:季节周期预测法(一)
#用于数值计算的库
import numpy as np
import pandas as pd
import scipy as sp
from scipy import stats
from pandas import Series,DataFrame,read_excel
#用于绘图的库
import matplotlib as mpl
from matplotlib import pyplot as plt
import seaborn as sns
sns.set()
#用于统计分析的库
import statsmodels.formula.api as smf
import statsmodels.api as sm
#支持中文设置
mpl.rcParams['font.sans-serif']=['SimHei'] #用来正常显示中文标签
mpl.rcParams['axes.unicode_minus']=False #用来正常显示负号
#返回YT的移动平均值,i0为YT的起始索引
def to_mav2(YT,N,i0):
    len0=len(YT)
    y0=np.zeros(len0)
    y0[N+i0-1:len0]=[np.sum(YT[i:i+N])/N for i in range(i0,len0-N+1)]
    return y0
#参数变量设置
bookname='mydata06.xlsx'  #工作簿名称
sheetname='epd6-5'  #工作表名称
xname='t'  #工作表中表头
```

```python
yname='销售量'  #工作表中表头
resultname=sheetname+'-result.xlsx'  #输出结果保存文件
#读取工作表中数据到数据框
df0=read_excel(bookname,sheetname,na_values=['NA'])
xt,yt=df0[xname],df0[yname]
#(1)建立趋势方程 y=a+bt
N,K=5,4 #N 总的周期数,K 每个周期内阶段数
len0=len(yt)
m1=to_mav2(yt,K,0)  #一次移动平均值
m2=to_mav2(m1,K,K-1)  #二次移动平均值
a=2*m1[len0-1]-m2[len0-1]
b=2*(m1[len0-1]-m2[len0-1])/(K-1)
aT,bT=np.zeros(len0),np.zeros(len0)
aT[len0-1],bT[len0-1]=a,b
L=xt-len0
#不含季节因素的基本趋势值 y't=yt1
yt1=a+b*L
#(2)计算每个周期各个时刻的季节指数 pt。
p=yt/yt1
p0=np.array(p).reshape(N,K)
#(3)计算平均季节指数 F'j=Fj1
Fj1=np.sum(p0,axis=0)/N   #y 的 j 季度均值
#(4)对平均季节指数进行归一化处理 Fj
Fj=K*Fj1/np.sum(Fj1)
#(5)预测 y(T+L)=(a+bL)Fj
t=int(input("下一年度第 t 季节="))
print('下一年度第%d 季节=%.2f'%(t,(a+b*1)*Fj[t-1]))
#小数保留 2 位,结果输出到 Excel 文件
df0['m1']=np.round(m1,2)
df0['m2']=np.round(m2,2)
df0['aT']=np.round(aT,2)
df0['bT']=np.round(bT,2)
df0['L']=np.round(L,0)
df0['预测值']=np.round(yt1,2)
df0['p']=np.round(p,2)
df0['Fj1']=np.round(Fj1.tolist()*N,4)
df0['Fj']=np.round(Fj.tolist()*N,4)
df0.to_excel(resultname)
```

```
print("df0 = ",df0)
```

说明:

(1)Python 分析所需数据保存在工作簿 mydata06.xlsx 中 epd6-5 工作表,如图 6-14 所示。

工作表中第一行为表头。使用时,表头不要变动,表头下面的数据可以根据需要进行修改,但要求年份升序排列。

	A	B	C	D
1	年份	季度	t	销售量
2	2016	第1季度	1	862
3	2016	第2季度	2	865
4	2016	第3季度	3	902
5	2016	第4季度	4	960
6	2017	第1季度	5	931
7	2017	第2季度	6	946
8	2017	第3季度	7	997
9	2017	第4季度	8	1062
10	2018	第1季度	9	1029
11	2018	第2季度	10	1043
12	2018	第3季度	11	1111
13	2018	第4季度	12	1135
14	2019	第1季度	13	1151
15	2019	第2季度	14	1153
16	2019	第3季度	15	1207
17	2019	第4季度	16	1179
18	2020	第1季度	17	1247
19	2020	第2季度	18	1282
20	2020	第3季度	19	1325
21	2020	第4季度	20	1393

图 6-14 epd6-5 工作表

(2)使用时,可根据实际修改下列参数变量的值。

```
bookname = 'mydata06.xlsx'  #工作簿名称
sheetname = 'epd6-5'  #工作表名称
xname = 't'  #工作表中 A 列表头
yname = '销售量'  #工作表中 B 列表头
resultname = sheetname+'-result.xlsx'  #输出结果保存文件
```

(3)对工作表及 Python 程序进行修改,必须保存后再运行 Python 程序,才能使得修改有效。

(4)输出结果保存在工作簿 resultname 的工作表 Sheet1 中。本实例的输出结果如图 6-15 所示。

	A	B	C	D	E	F	G	H	I	J	K	L	M	N
1		年份	季度	t	销售量	m1	m2	aT	aT	L	预测值	p	Fj1	Fj
2	0	2016	第1季度	1	862			0	0	-19	577.48	1.49	1.19	1.03
3	1	2016	第2季度	2	865	0	0	0	0	-18	619.44	1.4	1.14	0.99
4	2	2016	第3季度	3	902	0	0	0	0	-17	661.4	1.36	1.14	0.99
5	3	2016	第4季度	4	960	897.25	0	0	0	-16	703.35	1.36	1.13	0.98
6	4	2017	第1季度	5	931	914.5	0	0	0	-15	745.31	1.25	0	0
7	5	2017	第2季度	6	946	934.75	0	0	0	-14	787.27	1.2	0	0
8	6	2017	第3季度	7	997	958.5	926.25	0	0	-13	829.23	1.2	0	0
9	7	2017	第4季度	8	1062	984	947.94	0	0	-12	871.19	1.22	0	0
10	8	2018	第1季度	9	1029	1008.5	971.44	0	0	-11	913.15	1.13	0	0
11	9	2018	第2季度	10	1043	1032.75	995.94	0	0	-10	955.1	1.09	0	0
12	10	2018	第3季度	11	1111	1061.25	1021.62	0	0	-9	997.06	1.11	0	0
13	11	2018	第4季度	12	1135	1079.5	1045.5	0	0	-8	1039.02	1.09	0	0
14	12	2019	第1季度	13	1151	1110	1070.88	0	0	-7	1080.98	1.06	0	0
15	13	2019	第2季度	14	1153	1137.5	1097.06	0	0	-6	1122.94	1.03	0	0
16	14	2019	第3季度	15	1207	1161.5	1122.12	0	0	-5	1164.9	1.04	0	0
17	15	2019	第4季度	16	1179	1172.5	1145.38	0	0	-4	1206.85	0.98	0	0
18	16	2020	第1季度	17	1247	1196.5	1167	0	0	-3	1248.81	1	0	0
19	17	2020	第2季度	18	1282	1228.75	1189.81	0	0	-2	1290.77	0.99	0	0
20	18	2020	第3季度	19	1325	1258.25	1214	0	0	-1	1332.73	0.99	0	0
21	19	2020	第4季度	20	1393	1311.75	1248.81	1374.69	41.96	0	1374.69	1.01	0	0

图 6-15 实例 6-5 输出结果

2. Python 在季节周期预测法中的应用（二）

利用 Python 求解实例 6-5 的步骤如下：

第一，从 Excel 读取工作表中数据到 DataFrame 数据框，代码如下。

```
df0 = read_excel(bookname,sheetname,na_values = ['NA'])
xt,yt = df0[xname],df0[yname]
```

这里 bookname 为 Excel 工作簿名，sheetname 为工作簿 bookname 中的工作表名。xt 为时间数据，yt 为待分析的数据。

第二，计算每个周期中各阶段的指数，代码如下。

```
y0 = np.array(df0[y]).reshape((N,K))
yim = np.sum(y0,axis = 1)/K   #y 的 i 阶段均值
Fij = y0/(np.array(yim.tolist()*K).reshape(K,N).T)
Fjm = np.sum(Fij,axis = 0)/N   #y 的 i 阶段均值
#将季度均值 Fjm 赋给每个阶段
```

F_{ij} 对应 $F_{ij} = \dfrac{y_{ij}}{\bar{y}_{i-}}$，yim 对应 $\bar{y}_{i-} = \dfrac{1}{K}\sum_{j=1}^{K} y_{ij}$，$F_{jm}$ 对应 y 的 i 阶段均值。

第三，计算平均季节指数，代码如下。

```
Fj = np.array(Fjm.tolist()*N)
```

F_j 对应 $F_j = \dfrac{1}{N}\sum_{i=1}^{N} F_{ij}$。

第四，使用季节指数消除观察数据中的周期波动，代码如下。

```
y1 = y0.reshape(N*K)/Fj
```

$y1$ 对应 $y'_{ij} = \dfrac{y_{ij}}{F_j}$。

第五，利用 y'_{ij} 建立趋势方程 $f(t) = a + bt$，并进行预测，并进行预测。

首先调用 to_mav2(YT,K,i0) 函数分别计算一次移动平均值和二次移动平均值，代码如下。

```
m1 = to_mav2(yt1,K,0)     #一次移动平均值
m2 = to_mav2(m1,K,K-1)    #二次移动平均值
#计算 a 和 b
a = 2*m1[len0-1]-m2[len0-1]
b = 2*(m1[len0-1]-m2[len0-1])/(K-1)
```

这样可以按照 y = (a+bL)Fj 进行预测。

实例 6-6 对应的完整 Python 程序如下：
```python
#【实例 6-6】
#程序名称:epd6402.py
#功能:季节周期预测法(二)
#用于数值计算的库
import numpy as np
import pandas as pd
import scipy as sp
from scipy import stats
from pandas import Series,DataFrame,read_excel
#用于绘图的库
import matplotlib as mpl
from matplotlib import pyplot as plt
import seaborn as sns
sns.set()
#用于统计分析的库
import statsmodels.formula.api as smf
import statsmodels.api as sm
#支持中文设置
mpl.rcParams['font.sans-serif']=['SimHei'] #用来正常显示中文标签
mpl.rcParams['axes.unicode_minus']=False #用来正常显示负号
#返回YT的移动平均值,i0为YT的起始索引
def to_mav2(YT,N,i0):
    len0=len(YT)
    y0=np.zeros(len0)
    y0[N+i0-1:len0]=[np.sum(YT[i:i+N])/N for i in range(i0,len0-N+1)]
    return y0
#参数变量设置
bookname='mydata06.xlsx'  #工作簿名称
sheetname='epd6-6'  #工作表名称
xname='t'  #工作表中表头
yname='销售量'  #工作表中表头
resultname=sheetname+'-result.xlsx'  #输出结果保存文件
#读取工作表中数据到数据框
df0=read_excel(bookname,sheetname,na_values=['NA'])
xt,yt=df0[xname],df0[yname]
#计算每个周期中各阶段的指数
```

```python
N,K=5,4  #N 为总的周期数,K 为每个周期内阶段数
len0=len(yt)
y0=np.array(yt).reshape((N,K))
yim=np.sum(y0,axis=1)/K   #yt 的 i 阶段内的均值,共计 N 阶段
Fij=y0/np.tile(yim,(K,1)).T   #i 行除以均值 yim[i]
Fjm=np.sum(Fij,axis=0)/N   #yt 的 N 个阶段季度 j 的均值,共计 K 季度
#将季度均值 Fjm 赋给每个阶段
Fj=np.tile(Fjm,N)#将 Fjm 复制 N 次
#计算 yt 的调整值
yt1=y0.reshape(N*K)/Fj
Fij=Fij.reshape(N*K)
#计算一次移动平均值和二次移动平均值
m1=to_mav2(yt1,K,0)   #一次移动平均值
m2=to_mav2(m1,K,K-1)   #二次移动平均值
#计算 a 和 b
a=2*m1[len0-1]-m2[len0-1]
b=2*(m1[len0-1]-m2[len0-1])/(K-1)
aT,bT=np.zeros(len0),np.zeros(len0)
aT[len0-1],bT[len0-1]=a,b
#预测 y(T+L)=(a+bL)Fj
t=int(input("下一年度第 t 季节="))
print('下一年度第%d 季节=%.2f'%(t,(a+b*1)*Fj[t-1]))
#小数保留 2 位,结果输出到 Excel 文件
df0['Fij']=np.round(Fij,4)
df0['Fj']=np.round(Fj,4)
df0['yt1']=np.round(yt1,2)
df0['m1']=np.round(m1,2)
df0['m2']=np.round(m2,2)
df0['aT']=np.round(aT,2)
df0['bT']=np.round(bT,2)
df0.to_excel(resultname)
print("df0=",df0)
```

说明:

(1) Python 分析所需数据保存在工作簿 mydata06.xlsx 中 epd6-5 工作表,如图 6-16 所示。

工作表中第一行为表头。使用时,表头不要变动,表头下面的数据可以根据需要进行修改,但要求年份升序排列。

	A	B	C	D
1	年份	季度	t	销售量
2	2016	第1季度	1	862
3	2016	第2季度	2	865
4	2016	第3季度	3	902
5	2016	第4季度	4	960
6	2017	第1季度	5	931
7	2017	第2季度	6	946
8	2017	第3季度	7	997
9	2017	第4季度	8	1062
10	2018	第1季度	9	1029
11	2018	第2季度	10	1043
12	2018	第3季度	11	1111
13	2018	第4季度	12	1135
14	2019	第1季度	13	1151
15	2019	第2季度	14	1153
16	2019	第3季度	15	1207
17	2019	第4季度	16	1179
18	2020	第1季度	17	1247
19	2020	第2季度	18	1282
20	2020	第3季度	19	1325
21	2020	第4季度	20	1393

图 6-16 epd6-5 工作表

（2）使用时，可根据实际修改下列参数变量的值。

```
bookname='mydata06.xlsx'  #工作簿名称
sheetname='epd6-6'  #工作表名称
xname='t'  #工作表中 A 列表头
yname='销售量'  #工作表中 B 列表头
resultname=sheetname+'-result.xlsx'  #输出结果保存文件
```

（3）对工作表及 Python 程序进行修改，必须保存后再运行 Python 程序，才能使得修改有效。

（4）输出结果保存在工作簿 resultname 的工作表 Sheet1 中。本实例的输出结果为如图 6-17 所示。

第6章 确定型时间序列预测法

	A	B	C	D	E	F	G	H	I	J	K	L
1		年份	季度	t	销售量	Fij	Fj	yt1	m1	m2	aT	bT
2	0	2016	第1季度	1	862	0.9607	0.9585	899.35	0	0	0	0
3	1	2016	第2季度	2	865	0.9641	0.9705	891.33	0	0	0	0
4	2	2016	第3季度	3	902	1.0053	1.0174	886.54	0	0	0	0
5	3	2016	第4季度	4	960	1.0699	1.0536	911.14	897.09	0	0	0
6	4	2017	第1季度	5	931	0.9461	0.9585	971.34	915.09	0	0	0
7	5	2017	第2季度	6	946	0.9614	0.9705	974.79	935.95	0	0	0
8	6	2017	第3季度	7	997	1.0132	1.0174	979.91	959.3	926.86	0	0
9	7	2017	第4季度	8	1062	1.0793	1.0536	1007.95	983.5	948.46	0	0
10	8	2018	第1季度	9	1029	0.9532	0.9585	1073.58	1009.06	971.95	0	0
11	9	2018	第2季度	10	1043	0.9662	0.9705	1074.74	1034.05	996.47	0	0
12	10	2018	第3季度	11	1111	1.0292	1.0174	1091.95	1062.06	1022.17	0	0
13	11	2018	第4季度	12	1135	1.0514	1.0536	1077.24	1079.38	1046.14	0	0
14	12	2019	第1季度	13	1151	0.9817	0.9585	1200.87	1111.2	1071.67	0	0
15	13	2019	第2季度	14	1153	0.9834	0.9705	1188.09	1139.54	1098.04	0	0
16	14	2019	第3季度	15	1207	1.0294	1.0174	1186.31	1163.13	1123.31	0	0
17	15	2019	第4季度	16	1179	1.0055	1.0536	1119	1173.57	1146.86	0	0
18	16	2020	第1季度	17	1247	0.9506	0.9585	1301.03	1198.61	1168.71	0	0
19	17	2020	第2季度	18	1282	0.9773	0.9705	1321.02	1231.84	1191.78	0	0
20	18	2020	第3季度	19	1325	1.0101	1.0174	1302.29	1260.83	1216.21	0	0
21	19	2020	第4季度	20	1393	1.0619	1.0536	1322.11	1311.61	1250.72	1372.5	40.59

图 6-17 实例 6-5 输出结果

6.5 习　题

1. A 汽车公司最近 12 个月汽车的销售量见表 6-12。

表 6-12　A 汽车公司最近 12 个月汽车的销售量　　　　　　　　单位：万辆

月份序号	汽车销售量	月份序号	汽车销售量	月份序号	汽车销售量
1	62	5	50	9	63
2	51	6	48	10	73
3	72	7	67	11	68
4	64	8	54	12	75

试使用以下方法对该公司第 13 个月的销售量进行预测。
（1）分别取 $N=3$ 和 $N=5$ 时使用移动平均法对第 13 个月的销售量进行预测；
（2）在 α 取 0.1，0.2，0.3 时分别使用指数平滑法对第 13 个月的销售量进行预测。

2. 某上市公司股票近 12 周的价格见表 6-13。

表 6-13　某上市公司股票近 12 周的价格　　　　　　　　单位：元

周数	股票价格	周数	股票价格	周数	股票价格
1	19.5	5	19.8	9	19.6
2	19.3	6	20.5	10	19.4
3	19.2	7	19.9	11	20.3
4	19.6	8	19.7	12	20.0

试使用加权移动平均法对第 13 周该公司股票的价格进行预测。
（1）取 $N=3$，根据时间的远近其三个数据的权数比关系为 1∶2∶4；
（2）取 $N=3$，根据时间的远近其三个数据的权数比关系为 1∶3∶5；
（3）对（1）和（2）的预测结果进行比较。

3. 某家电公司近 4 年每个季度家电的销售量见表 6-14。试使用季节周期预测法对该公司第 5 年各季度的销售量进行预测。

表 6-14　家电销售量　　　　　　　　单位：万件

年份	季度	销售量	年份	季度	销售量	年份	季度	销售量	年份	季度	销售量
2017	1	112	2018	1	116	2019	1	117	2020	1	119
	2	118		2	121		2	124		2	124
	3	120		3	123		3	123		3	126
	4	114		4	118		4	118		4	119

第7章 随机型时间序列预测法

7.1 随机型时间序列预测法概述

7.1.1 随机型时间序列预测法的有关概念

受各种因素的影响,经济预测中预测目标的演变过程具有很大的随机性,呈现为某种不规则变化的随机时间序列。

随机型时间序列预测法与确定型时间序列预测法不同的是,它是把时间序列当作随机过程来研究、描述和说明的。由于考虑到了时间序列的随机特性和统计特性,因此它能够比确定型时间序列分析提供更多的信息,具有更高的预测精度。

所谓随机过程是指依赖于参数 $t \in T$ 的一组随机变量 $\{y_t, t \in T\}$,y_t 为随机变量。一个随机过程如果以时间为参数,则可称为时间序列。

如果随机过程的统计特性不随时间的推移而发生变化,则称为平稳随机过程。对应的时间序列称为平稳时间序列;反之,则称为非平稳随机过程。

以下给出平稳时间序列的符号定义。

如果时间序列 $\{y_t\}$ 满足以下条件。则称其为平稳时间序列,即平稳时间序列的均值和自相关函数不随时间的变化而变化。

①对任意 t,$E(y_t) = C$,C 是与 t 无关的常数;
②对任意 t,$E(y_t y_{t+k}) = \rho_k$,ρ_k 为自相关函数,与 t 无关。

一般地,可假定 $E(y_t) = 0$。当 $E(y_t) \neq 0$ 时,可以采取平移变换,即 $y_t' = y_t - C$,使得时间序列的均值为0。

若随机序列 $\{\varepsilon_t\}$ 满足以下条件:

$$E(\varepsilon_t) = 0 \quad (7-1)$$

$$\mathrm{cov}(\varepsilon_k, \varepsilon_j) = \sigma^2 \delta_{kj} \quad (7-2)$$

δ_{kj} 为 Kronecker 函数,

$$\delta_{kj} = \begin{cases} 1, & k = j \\ 0, & k \neq j \end{cases} \quad (7-3)$$

则称随机序列 $\{\varepsilon_t\}$ 为白噪声序列。由定义表明,白噪声序列是均值为零、不同时期的变量相互独立的序列。

随机型时间序列预测技术建立预测模型的过程可以分为4步。

(1)确定模型的基本形式。根据建模的目的和理论分析,确定模型的基本形式。
(2)模型识别。选定一个大体上最适合所研究的时间序列的预测模型。利用数据先求得一系列样本自相关函数。把这些函数与若干已知预测模型的理论自相关函数进行比较，以寻求在样本结果和理论结果之间的最佳匹配。

（3）参数估计。将所选择的模型应用于所取得的历史数据，利用矩估计、最小二乘法等求得模型的参数。

（4）特征检验。检验得到的模型是否合适。若合适，则可以用于预测或控制；若不合适，则返回到第2阶段重新选择模型。

7.1.2 自协方差函数与自相关函数

1. 自协方差函数

时间序列 $\{y_t\}$ 自协方差函数为

$$\gamma_k = E\{[y_t - E(y_t)][y_{t-k} - E(y_{t-k})]\} \quad (7-4)$$

当 $\{y_t\}$ 的均值为0，即 $E(y_t)=0$ 时，

$$\gamma_k = E(y_t y_{t-k}) \quad (7-5)$$

2. 自相关函数

时间序列 $\{y_t\}$ 自相关函数为

$$\rho_k = \frac{\gamma_k}{\gamma_0} \quad (7-6)$$

特别地，$k=0$ 时，$\rho_0 = 1$。

平稳序列 $\{y_t\}$ 的自协方差函数 $\{\gamma_k\}$ 和自相关函数 $\{\rho_k\}$ 具有以下性质。

（1）对称性：$\gamma_k = \gamma_{-k}, \rho_k = \rho_{-k}$。

（2）非负定性：序列 $\{\gamma_k, k=0,1,\cdots\}$ 和 $\{\rho_k, k=0,1,\cdots\}$ 都是非负定性的，即对任意 m，有

$$\boldsymbol{\Gamma}_m = \begin{bmatrix} \gamma_0 & \gamma_1 & \cdots & \gamma_{m-1} \\ \gamma_1 & \gamma_0 & \cdots & \gamma_{m-2} \\ \vdots & \vdots & \ddots & \vdots \\ \gamma_{m-1} & \gamma_{m-2} & \cdots & \gamma_0 \end{bmatrix}, \boldsymbol{R}_m = \begin{bmatrix} \rho_0 & \rho_1 & \cdots & \rho_{m-1} \\ \rho_1 & \rho_0 & \cdots & \rho_{m-2} \\ \vdots & \vdots & \ddots & \vdots \\ \rho_{m-1} & \rho_{m-2} & \cdots & \rho_0 \end{bmatrix} \quad (7-7)$$

为非负定对称矩阵。

（3）$|\gamma_k| \leqslant \gamma_0$，$|\rho_k| \leqslant \rho_0$。

3. 平稳序列的偏相关函数

如果平稳序列的自协方差函数满足以下条件，即对任意 k，有

$$\boldsymbol{\Gamma}_k = \begin{bmatrix} \gamma_0 & \gamma_1 & \cdots & \gamma_{k-1} \\ \gamma_1 & \gamma_0 & \cdots & \gamma_{k-2} \\ \vdots & \vdots & \ddots & \vdots \\ \gamma_{k-1} & \gamma_{k-2} & \cdots & \gamma_0 \end{bmatrix} \quad (7-8)$$

为正定矩阵，则可按如下方式定义它的偏相关函数：

$$\boldsymbol{b}_k = (\gamma_1, \gamma_2, \cdots, \gamma_k)^T \quad (7-9)$$

$$\boldsymbol{a}_k = \boldsymbol{\Gamma}_k^{-1} \boldsymbol{b}_k \quad (7-10)$$

又 $a(k)$ 可表示为

$$a(k) = (a_{1k}, a_{2k}, \cdots, a_{kk})^{\mathrm{T}} \tag{7-11}$$

记 $a_{00} = 1$，则称 $\{a_{kk}\}$ 为平稳序列的偏相关函数。

7.2 常见的时间序列模型

7.2.1 自回归模型

1. 一般性自回归模型

自回归模型（auto regressive model）的形式为

$$y_t = \varphi_1 y_{t-1} + \varphi_2 y_{t-2} + \cdots + \varphi_p y_{t-p} + \varepsilon_t \tag{7-12}$$

式中，$\varphi_1, \cdots, \varphi_p$ 为模型参数；$\{\varepsilon_t\}$ 为白噪声序列；y_t 为因变量；$y_{t-1}, \cdots, y_{t-p}$ 为自变量；y_t 是自身以前各个时期观察值的线性组合。因此该模型常称为自回归模型，简记为 AR(p) 模型。p 为模型的阶数，AR(p) 表示 p 阶自回归模型。

引入后移算子 B：

$$By_t = y_{t-1} \tag{7-13}$$

$$B^k y_t = y_{t-k} \tag{7-14}$$

$$B^k C = C, \quad k = 0, 1, \cdots; C \text{ 为常数} \tag{7-15}$$

则模型可用算子表示为

$$(1 - \varphi_1 B^1 - \varphi_2 B^2 - \cdots - \varphi_p B^p) y_t = \varepsilon_t \tag{7-16}$$

记

$$\Phi_p(B) = 1 - \varphi_1 B^1 - \varphi_2 B^2 - \cdots - \varphi_p B^p \tag{7-17}$$

则自回归模型式（7-12）可改写为

$$\Phi_p(B) y_t = \varepsilon_t \tag{7-18}$$

$\Phi_p(B)$ 体现了预测目标的经济动态结构和时间滞后关系。$\Phi_p(B) = 0$ 为 AR(p) 模型的特征方程，它的 p 个根 $\lambda_1, \lambda_2, \cdots, \lambda_p$ 称为模型的特征根。特征根可能是实数，也可能是复数。如果 p 个特征根都在单位圆外，即

$$|\lambda_i| > 1, \quad i = 1, 2, \cdots, p \tag{7-19}$$

则称 AR(p) 模型是平稳的，因此式（7-19）为平稳性条件。

在经济活动分析中，使用比较多的是一阶自回归模型 AR(1) 和二阶自回归模型 AR(2)。

2. 一阶自回归模型 AR(1)

$p=1$ 时，一阶自回归模型 AR(1) 为

$$y_t = \varphi_1 y_{t-1} + \varepsilon_t \tag{7-20}$$

其特征方程为

$$1 - \varphi_1 B = 0 \tag{7-21}$$

特征根

$$\lambda_1 = \varphi_1^{-1} \tag{7-22}$$

因此 AR(1)的平稳性条件是

$$|\varphi_1| < 1 (即 |\lambda_1| > 1) \tag{7-23}$$

由于

$$y_t = \varphi_1 y_{t-1} + \varepsilon_t \tag{7-24}$$

$$y_{t-1} = \varphi_1 y_{t-2} + \varepsilon_{t-1} \tag{7-25}$$

……

$$y_{t-k} = \varphi_1 y_{t-k-1} + \varepsilon_{t-k} \tag{7-26}$$

……

可得

$$y_t = \sum_{i=0}^{\infty} \varphi_1^i \varepsilon_{t-i} + \varepsilon_t \tag{7-27}$$

显然，$|\varphi_1|<1$ 时，式（7-27）收敛，序列是平稳的；否则，式（7-27）发散，序列是非平稳的。

3. 二阶自回归模型 AR(2)

$p=2$ 时，二阶自回归模型 AR(2) 为

$$y_t = \varphi_1 y_{t-1} + \varphi_2 y_{t-2} + \varepsilon_t \tag{7-28}$$

其特征方程为

$$1 - \varphi_1 B - \varphi_2 B^2 = 0 \tag{7-29}$$

$$\lambda_1 = \frac{-\varphi_1 + \sqrt{\varphi_1^2 + 4\varphi_2}}{2\varphi_2} \tag{7-30}$$

$$\lambda_2 = \frac{-\varphi_1 - \sqrt{\varphi_1^2 + 4\varphi_2}}{2\varphi_2} \tag{7-31}$$

对平稳序列而言，两个特征根都在单位圆外，即

$$|\lambda_2| > 1, |\lambda_1| > 1 \tag{7-32}$$

利用初等数学知识不难证明，使得上述条件成立的 φ_1 和 φ_2，必须而且只需满足以下条件：

$$\varphi_1 + \varphi_2 < 1, \varphi_1 - \varphi_2 < 1, |\varphi_1| < 1 \tag{7-33}$$

因此，式（7-31）为 AR(2) 模型的平稳性条件。图 7-1 显示了 AR(2) 模型的平稳域。

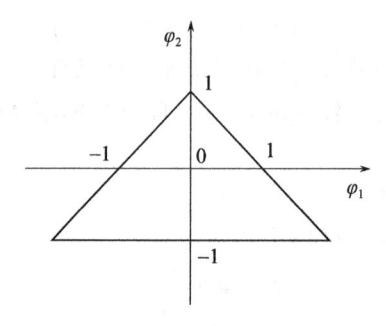

图 7-1 AR(2) 模型的平稳域

7.2.2 移动平均模型

1. 一般性移动平均（MA）模型

移动平均模型（moving average model）的形式为

$$y_t = \varepsilon_t - \theta_1 \varepsilon_{t-1} - \theta_2 \varepsilon_{t-2} - \cdots - \theta_q \varepsilon_{t-q} \tag{7-34}$$

式中，$\theta_1, \cdots, \theta_q$ 为模型参数；$\{\varepsilon_t\}$ 为白噪声序列；y_t 为因变量，是现在和过去 q 个时期白噪声序列的线性组合，因此该模型常称为移动平均模型，简记为 MA(q) 模型。q 为模型的阶数，MA(q) 表示 q 阶移动平均模型。

与 AR(p) 模型类似，引入后移算子 B 后，式（7-34）可以表示为

$$y_t = \Theta_q(B) \varepsilon_t \tag{7-35}$$

式中，$\Theta_q(B) = 1 - \theta_1 B^1 - \theta_2 B^2 - \cdots - \theta_q B^q$。$\Theta_q(B) = 0$ 为 MA(q) 模型的特征方程。当特征方程的 q 个特征根都在单位圆外，则称时间序列是可逆的。

在经济活动分析中，使用比较多的是一阶移动平均模型 MA(1) 和二阶移动平均模型 MA(2)。

2. 一阶移动平均模型 MA(1)

$q=1$ 时，一阶移动平均模型 MA(1) 为

$$y_t = \varepsilon_t - \theta_1 \varepsilon_{t-1} \tag{7-36}$$

其特征方程为

$$1 - \theta_1 B = 0 \tag{7-37}$$

特征根 $\lambda_1 = \theta_1^{-1}$。

下面给出式（7-36）的逆转形式。移项，得

$$\varepsilon_t = y_t + \theta_1 \varepsilon_{t-1} \tag{7-38}$$

利用迭代方法，得

$$\varepsilon_t = y_t + \theta_1(y_{t-1} + \theta_1 \varepsilon_{t-2}) = y_t + \theta_1^i y_{t-1} + \theta_1^2 \varepsilon_{t-2} \tag{7-39}$$

……

$$\varepsilon_t = y_t + \sum_{i=1}^{\infty} \theta_1^i y_{t-i} \tag{7-40}$$

或

$$y_t = \varepsilon_t - \sum_{i=1}^{\infty} \theta_1^i y_{t-1} \tag{7-41}$$

式（7-41）是式（7-40）的逆转形式。

若 MA(1) 的特征根在单位圆外，即 $|\theta_1| < 1$，则式（7-41）是收敛的，表明以前各期的观察值对 y_t 有影响，并且随着时间推移，这种影响将越来越小。如果 $|\theta_1| > 1$，则式（7-41）是发散的，意味着越早的观测值对 y_t 的影响越大，显然是不合理的。

因此，一阶移动平均模型 MA(1) 可逆的条件为

$$|\theta_1| < 1 \text{（即} |\lambda_1| > 1\text{）} \tag{7-42}$$

3. 二阶移动平均模型 MA(2)

$q=2$ 时，二阶移动平均模型 MA(2) 为

$$y_t = \varepsilon_t - \theta_1 \varepsilon_{t-1} - \theta_2 \varepsilon_{t-2} \tag{7-43}$$

其特征方程为
$$1 - \theta_1 B^1 - \theta_2 B^2 = 0 \qquad (7-44)$$
该特征方程与 AR(2) 的特征方程类似，因此 MA(2) 可逆的条件是
$$\theta_1 + \theta_2 < 1, \theta_1 - \theta_2 < 1, |\theta_1| < 1 \qquad (7-45)$$

7.2.3 自回归-移动平均模型

1. 一般性的自回归-移动平均（ARMA）序列

自回归-移动平均模型的形式为
$$y_t - \varphi_1 y_{t-1} - \varphi_2 y_{t-2} - \cdots - \varphi_p y_{t-p} = \varepsilon_t - \theta_1 \varepsilon_{t-1} - \theta_2 \varepsilon_{t-2} - \cdots - \theta_q \varepsilon_{t-q} \qquad (7-46)$$
或
$$\Phi_p(B) y_t = \Theta_q(B) \varepsilon_t \qquad (7-47)$$
式中，$\varphi_1, \cdots, \varphi_p, \theta_1, \cdots, \theta_q$ 为模型参数；$\{\varepsilon_t\}$ 为白噪声序列。
$$\Theta_q(B) = 1 - \theta_1 B^1 - \theta_2 B^2 - \cdots - \theta_q B^q \qquad (7-48)$$
$$\Phi_p(B) = 1 - \varphi_1 B^1 - \varphi_2 B^2 - \cdots - \varphi_p B^p \qquad (7-49)$$
式中，p 为自回归的阶数，q 为移动平均的阶数，简记为 ARMA(p,q) 模型。

2. ARMA(p,q) 模型的平稳性和可逆性

对 ARMA(p,q) 序列 $\{y_t\}$，若能表示为
$$y_t = \sum_{k=0}^{\infty} G_k \varepsilon_{t-k} = G(B) \varepsilon_t \qquad (7-50)$$
式中
$$G(B) = \sum_{k=0}^{\infty} G_k B^k, \quad G_0 = 1 \qquad (7-51)$$
则称这种表示为传递形式，G_k 为 Green 函数（格林函数）。
$$\Phi_p(B) y_t = \Theta_q(B) \varepsilon_t \qquad (7-52)$$
$$y_t = \Phi_p(B)^{-1} \Theta_q(B) \varepsilon_t \qquad (7-53)$$
$$G(B) = \Phi_p(B)^{-1} \Theta_q(B) \qquad (7-54)$$
当 $\Phi_p(B)$ 的根全在单位圆外，即满足平稳条件时，可证明存在 $g_1, g_2 > 0$，使得
$$|G_k| < g_2 e^{-g_1 k}, \quad k \geq 0 \qquad (7-55)$$
显然，如果 G_k 满足式 (7-55)，则式 (7-50) 是平稳的。

对 ARMA(p,q) 序列 $\{y_t\}$，若能表示为
$$I(B) y_t = \varepsilon_t \qquad (7-56)$$
式中
$$I(B) = -\sum_{l=0}^{\infty} I_l B^l, \quad I_0 = -1 \qquad (7-57)$$
则称序列 $\{y_t\}$ 具有逆转形式，I_k 为逆函数。

当 $\Theta_q(B)$ 的根全在单位圆外，即满足可逆条件时，可证明存在 $h_1, h_2 > 0$，使得
$$|I_l| < h_2 e^{-h_1 l}, \quad l \geq 0 \qquad (7-58)$$

显然，如果 I_k 满足式（7-58），则逆转形式（7-57）存在。

3. 特例说明

实际应用中，p 和 q 一般不超过 2。

利用 AR(p) 和 MA(q) 的平稳条件和可逆条件可以描述 ARMA(p,q) 模型的特性。例如，对 ARMA(1,1) 模型

$$y_t - \varphi_1 y_{t-1} = \varepsilon_t - \theta_1 \varepsilon_{t-1} \quad (7-59)$$

如果 $|\varphi_1|<1$，则时间序列是平稳的；如果 $|\theta_1|<1$，则时间序列是可逆的；如果 $|\varphi_1|<1$ 且 $|\theta_1|<1$，则时间序列既是平稳的又是可逆的。

事实上，AR(p) 模型和 MA(q) 模型是 ARMA(p,q) 模型分别在 $q=0$ 和 $p=0$ 下的特例，即 ARMA(p,0) 是 p 阶自回归模型 AR(p)，ARMA(0,q) 是 q 阶移动平均模型 MA(q)。

7.2.4 求和模型

AR(p)，MA(q) 和 ARMA(p,q) 模型仅适用于平稳时间序列。当时间序列为齐次非平稳性时，可通过差分处理将其化为平稳序列。差分的次数称为齐次化的阶。

定义差分算子 ∇：

$$\nabla y_t = y_t - y_{t-1} \quad (7-60)$$

差分算子 ∇ 与后移算子 B 的关系为

$$\nabla = 1 - B \quad (7-61)$$

……

$$\nabla^d = (1-B)^d \quad (7-62)$$

若非平稳时间序列 $\{y_t\}$ 经过 d 次差分后化为平稳序列，$\nabla^d y_t$ 是 ARMA(p,q) 序列，则有

$$\Phi_p(B) \nabla^d y_t = \Theta_q(B) \varepsilon_t \quad (7-63)$$

式（7-63）就是求和模型，简记为 ARIMA(p,d,q)。p 为自回归的阶数，q 为移动平均的阶数，d 为差分的阶数。

7.2.5 季节性模型

对于含有季节性周期的时间序列，可通过季节差分的方法将之化成平稳序列。若季节长度为 s，则序列 $\{y_t\}$ 的一阶差分为

$$\nabla_s y_t = y_t - y_{t-s} \quad (7-64)$$

例如，对月度波动 $s=12$，则一阶月度差分为

$$\nabla_{12} y_t = y_t - y_{t-12} \quad (7-65)$$

消除数据中的季节性影响的求和模型为

$$\Phi_p(B) \nabla^d \nabla_s y_t = \Theta_q(B) \varepsilon_t \quad (7-66)$$

若随机干扰项 ε_n 也与季节相关，则也可以采用季节差分消除。此时，模型为

$$\Phi_p(B) \nabla^d \nabla_s y_t = \Theta_q(B) \nabla_s \varepsilon_t \quad (7-67)$$

注意，有时需要进行多次差分才能消除季节影响，即要进行高阶差分处理。

7.3 自相关函数、偏相关函数

7.3.1 AR（p）模型的自相关函数

一个零均值的平稳序列 $\{y_t\}$ 对应的 AR（p）模型为

$$y_t = \varphi_1 y_{t-1} + \varphi_2 y_{t-2} + \cdots + \varphi_p y_{t-p} + \varepsilon_t \tag{7-68}$$

上式两边同时乘以 y_{t-k}，然后取均值，得

$$E(y_t y_{t-k}) = \varphi_1 E(y_{t-1} y_{t-k}) + \varphi_2 E(y_{t-2} y_{t-k}) + \cdots \\ + \varphi_p E(y_{t-p} y_{t-k}) + E(y_{t-k} \varepsilon_t) \tag{7-69}$$

以下证明 $k>0$ 时，$E(y_{t-k} \varepsilon_t) = 0$。

y_t 的传递形式为

$$y_t = \sum_{j=0}^{\infty} G_j \varepsilon_{t-j} \tag{7-70}$$

类似地，有

$$y_{t-k} = \sum_{j=0}^{\infty} G_j \varepsilon_{t-k-j} \tag{7-71}$$

因此，有

$$\begin{aligned} E(y_{t-k} \varepsilon_t) &= E\left(\sum_{j=0}^{\infty} G_j \varepsilon_{t-k-j} \varepsilon_t \right) \\ &= \sum_{j=0}^{\infty} G_j E(\varepsilon_{t-k-j} \varepsilon_t) \\ &= 0 \end{aligned} \tag{7-72}$$

当 $k>0$ 时，有

$$\gamma_k = \varphi_1 \gamma_{k-1} + \varphi_2 \gamma_{k-2} + \cdots + \varphi_p \gamma_{k-p} \tag{7-73}$$

当 $k=0$ 时，由于 $s \neq t$ 时，$E(\varepsilon_s \varepsilon_t) = 0$，有

$$\gamma_i = \gamma_{-i} \tag{7-74}$$

$$\begin{aligned} E(y_t \varepsilon_t) &= E\left(\sum_{j=0}^{\infty} G_j \varepsilon_{t-j} \varepsilon_t \right) \\ &= E(\varepsilon_t \varepsilon_t) \\ &= \sigma_\varepsilon^2 \end{aligned} \tag{7-75}$$

记

$$\boldsymbol{\gamma} = (\gamma_1, \gamma_2, \cdots, \gamma_p)^{\mathrm{T}} \tag{7-76}$$

$$\boldsymbol{\varphi} = (\varphi_1, \varphi_2, \cdots, \varphi_p)^{\mathrm{T}} \tag{7-77}$$

$$\boldsymbol{\Gamma}_p = \begin{pmatrix} \gamma_0 & \gamma_1 & \cdots & \gamma_{p-1} \\ \gamma_1 & \gamma_0 & \cdots & \gamma_{p-2} \\ \vdots & \vdots & \ddots & \vdots \\ \gamma_{p-1} & \gamma_{p-2} & \cdots & \gamma_0 \end{pmatrix} \tag{7-78}$$

则有

$$\boldsymbol{\Gamma}_p \boldsymbol{\varphi}^{\mathrm{T}} = \boldsymbol{\gamma}^{\mathrm{T}} \tag{7-79}$$

$$\boldsymbol{\varphi}^{\mathrm{T}} = \boldsymbol{\Gamma}_p^{-1} \boldsymbol{\gamma}^{\mathrm{T}} \tag{7-80}$$

对式（7-72）两边同时除以 r_0，得到

$$\rho_k = \varphi_1 \rho_{k-1} + \varphi_2 \rho_{k-2} + \cdots + \varphi_p \rho_{k-p}, \quad k=1,2,\cdots,p \tag{7-81}$$

式中，$\rho_i = \dfrac{\gamma_i}{\gamma_0}$。

因此，有

$$\begin{cases} \rho_1 = \varphi_1 \rho_0 + \varphi_2 \rho_1 + \cdots + \varphi_p \rho_{p-1} \\ \rho_2 = \varphi_1 \rho_1 + \varphi_2 \rho_0 + \cdots + \varphi_p \rho_{p-2} \\ \quad\vdots \\ \rho_p = \varphi_1 \rho_{p-1} + \varphi_2 \rho_{p-2} + \cdots + \varphi_p \rho_{p_0} \end{cases} \tag{7-82}$$

此为 Yule-Walker 方程，$\rho_0 = 1$。由此可见，模型系数和 σ_ε^2 由 ρ_k 唯一确定，反之亦然。

ρ_k 的通解形式为

$$\rho_k = c_1 \lambda_1^{-k} + c_2 \lambda_2^{-k} + \cdots + c_p \lambda_p^{-k} \tag{7-83}$$

可证明，ρ_k 随着 k 的增加呈几何级数衰减，呈现拖尾状，这种性质称为拖尾性。

以下分别就 $p=1$ 和 $p=2$ 两种特殊情况进行说明。

一阶自回归模型 AR(1)：

$$y_t = \varphi_1 y_{t-1} + \varepsilon_t \tag{7-84}$$

$$\gamma_k = \varphi_1^k \gamma_0 \tag{7-85}$$

$$\rho_k = \varphi_1^k \tag{7-86}$$

二阶自回归模型 AR(2)：

$$y_t = \varphi_1 y_{t-1} + \varphi_2 y_{t-2} + \varepsilon_t \tag{7-87}$$

$$\gamma_0 = \varphi_1 \gamma_1 + \varphi_2 \gamma_2 + \sigma_\varepsilon^2 \tag{7-88}$$

$$\gamma_1 = \varphi_1 \gamma_0 + \varphi_2 \gamma_1 \tag{7-89}$$

$k \geq 2$ 时，

$$\gamma_k = \varphi_1 \gamma_{k-1} + \varphi_2 \gamma_{k-2} \tag{7-90}$$

$$\rho_1 = \frac{\varphi_1}{1-\varphi_2} \tag{7-91}$$

$$\rho_1 = \varphi_2 \frac{\varphi_1^2}{1-\varphi_2} \tag{7-92}$$

$$\gamma_1 = \varphi_1 \gamma_0 + \varphi_2 \gamma_1 \tag{7-93}$$

$k \geq 2$ 时，

$$\rho_k = \varphi_1 \rho_{k-1} + \varphi_2 \rho_{k-2} \tag{7-94}$$

7.3.2 MA(q)模型的自相关函数

平稳序列 $\{y_t\}$ 的 MA(q) 模型为

$$y_t = \varepsilon_t - \theta_1 \varepsilon_{t-1} - \theta_2 \varepsilon_{t-2} - \cdots - \theta_q \varepsilon_{t-q} \tag{7-95}$$

$$\gamma_k = E(y_t y_{t+k}) = E\left(\sum_{i=0}^{q} \sum_{j=0}^{q} \theta_i \theta_j \varepsilon_{t-i} \varepsilon_{t+k-j}\right), \quad \theta_0 = 1 \tag{7-96}$$

由于 $s \neq t$ 时，$E(\varepsilon_s \varepsilon_t) = 0$，有

$$\gamma_k = \begin{cases} \sigma^2 \left(1 + \sum_{i=1}^{q} \theta_i^2 \right), & k = 0 \\ \sigma^2 \left(-\theta_k + \sum_{i=1}^{q-k} \theta_i \theta_{i+k}\right), & 1 \leq k \leq q \\ 0, & k > q \end{cases} \tag{7-97}$$

$$\rho_k = \begin{cases} 1, & k = 0 \\ \dfrac{-\theta_k + \sum_{i=1}^{q-k} \theta_i \theta_{i+k}}{1 + \sum_{i=1}^{q} \theta_i^2}, & 1 \leq k \leq q \\ 0, & k > q \end{cases} \tag{7-98}$$

注意，$k > q$ 时，$\rho_k = 0$，即自相关函数具有截尾特性，它表明，对于 MA(q) 序列 $\{y_t\}$，当 $|t-s| > q$ 时，y_t 与 y_s 不相关。

对 MA(1) 模型：$q = 1$。

$$\gamma_k = \begin{cases} \sigma^2 (1 + \sigma^2), & k = 0 \\ -\theta \sigma^2, & k = 1, -1 \\ 0, & k > 1 \end{cases} \tag{7-99}$$

$$\rho_k = \begin{cases} 1, & k = 0 \\ -\dfrac{\theta}{1 + \theta^2}, & k = 1, -1 \\ 0, & k > 1 \end{cases} \tag{7-100}$$

对 MA(2) 模型：$q = 2$。

$$\gamma_k = \begin{cases} \sigma^2 (1 + \theta_1^2 + \theta_2^2), & k = 0 \\ \sigma^2 (-\theta_1 + \theta_1 \theta_2), & k = 1 \\ -\theta_2 \sigma^2, & k = 2 \\ 0, & k \geq 3 \end{cases} \tag{7-101}$$

$$\rho_k = \begin{cases} 1, & k = 0 \\ \dfrac{-\theta_1 + \theta_1 \theta_2}{1 + \theta_1^2 + \theta_1^2}, & k = 1 \\ \dfrac{-\theta_2}{1 + \theta_1^2 + \theta_1^2}, & k = 2 \\ 0, & k \geq 3 \end{cases} \tag{7-102}$$

7.3.3　ARMA(p,q)模型的自相关函数

ARMA(p,q)模型的自相关函数计算比较复杂。以下介绍实际应用中比较多的 ARMA(1,1)模型的自相关函数的计算。

$$y_t - \varphi_1 y_{t-1} = \varepsilon_t - \theta_1 \varepsilon_{t-1} \qquad (7-103)$$

$$\begin{aligned}\gamma_0 &= E[(\varphi_1 y_{t-1} + \varepsilon_t - \theta_1 \varepsilon_{t-1})^2] \\ &= \varphi_1^2 \gamma_0 - 2\varphi_1 \theta_1 E[y_{t-1}\varepsilon_{t-1}] + \sigma_\varepsilon^2 - \theta_1^2 \sigma_\varepsilon^2 \end{aligned} \qquad (7-104)$$

由于 $E[y_{t-1}\varepsilon_{t-1}] = \sigma_\varepsilon^2$，因此，

$$\gamma_0 = \frac{(1+\theta_1^2 - 2\varphi_1\theta_1)\sigma_\varepsilon^2}{(1-\varphi_1^2)} \qquad (7-105)$$

类似地，得

$$\gamma_1 = \frac{(1-\varphi_1\theta_1)(\varphi_1-\theta_1)\sigma_\varepsilon^2}{1-\varphi_1^2} \qquad (7-106)$$

$k \geq 2$ 时，

$$\gamma_k = \varphi_1 \gamma_{k-1} \qquad (7-107)$$

ARMA(1,1)的自相关函数为

$$\rho_k = \frac{(1-\varphi_1\theta_1)(\varphi_1-\theta_1)}{(1+\theta_1^2-2\varphi_1\theta_1)}\varphi_1^{k-1}, k \geq 1 \qquad (7-108)$$

式（7-108）表明，ARMA(1,1)的自相关函数以 ρ_1 为初始值，从第二项开始呈几何级数衰减。

7.3.4　ARMA(p,q)模型的偏相关函数

如前所述，MA(q)模型的自相关函数 ρ_k 具有截尾性，AR(p)模型和 ARMA(p,q)模型均具有拖尾性。因此，仅凭自相关函数是无法识别出序列的实在模型的。模型识别时有时要综合运用偏相关函数和自相关函数。

偏相关函数 $\{a_{kk}\}$ 可通过求解 Yule-Walker 方程得到：

$$\begin{bmatrix} \rho_0 & \rho_1 & \cdots & \rho_{k-1} \\ \rho_1 & \rho_0 & \cdots & \rho_{k-2} \\ \vdots & \vdots & \ddots & \vdots \\ \rho_{k-1} & \rho_{k-2} & \cdots & \rho_0 \end{bmatrix} \begin{bmatrix} a_{k1} \\ a_{k2} \\ \vdots \\ a_{kk} \end{bmatrix} = \begin{bmatrix} \rho_1 \\ \rho_1 \\ \vdots \\ \rho_k \end{bmatrix} \qquad (7-109)$$

可以证明[1]：

(1) 对 AR(p) 模型，$k > p$ 时，$a_{kk}=0$，即其偏相关函数 $\{a_{kk}\}$ 具有截尾性。

(2) 对 MA 模型或 ARMA 模型，其偏相关函数 $\{a_{kk}\}$ 是拖尾的，即存在正常数 g_1, g_2，使 $|\varphi_{kk}| \leq g_1 e^{-g_2 k}$，$k \geq p-q$。

---

[1]　见书后参考文献 [1]。

7.3.5 样本自相关函数与样本偏相关函数

定义时间序列 $\{y_t\}$ 的样本自协方差 $\hat{\gamma}_k$ 和样本自相关函数 $\hat{\rho}_k$ 为

$$\hat{\gamma}_k = \hat{\gamma}_{-k} = \frac{1}{n} \sum_{t=1}^{n-k} y_t y_{t+k}, \quad k = 0, 1, 2, \cdots, n-1 \qquad (7-110)$$

$$\hat{\rho}_k = \hat{\rho}_{-k} = \frac{\hat{\gamma}_k}{\hat{\gamma}_0}, \quad k = 0, 1, 2, \cdots, n-1 \qquad (7-111)$$

式中，n 为样本数。

根据书后参考文献 [5]，样本偏相关函数可采用如下递推公式计算：

$$\varphi_{k,k} = \begin{cases} \hat{\rho}_1, & k = 1 \\ \dfrac{\hat{\rho}_k - \sum\limits_{j=1}^{k-1} \varphi_{k-1,j} \hat{\rho}_{k-j}}{1 - \sum\limits_{j=1}^{k-1} \hat{\rho}_j \varphi_{k-1,j}}, & k > 1 \end{cases} \qquad (7-112)$$

$$\varphi_{k,j} = \varphi_{k-1,j} - \varphi_{k,k} \varphi_{k-1,k-j}, \quad j = 1, 2, \cdots, k-1 \qquad (7-113)$$

表 7-1 对这 3 类序列的相关性质进行了比较。

表 7-1　ARMA 模型的性质一览表

模型表现形式类别	AR(p)	MA(q)	ARMA(p,q)
模型方程	$\Phi(B)y_t = \varepsilon_t$	$y_n = \Theta(B)\varepsilon_t$	$\Phi(B)y_t = \Theta(B)\varepsilon_t$
平稳条件	$\Phi(B)=0$ 的根都在单位圆外	无	$\Phi(B)=0$ 的根都在单位圆外
可逆条件	无	$\Theta(B)=0$ 的根在单位圆外	$\Theta(B)=0$ 的根都在单位圆外
传递形式	$X_n = \Phi^{-1}(B)\varepsilon_n$	$X_n = \Theta(B)\varepsilon_n$	$X_n = \Phi^{-1}(B)\Theta(B)\varepsilon_n$
逆转形式	$\varepsilon_n = \Phi(B)X_n$	$\varepsilon_n = \Theta^{-1}(B)X_n$	$\varepsilon_n = \Phi(B)\Theta^{-1}(B)X_n$
自相关函数	拖尾	截尾	拖尾
偏相关函数	截尾	拖尾	拖尾

7.4　模型识别

如前所述，常见的时间序列模型有 AR(p),MA(q),ARMA(p,q),ARIMA(p,d,q) 及季节模型等。在这些模型中，p,d,q 的取值不同，代表的模型也不一样。也就是说，这些模型是一个模型族。模型识别就是根据已知观察值，从基本模型族中选择一个和预测目标的实际过程最接近的模型结构。具体说，就是利用已知数据求得样本自相关函数和偏相关函数，然后把这些函数与若干已知预测模型的理论自相关函数和偏相关函数进行比较，借此识别模型的结构和阶次。

7.4.1 AR(p)模型的识别

如果时间序列 $\{y_t\}$ 的自相关函数 ρ_k 具有拖尾特性，而偏相关函数 φ_{kk} 在 $k>p$ 时截尾，即 $k>p$ 时，$\varphi_{kk}=0$，则可认为序列为 AR(p) 序列。

注意，这里的 $k>p$ 时 $\varphi_{kk}=0$ 只是理论上的要求。实际中，由于参数估计的随机性，$\hat{\rho}_k,\hat{\varphi}_{kk}$ 分别是 ρ_k,φ_{kk} 的估计值，它们必然有误差，所以即使 $\{y_t\}$ 为 AR(p) 序列，$k>p$ 后 $\hat{\varphi}_{kk}$ 也不会全等于零，而是在零附近上下波动。

可以证明，当 $k>q$ 时，$\hat{\varphi}_{kk}$ 服从渐近正态分布：

$$\hat{\varphi}_{kk} \sim N\left(0, \frac{1}{n}\right) \qquad (7-114)$$

式中，n 为样本容量。

依照 3σ 原则可得

$$p\left(|\hat{\varphi}_{kk}| \leqslant \frac{2}{\sqrt{n}}\right) \times 100\% = 95.4\% \qquad (7-115)$$

或

$$p\left(|\hat{\varphi}_{kk}| \leqslant \frac{1}{\sqrt{n}}\right) \times 100\% = 68.8\% \qquad (7-116)$$

因此，在计算出样本偏相关函数 $\hat{\varphi}_{kk}$ 后，若满足式（7-115）或式（7-116），则认为在 $k>p$ 后 $\hat{\varphi}_{kk}$ 截尾。

7.4.2 MA(q)模型的识别

如果时间序列 $\{y_t\}$ 的偏相关函数 φ_{kk} 具有拖尾特性，而自相关函数 ρ_k 在 $k>q$ 时截尾，即 $k>p$ 时，$\rho_k=0$，则可认为序列为 MA(q) 序列。

同样，理论上，在 $k>q$ 时，$\rho_k=0$。实际中，即使 $\{y_t\}$ 为 MA(q) 序列，$k>q$ 后 ρ_k 也不会全等于零，而是在零附近上下波动。

可以证明，当 $k>q$ 时，$\hat{\rho}_k$ 服从渐近正态分布。

$$\hat{\rho}_k \sim N\left(0, \frac{1}{n}\right) \qquad (7-117)$$

式中，n 为样本容量。故依照 3σ 原则可得

$$p\left[|\hat{\rho}_k| \leqslant \frac{2}{\sqrt{n}}\left(1+2\sum_{j=1}^{k-1}\hat{\rho}_j^2\right)^{\frac{1}{2}}\right] \times 100\% = 95.4\% \qquad (7-118)$$

或

$$p\left[|\hat{\rho}_k| \leqslant \frac{1}{\sqrt{n}}\left(1+2\sum_{j=1}^{k-1}\hat{\rho}_j^2\right)^{\frac{1}{2}}\right] \times 100\% = 68.8\% \qquad (7-119)$$

因此，在计算出样本自相关函数 $\hat{\rho}_k$ 后，若满足式 (7-118) 或式 (7-119)，则认为在 $k>q$ 后 $\hat{\rho}_k$ 截尾。

7.4.3 ARMA(p,q)模型的识别

如果时间序列 $\{y_t\}$ 的自相关函数和偏相关函数均具有拖尾特性，则可认为序列为 ARMA(p,q) 序列。

不过，这时其中的 p,q 比较难以判别。识别 p,q，可以从低阶到高阶逐个取 (p,q) 为 $(1,1)$，$(1,2)$，$(2,1)$，$(2,2)$ 等值进行尝试。所谓尝试，就是先认定 (p,q) 为某值，如 $(1,1)$，然后进行下一步的参数估计，并定出估计模型，再用后面将要介绍的检验方法检验该估计模型是否可被接受，也就是与实际序列拟合得好不好。若不被接受，就调整 (p,q) 的尝试值，重新进行参数估计和检验，直到被接受为止。

7.5 参数估计

7.4 节介绍了如何利用样本序列确定的模型类型，即确定 ARMA 序列的阶数 p，q。本节将讨论模型参数 $\varphi_1,\cdots,\varphi_p,\theta_1,\cdots,\theta_q$ 的估计方法。由于模型结构不同、统计特性不同及预测精度的要求不同，使用的参数估计方法也不一样。本节介绍矩估计方法和最小二乘估计法。

7.5.1 矩估计方法

矩估计方法是利用样本自协方差函数、自相关函数对模型的参数进行估计。如果将这些公式中的 γ_k,ρ_k 换成 $\hat{\gamma}_k,\hat{\rho}_k$，从中解出 $\hat{\varphi}_1,\cdots,\hat{\varphi}_p,\hat{\theta}_1,\cdots,\hat{\theta}_q,\hat{\sigma}_\varepsilon^2$，它们分别是 $\varphi_1,\cdots,\varphi_p,\theta_1,\cdots,\theta_q,\sigma_\varepsilon^2$ 的相关矩估计（简称为矩估计）。

1. AR(p)模型参数的矩估计

首先，将式 (7-82) 对应的 Yule-Walker 方程变为矩阵形式。

$$\begin{bmatrix} \rho_1 \\ \rho_2 \\ \vdots \\ \rho_p \end{bmatrix} = \begin{bmatrix} \rho_0 & \rho_1 & \cdots & \rho_{p-1} \\ \rho_1 & \rho_0 & \cdots & \rho_{p-2} \\ \vdots & \vdots & \ddots & \vdots \\ \rho_{p-1} & \rho_{p-2} & \cdots & \rho_0 \end{bmatrix} \begin{bmatrix} \varphi_1 \\ \varphi_2 \\ \vdots \\ \varphi_p \end{bmatrix} \qquad (7-120)$$

然后，式 (7-120) 中以 $\hat{\rho}_k$ 代替 ρ_k，并解出 $\hat{\varphi}_1,\cdots,\hat{\varphi}_p$，得

$$\begin{bmatrix} \hat{\varphi}_1 \\ \hat{\varphi}_2 \\ \vdots \\ \hat{\varphi}_p \end{bmatrix} = \begin{bmatrix} \hat{\rho}_0 & \hat{\rho}_1 & \cdots & \hat{\rho}_{p-1} \\ \hat{\rho}_1 & \hat{\rho}_0 & \cdots & \hat{\rho}_{p-2} \\ \vdots & \vdots & \ddots & \vdots \\ \hat{\rho}_{p-1} & \hat{\rho}_{p-2} & \cdots & \hat{\rho}_0 \end{bmatrix}^{-1} \begin{bmatrix} \hat{\rho}_1 \\ \hat{\rho}_2 \\ \vdots \\ \hat{\rho}_p \end{bmatrix} \qquad (7-121)$$

常称 $\hat{\varphi}_1,\cdots,\hat{\varphi}_p$ 为 $\varphi_1,\cdots,\varphi_p$ 的 Yule-Walker 估计。代入式 (7-73) 得

$$\gamma_0 = \varphi_1\gamma_1 + \varphi_2\gamma_2 + \cdots + \varphi_p\gamma_p + \sigma_\varepsilon^2 \tag{7-122}$$

$$\hat{\sigma}_\varepsilon^2 = \hat{\gamma}_0 - \sum_{j=1}^{p}\hat{\varphi}_j\hat{\gamma}_j \tag{7-123}$$

式（7-120）~式（7-123）就是 AR（p）模型参数矩估计的全部公式。
AR(1)模型参数矩估计为

$$\hat{\varphi}_1 = \hat{\rho}_1 \tag{7-124}$$

$$\hat{\sigma}_\varepsilon^2 = \hat{\gamma}_0 - \hat{\varphi}_1\hat{\gamma}_1 = \hat{\gamma}_0(1-\hat{\rho}_1^2) \tag{7-125}$$

AR(2)模型参数矩估计为

$$\hat{\varphi}_1 = \frac{\hat{\rho}_1(1-\hat{\rho}_2)}{(1-\hat{\rho}_1)} \tag{7-126}$$

$$\hat{\varphi}_2 = \frac{(\hat{\rho}_2 - \hat{\rho}_1^2)}{(1-\hat{\rho}_1^2)} \tag{7-127}$$

$$\hat{\sigma}_\varepsilon^2 = \hat{\gamma}_0(1 - \hat{\varphi}_1\hat{\sigma}_1 - \hat{\varphi}_2\hat{\sigma}_2) \tag{7-128}$$

2. MA(q)模型参数的矩估计

由于

$$\gamma_k = \begin{cases} \sigma^2\left(1 + \sum_{i=1}^{q}\theta_i^2\right), & k=0 \\ \sigma^2\left(-\theta_k + \sum_{i=1}^{q-k}\theta_i\theta_{i+k}\right), & 1 \leqslant k \leqslant q \\ 0, & k > q \end{cases} \tag{7-129}$$

在式（7-129）中用 $\hat{\gamma}_k$ 代替 γ_k 便得到方程

$$\begin{cases} \hat{\gamma}_0 = \hat{\sigma}_\varepsilon^2(1 + \hat{\theta}_1^2 + \cdots + \hat{\theta}_q^2) \\ \hat{\gamma}_k = \hat{\sigma}_\varepsilon^2\left(-\hat{\theta}_k + \sum_{i=1}^{q-k}\hat{\theta}_i\hat{\theta}_{i+k}\right), & 1 \leqslant k \leqslant q \end{cases} \tag{7-130}$$

求解式（7-130），得到的 $\hat{\theta}_k(1 \leqslant k \leqslant q)$ 和 $\hat{\sigma}_\varepsilon^2$ 便是 MA(q)模型的参数的矩估计。
当 $q \leqslant 3$ 时，式（7-130）可以直接求解，例如 $q=1$ 时，式（7-130）变为

$$\begin{cases} \hat{\gamma}_0 = \hat{\sigma}_\varepsilon^2(1 + \hat{\theta}_1^2) \\ \hat{\gamma}_1 = -\hat{\sigma}_\varepsilon^2\hat{\theta}_1 \end{cases} \tag{7-131}$$

可解得两组解 $\left(\text{仅当} |\hat{\rho}_1| \leqslant \frac{1}{2}\right)$：

$$\hat{\sigma}_\varepsilon^2 = \hat{\gamma}_0\frac{1 \pm \sqrt{1-4\hat{\rho}_1^2}}{2}, \quad \hat{\theta}_1 = \frac{-2\hat{\rho}_1}{1 \pm \sqrt{1-4\hat{\rho}_1^2}} \tag{7-132}$$

这里 $\hat{\sigma}_\varepsilon^2$ 和 $\hat{\theta}_1$ 均有两个解，利用 MA(1)模型的可逆条件（即 $|\hat{\theta}_1| < 1$），可判断满足条件的 $\hat{\sigma}_\varepsilon^2$ 和 $\hat{\theta}_1$。
但当 $q \geqslant 3$ 时，直接解法相当复杂，此时可采用数值计算方法求解。以下给出参数估

计的线性迭代求解法。

首先，给出 $\hat{\sigma}_\varepsilon^2, \hat{\theta}_k$ 的一组初值，如取 $\hat{\sigma}_\varepsilon^2(0) = \hat{\gamma}_0$，$\hat{\theta}_k(0) = 0$，代入式（7-130）的右边，计算出第一次迭代值 $\hat{\sigma}_\varepsilon^2(1), \hat{\theta}_k(1)(k=1,2,\cdots,q)$。

然后，将第一次迭代值代入式（7-130）的右边，求出第二次迭代值。

最后，重复迭代过程，直到相连两步各迭代值之差的绝对值都小于事先预定的精度时停止迭代，并取此时的 $\hat{\sigma}_\varepsilon^2(m), \hat{\theta}_k(m)(k=1,2,\cdots,q)$ 为式（7-130）的解。

这里应注意的是模型必须可逆，若求得的 $\hat{\sigma}_\varepsilon^2(m), \hat{\theta}_k(m)$ 使 $MA(q)$ 不可逆，则改变初始值，重新迭代。

3. ARMA(p,q)模型参数的矩估计

如前所述，对 ARMA 模型来说，其自相关函数满足以下条件：

$$\Phi(B)\rho_k = 0, \quad k > q \tag{7-133}$$

于是，令 $k = q+1, q+2, \cdots, q+p$，并用 $\hat{\rho}_k$ 代替 ρ_k，并可求得 $\hat{\varphi}_1, \cdots, \hat{\varphi}_p$：

$$\begin{bmatrix} \hat{\varphi}_1 \\ \hat{\varphi}_2 \\ \vdots \\ \hat{\varphi}_p \end{bmatrix} = \begin{bmatrix} \hat{\rho}_q & \hat{\rho}_{q-1} & \cdots & \hat{\rho}_{q+1-p} \\ \hat{\rho}_{q+1} & \hat{\rho}_q & \cdots & \hat{\rho}_{q+2-p} \\ \vdots & \vdots & \ddots & \vdots \\ \hat{\rho}_{q+p-1} & \hat{\rho}_{q+p-2} & \cdots & \hat{\rho}_q \end{bmatrix}^{-1} \begin{bmatrix} \hat{\rho}_{q+1} \\ \hat{\rho}_{q+2} \\ \vdots \\ \hat{\rho}_{q+p} \end{bmatrix} \tag{7-134}$$

式中，$\hat{\rho}_k$ 是样本的自相关函数，可由观测数据计算。此时，对 $ARMA(p,q)$ 模型，有

$$\Phi_p(B)y_t = \Theta_q(B)\varepsilon_t \tag{7-135}$$

定义 $z_t = \Phi_p(B)y_t$，则 $z_t = \Theta_q(B)\varepsilon_t$，即 z_t 是 $MA(q)$ 序列，其自协方差函数 $\gamma_k(z_t)$ 可由 y_t 的自协方差函数 γ_k 表示为

$$\gamma_k(Z_t) = E(z_t z_{t+k}) = \sum_{i,j=0}^{p} \hat{\varphi}_i \hat{\varphi}_j \gamma_{k+j-i} \tag{7-136}$$

式中 $\hat{\varphi}_0 = -1$，代入 $\hat{\gamma}_{k+j-i}$，z_t 的样本自协方差函数为

$$\hat{\gamma}_k(z_t) = \sum_{i,j=0}^{p} \hat{\varphi}_i \hat{\varphi}_j \hat{\gamma}_{k+j-i} \tag{7-137}$$

将 $\hat{\gamma}_k(z_t)$ 作为 z_t 的自协方差函数 $\gamma_k(z_t)$ 的估计值，利用式（7-130）可求出 $\hat{\sigma}_\varepsilon^2, \hat{\theta}_k(k=1,2,\cdots,q)$。

7.5.2 最小二乘估计

最小二乘估计就是利用最小二乘法原理，选择使残差平方和最小的解作为模型参数的估计值。下面以 $AR(p)$ 模型举例说明。

1. AR(p)模型参数的最小二乘估计

$$y_t = \varphi_1 y_{t-1} + \varphi_2 y_{t-2} + \cdots + \varphi_p y_{t-p} + \varepsilon_t \tag{7-138}$$

令 $t = p+1, p+2, \cdots, n$，得

$$\begin{cases} y_{p+1} = \varphi_1 y_p + \varphi_2 y_{p-1} + \cdots + \varphi_p y_1 + \varepsilon_{p+1} \\ y_{p+2} = \varphi_1 y_{p+1} + \varphi_2 y_p + \cdots + \varphi_p y_2 + \varepsilon_{p+2} \\ \quad\vdots \\ y_n = \varphi_1 y_{n-1} + \varphi_2 y_{n-2} + \cdots + \varphi_p y_{n-p} + \varepsilon_{n-p} \end{cases} \quad (7-139)$$

式中，n 为样本序列长度。

记残差平方和为

$$S = \sum_{t=p+1}^{n} (y_t - \varphi_1 y_{t-1} + \varphi_2 y_{t-2} + \varphi_p y_{t-p})^2 \quad (7-140)$$

利用最小二乘法使 S 达到极小值的 $\hat{\varphi}_1, \hat{\varphi}_2, \cdots, \hat{\varphi}_p$ 作为 $(\varphi_1, \varphi_2, \cdots, \varphi_p)$ 的估计值。

$$\hat{\sigma}_\varepsilon^2 = \frac{1}{n-p} \sum_{t=p+1}^{n} (y_t - \hat{\varphi}_1 y_{t-1} + \hat{\varphi}_2 y_{t-2} + \hat{\varphi}_p y_{t-p})^2 \quad (7-141)$$

这容易看出，当 n 较大时，最小二乘估计与矩估计的结果十分相近。

2. MA 和 ARMA 序列参数的最小二乘估计

MA(q) 序列和 ARMA(p,q) 序列参数的最小二乘估计方法类似，以下介绍 ARMA(p,q) 序列的估计方法。

设序列 $\{y_t\}$ 为 ARMA(p,q) 序列。$\hat{\varepsilon}_n$ 的递推计算公式为

$$\begin{cases} \hat{\varepsilon}_k = 0, & k \leq p \\ \hat{\varepsilon}_k = y_k - \sum_{i=1}^{p} \varphi_i y_{k-i} + \sum_{i=1}^{q} \theta_i \hat{\varepsilon}_{k-i}, & k = p+1, p+2, \cdots, n \end{cases} \quad (7-142)$$

令向量 $\boldsymbol{\beta} = (\varphi_1, \cdots, \varphi_p, \theta_1, \cdots, \theta_q)^{\mathrm{T}}$，定义残差平方和为

$$S(\boldsymbol{\beta}) = \sum_{n=p+1}^{N} \hat{\varepsilon}_n^2 \quad (7-143)$$

使 $S(\boldsymbol{\beta})$ 达到极小的 $\boldsymbol{\beta}^L = (\hat{\varphi}_1^L, \cdots, \hat{\varphi}_p^L, \hat{\theta}_1^L, \cdots, \hat{\theta}_q^L)$ 称为 $\boldsymbol{\beta}$ 的最小二乘估计。

利用极值求解法可求式（7-143）的极小值。

7.6 模型的检验与修正

7.6.1 模型的检验

通过模型识别和参数估计建立的模型是否能比较好地近似反映实际序列的变化规律，还需要进行检验。如果检验不通过，则需要对模型进行修正甚至重新进行识别和参数估计。

对模型进行检验的基本思想为：判断残差序列 $\hat{\varepsilon}_t = y_t - \hat{y}_t$ 是否为白噪声序列，如果肯定这一命题，就认为估计模型拟合得较好；反之模型拟合得不好。这里 y_t 是实际序列样本观察值，$\hat{y}_t$ 是由识别模型所计算出的估计值。

判断序列 $\{\hat{\varepsilon}_t\}$ 是否为白噪声序列的关键是检验该序列的自相关函数是否与零无显著差异。为此需要构造统计量 Q_m：

$$Q_m = n \sum_{k=1}^{m} \hat{\rho}_k^2(\varepsilon) \qquad (7-144)$$

式中，n 为样本序列长度；m 为一个适当的正整数；$\hat{\rho}_k(\varepsilon)$ 为自相关函数，其计算公式为

$$\hat{\rho}_k(\varepsilon) = \sum_{t=1}^{n-k} \varepsilon_t \varepsilon_t + k / \sum_{t=1}^{n} \varepsilon_t^2, \quad k = 1, 2, \cdots, n-1 \qquad (7-145)$$

可以证明，如果 $\hat{\varepsilon}_t$ 确实为白噪声序列，那么 Q_m 近似服从自由度为 $m-p-q$ 的 χ^2 分布。因此对"$\hat{\varepsilon}_t$ 是白噪声序列"的检验就转化为对"Q_m 是自由度为 $m-p-q$ 的 χ^2 分布"的检验。

检验的具体步骤如下。

(1) 计算 Q_m 值。

(2) 确定显著性水平 α，查找 χ^2 分布表得到相应的 $\chi^2_\alpha(m-p-q)$。常取 α 为 0.05 和 0.01。

(3) 比较 Q_m 与 $\chi^2_\alpha(m-p-q)$ 的值。若 $Q_m \leq \chi^2_\alpha(m-p-q)$，则认为 Q_m 服从自由度为 $(m-p-q)$ 的 χ^2 分布，从而 ε_n 为白噪声序列，估计模型是合适的；否则，认为估计模型同实际序列拟合得不好，需对模型进行修正。

注意构造统计量 Q 对 m 的选择比较灵敏。m 一般小于 1/4 样本数（$n/4$），当 n 为百位数以上时，m 可取 20~30。χ^2 表中的常用值详见表 7-2。

表 7-2 χ^2 表

显著性水平	自由度										
	20	21	22	23	24	25	26	27	28	29	30
0.05	31.4	32.7	33.9	35.2	36.4	37.7	38.9	40.1	41.3	42.6	43.8
0.01	37.6	38.9	40.3	41.6	43.0	44.3	45.6	47.0	48.3	49.6	50.9

7.6.2 模型的修正

如前所述，当模型检验不能通过时，需要对模型进行修正甚至重新进行识别和参数估计。模型的修正包含两方面内容。

(1) 通过尽可能地减少参数或者增加必要的参数选项来完善已通过检验的模型；

(2) 利用残差信息将不合适的模型修正成比较合适的模型。

值得指出的是，不论进行哪方面的修正，都必须重新对修正后的模型进行检验。

1. 减少参数

一般说来，好的预测模型往往具有较简洁的形式，因此在构建模型时应尽可能删除一些没有必要的参数。通常可采取将估计的模型参数与它的大样本估计的标准进行比较或考虑这些参数估计值之间相关系数值大小两种方法来减少参数。

事实上，利用参数估计的标准差可以评价单个参数估计值的统计显著性。如果某参数点估计的绝对值至少两倍于它的标准差，则认为它是显著的；否则，认为是不显著的。不显著的参数在模型中所起作用有限，可以从模型中删除该项。

如果不显著参数恰好为估计模型中的最高阶项系数,则可以直接删除该项以简化模型;否则,要计算它与最高阶参数估计之间的相关系数,如果存在较强的相关性,则可以删除最高阶参数估计项,否则只能删除参数不显著项。

2. 增加参数

有时,为了检验已识别模型参数个数是否适当,可以追加一个自回归项或移动平均项,以检查模型的适应性是否有所改进。如果没有什么改进,那就说明原先的模型是合适的,否则就应增添一参数项。

3. 不适宜模型的修改

如果在某模型的残差分析中发现模型方程不适宜描述样本时间序列,还可以根据残差信息,适当对模型进行修改,使之符合要求。

7.7 预　测

7.7.1 有关概念

预测是指根据序列 $\{y_t\}$ 的历史观察值 $y_n, y_{n-1}, \cdots, y_1$ 对未来 k 期的值 y_{n+k} 所作的估计,记为 $\hat{y}_n(k)$,表示时间 n 时对序列 $\{y_t\}$ 的 k 步预测。例如,$k=1$ 时,称为一步预测。

在时间 n 时领先 k 期的最小均方差预测值是 n 时 y_{n+k} 的条件期望,即

$$\hat{y}_n(k) = E(y_{n+k} \mid y_n, y_{n-1}, \cdots, y_1) \qquad (7-146)$$

在预测计算中,规定条件期望的取值法则为

$$E(y_{n+k}) = \begin{cases} y_{n+k}, & k \leq 0 \\ \hat{y}_{n+k}, & k > 0 \end{cases} \qquad (7-147)$$

$$E(\varepsilon_{n+k}) = \begin{cases} \varepsilon_{n+k}, & k \leq 0 \\ 0, & k > 0 \end{cases} \qquad (7-148)$$

$$\varepsilon_t = y_t - \hat{y}_t \qquad (7-149)$$

即当前或过去的观察值的条件期望值就是其本身,未来实际值的条件期望值就是其预测值;当前或过去的残差的条件期望值就是此残差的估计值,未来残差的条件期望值为零。

在实际应用中不可能知道全部历史值,而只能知道有限个历史值。然而,当历史数据 $y_n, y_{n-1}, \cdots, y_1$ 的个数足够多时,即 n 很大以后,用全部历史预报与用 n 个历史值预报的效果几乎是一样的。

7.7.2 AR(p)模型的预测

序列 $\{y_t\}$ 的 AR(p) 模型为

$$y_t = \varphi_1 y_{t-1} + \varphi_2 y_{t-2} + \cdots + \varphi_p y_{t-p} + \varepsilon_t \qquad (7-150)$$

从而,有

$$y_{n+k} = \varphi_1 y_{n+k-1} + \varphi_2 y_{n+k-2} + \cdots + \varphi_p y_{n+k-p} + \varepsilon_{n+k} \tag{7-151}$$

式（7-151）两边关于 $y_n, y_{n-1}, \cdots$ 取数学期望可得 $\hat{y}_n(k)$ 满足的方程：

$$\hat{y}_n(k) = \varphi_1 \hat{y}_n(k-1) + \varphi_2 \hat{y}_n(k-2) + \cdots + \varphi_p \hat{y}_n(k-p), \quad k > 0$$

再由 $\hat{y}_n(-k) = y_{n-k}(k \geq 0)$，可得如下递推公式：

$$\begin{cases} \hat{y}_n(1) = \varphi_1 y_n + \varphi_2 y_{n-1} + \cdots + \varphi_p y_{n-p+1} \\ \hat{y}_n(2) = \varphi_1 \hat{y}_n(1) + \varphi_2 y_n + \cdots + \varphi_p y_{n-p+2} \\ \quad \vdots \\ \hat{y}_n(p) = \varphi_1 \hat{y}_n(p-1) + \varphi_2 \hat{y}_n(p-2) + \cdots + \varphi_{p-1} \hat{y}_n(1) + \varphi_p y_n \\ \hat{y}_n(k) = \varphi_1 \hat{y}_n(k-1) + \varphi_2 \hat{y}_n(k-2) + \cdots + \varphi_p \hat{y}_n(k-p), \quad k > p \end{cases} \tag{7-152}$$

由递推公式可知，$\hat{y}_n(k)$ 仅仅依赖于序列 $\{y_t\}$ 的 n 时刻前的 p 个时刻的值 $y_n, y_{n-1}, \cdots, y_{n-p+1}$，这是 AR($p$) 序列预测的特点。

7.7.3　MA(q) 模型的预测

序列 $\{y_t\}$ 的 MA(q) 模型为

$$y_t = \varepsilon_t - \theta_1 \varepsilon_{t-1} - \theta_2 \varepsilon_{t-2} - \cdots - \theta_q \varepsilon_{t-q} \tag{7-153}$$

由于在 ARMA 序列的定义中假定 $E(y_s \varepsilon_t) = 0$（对 $s<t$），即对 $s>0$，ε_{n+s} 与 $y_n, y_{n-1}, \cdots$ 是无关的，又因为 $\{\varepsilon_t\}$ 为白噪声序列，从而对 $s > 0, E(\varepsilon_{n+s} \mid y_k, y_{k-1}, \cdots, y_1) = 0$，因此对 $k > q, \hat{y}_n(k) = 0$。

从这里可以看出，对于 MA(q) 序列而言，只需知道 $k \leq q$ 时的 $\hat{y}_n(k)$ 就可计算出未来时刻的预测值。

以下给出从 $\hat{y}_n(k)$ 和 $\hat{y}_{n+1}(k)$ 的递推公式：

$$\hat{y}_{n+1}(k) = \begin{cases} \theta_k \hat{y}_n(1) + \hat{y}_n(k+1) + \theta_k y_{n+1}, & k < q \\ \theta_q \hat{y}_n(1) + \theta_q y_{n+1}, & k = q \end{cases} \tag{7-154}$$

从而有

$$\hat{\boldsymbol{y}}_{n+1}^{(q)} = \begin{bmatrix} \theta_1 & 1 & 0 & \cdots & 0 \\ \theta_2 & 0 & 1 & \cdots & 0 \\ \vdots & \vdots & \vdots & \ddots & \vdots \\ \theta_{q-1} & 0 & 0 & \cdots & 1 \\ \theta_q & 0 & 0 & \cdots & 0 \end{bmatrix} \hat{\boldsymbol{y}}_n^{(q)} + \begin{bmatrix} \theta_1 \\ \theta_2 \\ \vdots \\ \theta_{q-1} \\ \theta_q \end{bmatrix} y_{n+1} \tag{7-155}$$

式中，

$$\hat{\boldsymbol{y}}_{n+1}^{(q)} = [\hat{y}_{n+1}(1), \hat{y}_{n+1}(2), \cdots, \hat{y}_{n+1}(q)]^\mathrm{T} \tag{7-156}$$

$$\hat{\boldsymbol{y}}_n^{(q)} = [\hat{y}_n(1), \hat{y}_n(2), \cdots, \hat{y}_n(q)]^\mathrm{T} \tag{7-157}$$

递推的初始值可取 $\hat{y}_{n_0}(k) = 0 (k = 1, 2, \cdots, q)$，因为 MA($q$) 模型的可逆性保证了递推公式的渐进稳定。

7.7.4 ARMA(p,q)模型的预测

序列 $\{y_t\}$ 的 ARMA(p,q) 模型为

$$y_t - \varphi_1 y_{t-1} - \cdots - \varphi_p y_{t-p} = \varepsilon_n - \theta_1 \varepsilon_{t-1} - \cdots - \theta_q \varepsilon_{t-q} \quad (7-158)$$

以下给出从 $\hat{y}_n(k)$ 和 $\hat{y}_{n+1}(k)$ 的递推公式:

$$\hat{\boldsymbol{y}}_{n+1}^{(q)} = \begin{bmatrix} -G_1 & 1 & 0 & \cdots & 0 & 0 \\ -G_2 & 0 & 1 & \cdots & 0 & 0 \\ \vdots & \vdots & \vdots & \ddots & \vdots & \vdots \\ -G_{q-1} & 0 & 0 & \cdots & 0 & 1 \\ -G_q + \varphi_q^* & \varphi_{q-1}^* & \varphi_{q-2}^* & \cdots & \varphi_2^* & \varphi_1^* \end{bmatrix} \hat{\boldsymbol{y}}_n^{(q)} +$$

$$\begin{bmatrix} G_1 \\ G_2 \\ \vdots \\ G_{q-1} \\ G_q \end{bmatrix} y_{k+1} + \begin{bmatrix} 0 \\ 0 \\ \vdots \\ 0 \\ \sum_{j=q+1}^{p} \varphi_j^* y_{k+q-j+1} \end{bmatrix} \quad (7-159)$$

式中,

$$\hat{\boldsymbol{y}}_{n+1}^{(q)} = [\hat{y}_{n+1}(1), \hat{y}_{n+1}(2), \cdots, \hat{y}_{n+1}(q)]^T \quad (7-160)$$

$$\hat{\boldsymbol{y}}_n^{(q)} = [\hat{y}_n(1), \hat{y}_n(2), \cdots, \hat{y}_n(q)]^T \quad (7-161)$$

$G_i(k=1,2,\cdots,q)$ 为 Green 函数,由如下递推公式求出:

$$G_k = \sum_{j=1}^{k} \varphi_j^* G_{k-j} - \theta_k^*, \quad k = 1, 2, \cdots, q \quad (7-162)$$

式中,

$$G_0 = 1 \quad (7-163)$$

$$\varphi_j^* = \begin{cases} 0, & j > p \\ \varphi_j, & j \leq p \end{cases}, \quad \theta_j^* = \begin{cases} 0, & j > q \\ \theta_j, & j = 1, \cdots, q \end{cases} \quad (7-164)$$

当 $p \leq q$ 时,式(7-159)中右边第 3 项为 0,而对 $t \leq 0$,$\hat{y}_{n+1}(t) = y_{n+1+t}$。用式(7-159)递推计算时,其初始值 $\hat{y}_{k_0}$ 的取法及其对 $\hat{y}_{k+1}$ 的影响同 MA(q)序列预测中的情形一样。

上面给出了 AR(p),MA(q),ARMA(p,q)序列的预测方法,对于后两者,我们仅给出了预测的方法,省去了公式的推导。对于 ARIMA(p,d,q)序列,或者是季节性模型的序列,由于它们都是通过对 ARMA 模型平稳序列的求和运算得到的一种非平稳序列,因此,这类序列的预测是根据平稳序列的预测方法来定义和计算的,即根据产生这些非平稳序列的 $z_t = \nabla^d y_t$ 的预测值 $\hat{z}_k(1)$,求出这些序列本身的预测值 $\hat{y}_k(1)$,具体不再介绍。

7.8 应用举例

以下举例说明 Python 在随机型时间序列预测中的应用。

实例 7-1 已知 A 公司最近 20 个月的产品销售数量见表 7-3。试预测第 21 个月的销售数量。

表 7-3　A 公司最近 20 个月的产品销售数量　　　　　　　　　　　单位：件

月份序号 t	y_t	月份序号 t	y_t	月份序号 t	y_t	月份序号 t	y_t	月份序号 t	y_t
1	420	5	557	9	202	13	711	17	507
2	580	6	334	10	271	14	826	18	504
3	690	7	200	11	363	15	796	19	602
4	762	8	170	12	518	16	678	20	761

解

利用 Python 求解本实例的步骤如下。

第一，从 Excel 读取工作表中数据到 DataFrame 数据框，代码如下。

```
df0 = read_excel(bookname, sheetname, na_values = ['NA'])
yt = df0[y]
```

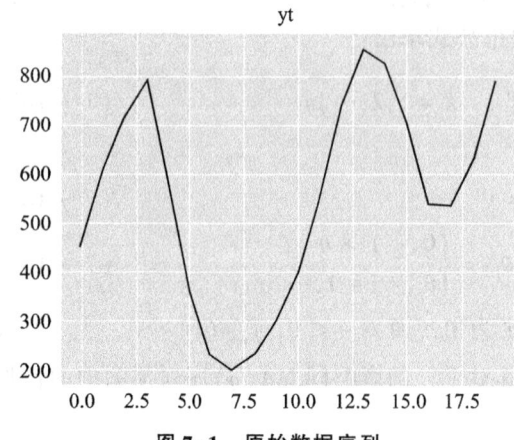

图 7-1　原始数据序列

这里 bookname 为 Excel 工作簿名，sheetname 为工作簿 bookname 中的工作表名，yt 为待分析的时间序列数据。

第二，进行平稳性检验。

平稳性检验一般采用观察法与检验法。

观察法就是以时间序列数据来绘制图形，观察是否为平稳时间序列。以原始数据 yt 绘制的图如图 7-1 所示。

从图 7-1 初步判断，时间序列 yt 非平稳。

检验法就是进行单方根检验，进行 Dickey-Fuller 检验。在一定的置信水平下，对于时间序列数据假设 Null hypothesis，即非稳定。如果检验值小于临界值，则拒绝 Null hypothesis，即数据是稳定的，反之是非稳定的。p 值越小越好，p 值要求小于给定的显著水平，p 值要小于 0.05，等于 0 是最好的。

Python 中采用 statsmodels.tsa.stattools 模块中的 adfuller() 方法进行平稳性检验，代码如下。

```
sts.adfuller(yt)
```

本实例以原始数据进行分析得到的结果详见表 7-4。

表 7-4　原始数据对应的平稳性分析数据

index	value	index	value
Test Statistic Value	0.967746138	Critical Value(1%)	-4.223238279
p-value	0.993913702	Critical Value(5%)	-3.189368926
Lags Used	8	Critical Value(10%)	-2.729839421
Number of Observations Used	11		

从表 7-4 可知，p-value 较大，因此，平稳性检验不通过，需要对原始数据进行处理（如差分处理）。

第三，差分处理。

对于非平稳时间序列要先进行 d 阶差分运算，化为平稳时间序列。首先进行一阶差分运算，并对运算结果进行平稳性检验。如果仍然非稳定，则进行二阶甚至更高阶差分运算，并对运算结果进行平稳性检验，直至满足稳定性要求为止。代码如下。

```
yt_diff1=yt.diff(1).dropna(inplace=False)
```

对差分序列 yt1 进行平稳性检验，代码如下。

```
sts.adfuller(yt_diff1)
```

以一阶差分数据 yt_diff1 进行分析得到的结果详见表 7-5。

表 7-5　一阶差分数据对应的平稳性分析数据

index	value	index	value
Test Statistic Value	-3.432808038	Critical Value(1%)	-4.137829282
p-value	0.009890015	Critical Value(5%)	-3.154972407
Lags Used	6	Critical Value(10%)	-2.714476944
Number of Observations Used	12		

从表 7-5 可知，p-value<0.05，因此平稳性检验通过。

第四，确定 ARIMA(p,d,q) 模型的参数（p,q）。

ARIMA(p,d,q) 模型中的参数 d 已由差分处理阶段确定好。这里只需确定 p 和 q。参数（p,q）可采用观察法和计算法两种方式，一般是综合两种方式来确定。

观察法就是观察 ACF（自相关图）和 PACF（偏自相关图）的截尾和拖尾，分别判断 p、q 的值。截尾是指时间序列的自相关函数（ACF）或偏自相关函数（PACF）在某阶后均为 0 的性质（比如 AR 的 PACF）；拖尾是指 ACF 或 PACF 并不在某阶后均为 0 的性质（比如 AR 的 ACF）。截尾：在大于某个常数 k 后快速趋于 0 为 k 阶截尾。拖尾：始终有非零取值，不会在 k 大于某个常数后就恒等于零（或在 0 附近随机波动）。

可分别利用 statsmodels.graphics.tsaplots 的 plot_pacf, plot_pacf 来绘制 ACF 和 PACF, 代码如下。

```
sgt.plot_acf(ts,lags=lags,ax=ax1,title='自相关曲线')
sgt.plot_pacf(ts,lags=lags,ax=ax2,method='ywm',title='偏相关曲线')
```

一阶差分数据 yt_diff1 对应的 ACF 和 PACF 如图 7-2 所示。

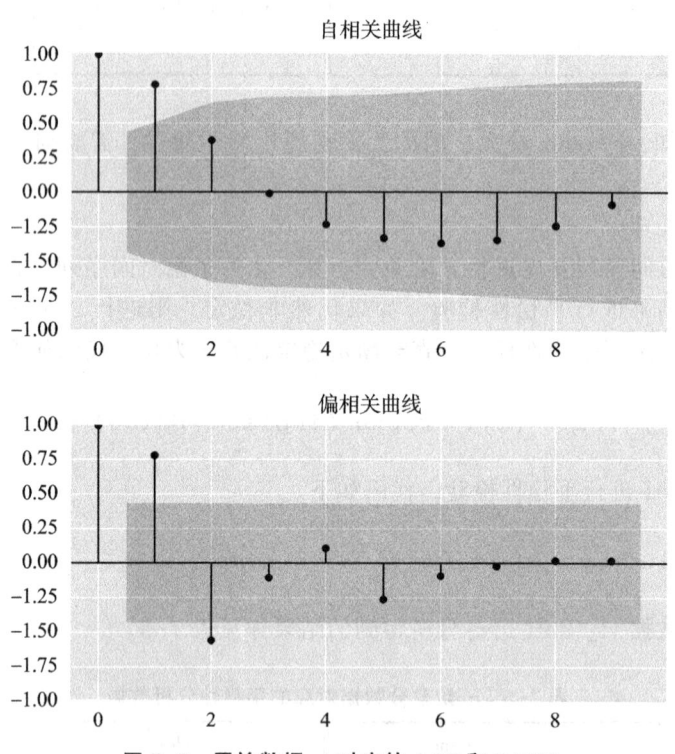

图 7-2 原始数据 yt 对应的 ACF 和 PACF

计算法就是通过选择 BIC 最小的 (p,q)。具体来说，就是测试 (p,q) 的不同组合，并比较 BIC 的大小，选取具有最小 BIC 值的 (p,q)。

BIC = ln(n) * (模型中参数的个数) - 2ln(模型的极大似然函数值)，n 是样本容量

获取模型的 bic 的方法代码如下。

```
model=ARIMA(yt,order=(p,d,q)).fit()
bic=model.bic
```

当 $p=2$, $q=0$ 时，bic 达到最小。

第五，残差检验。

残差检验就是检验残差序列是否自相关性。如果检验结果显示自相关性不显著，说明回归模型对信息的提取比较充分，可以停止分析。如果检验结果显示自相关性显著，说明回归模型对信息的提取不充分，可以考虑对残差序列拟合自回归模型。

残差检验包括残差分析、D-W 检验、正态分布检验和 Q 检验。

残差获取方法代码如下。

```
model=ARIMA(yt,order=(p,d,q)).fit()
resid=model.resid
```

残差分析就是对残差进行平稳性检验和绘制残差的 ACF 和 PACF 图。如图 7-3 所示。

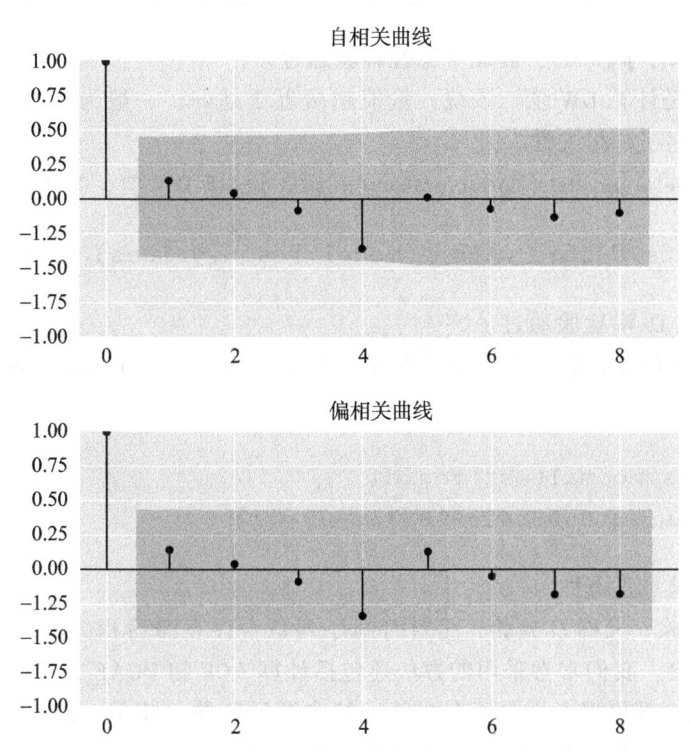

图 7-3 残差 resid 对应的 ACF 和 PACF

残差分析方法代码如下。

```
sgt.plot_acf(resid,lags=lags,ax=ax1,title='自相关曲线')
sgt.plot_pacf(resid,lags=lags,ax=ax2,method='ywm',title='偏相关曲线')
```

对残差 resid 进行平稳性检验。

```
sts.adfuller(resid)
```

以残差进行分析得到的结果详见表 7-6。

表 7-6 残差对应的平稳性分析数据

指标(index)	值(value)	指标(index)	值(value)
Test Statistic Value	-14.76393104	Critical Value(1%)	-4.223238279

续表

指标(index)	值(value)	指标(index)	值(value)
p-value	2.37871E-27	Critical Value(5%)	-3.189368926
Lags Used	8	Critical Value(10%)	-2.729839421
Number of Observations Used	11		

从表 7-6 可知，$p<0.05$，因此平稳性检验通过。

D-W 检验就是计算 DW 值。该统计量值越接近 2 越好，一般为 1~3 说明没问题，小于 1 则说明残差存在自相关性。

利用 statsmodels.api.stats.durbin_watson() 方法可获取 DW 值，方法如下。

DW=sm.stats.durbin_watson(model.resid.values)=1.02894

DW>1，因此 D-W 检验通过。

正态分布检验就是检验残差是否满足正态性。利用 stats.normaltest(resid) 可以获取有关数据，方法如下。

norm=stats.normaltest(resid)
norm.pvalue=5.05085405918176e-05<0.05

因此，残差满足正态性。

Ljung-Box 检验，又称 Q 检验，是对时间序列是否存在滞后相关的一种统计检验。对于滞后相关的检验，我们常常采用的方法还包括计算 ACF 和 PCAF 并观察其图像，但不论是 ACF 还是 PACF 都仅仅考虑是否存在某一特定滞后阶数的相关。LB 检验则是基于一系列滞后阶数，判断序列总体的相关性或者随机性是否存在。

时间序列中一个最基本的模型就是高斯白噪声序列。而对于 ARIMA 模型，其残差被假定为高斯白噪声序列，所以当我们用 ARIMA 模型去拟合数据时，拟合后我们要对残差的估计序列进行 LB 检验，判断其是否高斯白噪声，如果不是，就说明 ARIMA 模型也许并不是一个适合样本的模型。

当 $p<0.05$（一般都用 1%，5%，10%），拒绝原假设 H_0，结果显著，序列相关；当 $p>0.05$ 时，接受原假设 H_0，结果不显著，序列不相关，认为是白噪声序列，方法如下。

r,q,p=sm.tsa.acf(resid.values.squeeze(),qstat=True)
data=np.c_[range(1,41),r[1:],q,p]
table=pd.DataFrame(data,columns=['lag',"AC","Q","Prob(>Q)"])
print(table.set_index('lag'))

残差对应的 Q 检验结果详见表 7-7。

表 7-7　残差对应的 Q 检验结果

lags	AC	Q	Prob($>Q$)	lags	AC	Q	Prob($>Q$)
1	0.145565432	0.490699	0.483615	8	-0.089143685	4.834739	0.775085
2	0.053554811	0.560809	0.755478	9	0.006508062	4.836434	0.848327
3	-0.073739445	0.701544	0.872841	10	0.082730722	5.137586	0.8818
4	-0.34049373	3.889784	0.421127	11	0.129813168	5.961435	0.875925
5	0.018450892	3.89977	0.563935	12	0.140765504	7.051256	0.854208
6	-0.0606717	4.01546	0.674584	13	-0.154903441	8.559518	0.805338
7	-0.124888598	4.543364	0.715489				

从表 7-7 可知，所有 $p>0.05$，接受原假设 H_0，结果不显著，序列不相关，认为是白噪声序列。

第六，模型预测。

预测可采用 predict( ) 函数和 forecast( ) 函数。predict( ) 可以预测时间区间 [start, end] 对应的值，forecast( ) 只能预测下一个时间点对应的值，代码如下。

```
predict_data=model.predict()
#print("predict_data = \n",predict_data)
forecast_data=model.forecast()
#print("forecast_data = \n",forecast_data)
#plt.show()
```

完整的 Python 程序如下：

```
#【实例 7-1】Python 实现
#程序名称:epd7801.py
#功能:季节周期预测法(一)
#用于数值计算的库
import warnings
import numpy as np
import pandas as pd
import scipy as sp
from scipy import stats
from pandas import Series,DataFrame,read_excel
#用于绘图的库
import matplotlib as mpl
from matplotlib import pyplot as plt
import seaborn as sns
sns.set()
```

```python
#用于统计分析的库
import statsmodels.formula.api as smf
import statsmodels.api as sm
import statsmodels.tsa.stattools as sts
import statsmodels.graphics.tsaplots as sgt
# 作qq图
from statsmodels.graphics.api import qqplot
# 作ADF单方根检验
from statsmodels.tsa.stattools import adfuller
# 自相关、偏自相关
from statsmodels.tsa.stattools import acf,pacf
# ARIMA模型
from statsmodels.tsa.arima.model import ARIMA
# 作自相关图与偏自相关图
from statsmodels.graphics.tsaplots import plot_acf,plot_pacf
# D-W检验
from statsmodels.stats.stattools import durbin_watson

#支持中文设置
mpl.rcParams['font.sans-serif']=['SimHei'] #用来正常显示中文标签
mpl.rcParams['axes.unicode_minus']=False #用来正常显示负号

#给数据框df增加一行
#适合df初始非空型
def append1(df,fld,list1):
    fld0=fld[0:len(list1)]
    dict1=dict(zip(fld0,list1))
    df=df.append(dict1,ignore_index=True)
    return df
#将df2的内容追加到df1尾部
#contain_index=True,包含索引
#适合df初始非空型
def append2(df1,fld1,df2,contain_index=True):
    list1=df2.columns.tolist()
    if contain_index==True:
        list1=["index"]+list1
    df1=append1(df1,fld1,list1)
    for i in range(0,len(df2)):
        list1=df2.values[i].tolist()
```

```python
        if contain_index == True:
            list1 = [df2.index[i]] + list1
        df1 = append1(df1, fld1, list1)
    return df1
#平稳性检验:使用 ADF 法检验 ts 是否平稳
def isStationarity(ts):
    #dftest = adfuller(ts)
    # 对上述函数求得的值进行语义描述
    #dfoutput = pd.DataFrame(dftest[0:4], index=['Test Statistic',
'p-value','#Lags Used','Number of Observations Used'])
    #for key,value in dftest[4].items():
    # dfoutput['Critical Value (%s)'% key] = value
    t = sts.adfuller(ts) # ADF 检验
    index0 = ['Test Statistic Value',"p-value","Lags Used","Number of Observations Used"," Critical Value(1%)"," Critical Value(5%)","Critical Value(10%)"]
    df = pd.DataFrame(index=index0, columns=['value'])
    df['value']['Test Statistic Value'] = t[0]
    df['value']['p-value'] = t[1]
    df['value']['Lags Used'] = t[2]
    df['value']['Number of Observations Used'] = t[3]
    df['value']['Critical Value(1%)'] = t[4]['1%']
    df['value']['Critical Value(5%)'] = t[4]['5%']
    df['value']['Critical Value(10%)'] = t[4]['10%']
    stationarity = True
    if t[1] > 0.05: #p 值>0.05,非平稳
        stationarity = False
    return stationarity, df

#分析序列的平稳性,将分析内存保存到 df1
def analyzeStationarity(ts, tsname, df1, fld):
    draw_ts(ts, tsname)
    test0, df2 = isStationarity(ts)
    df1 = append1(df1, fld, [])
    df1 = append1(df1, fld, [tsname, "平稳性检验"])
    df1 = append2(df1, fld, df2)
    df1 = append1(df1, fld, [tsname + "的平稳性检验:", test0])
    #print(tsname + "的平稳性检验:", test0)
    return df1
```

```python
# 自相关和偏相关图,默认阶数为2阶
#ACF:自相关函数 auto-correlation-function
#PACF:偏自相关函数 partial-auto-correlation-function
def draw_acf_pacf(ts,lags,fname):
    fig = plt.figure(facecolor='white',figsize=(8,8))
    ax1 = fig.add_subplot(211)
    sgt.plot_acf(ts,lags=lags, ax=ax1,title='自相关曲线')
    ax2 = fig.add_subplot(212)
    sgt.plot_pacf(ts,lags=lags, ax=ax2,method='ywm',title='偏相关曲线')
    plt.savefig('图:'+fname+':acf+pacf.png')
    #plt.show()

def draw_ts(ts,title):
    fig = plt.figure(facecolor='white')
    ts.plot(color='blue',title=title)
    plt.savefig('图:'+title+'.png')
    #plt.show()

#求解模型p,q:
def solve_pq(data0,d,method='aic'):
    pmax = int(len(data0)/10) #一般阶数不超过length/10
    qmax = int(len(data0)/10)
    p0,q0 = 0,0
    minv = np.inf
    warnings.filterwarnings(action='ignore')
    for p in range(pmax+1):
        for q in range(qmax+1):
            try:
                order = (p,d,q)
                md0 = ARIMA(data0,order=order).fit()
                dict1 = {'aic':md0.aic,'bic':md0.bic,'hqic':md0.hqic}
                if dict1[method]<minv:
                    p0,q0,minv = p,q,dict1[method]
            except:
                pass
    print(method+'最小(p,q)=(%s,%s)'% (p0,q0)) #最小的p和q值
    return p0,q0
```

```python
#求解模型 p,q:
def solve_pq2(data0,d,method='aic'):
    pmax = int(len(data0)/10) #一般阶数不超过 length /10
    qmax = int(len(data0)/10)
    tmp = []
    warnings.filterwarnings(action='ignore')
    for p in range(pmax+1):
        for q in range(qmax+1):
            try:
                order=(p,d,q)
                md0=ARIMA(data0,order=order).fit()
                dict1={'aic':md0.aic,'bic':md0.bic,'hqic':md0.hqic}
                tmp.append([dict1[method],p,q])
            except:
                tmp.append([None,p,q])
    tmp = pd.DataFrame(tmp,columns = [method,'p','q'])
    minrows=tmp[tmp[method]==tmp[method].min()]
    p,q=minrows['p'].iloc[0],minrows['q'].iloc[0]
    print(method+'最小(p,q)=(%s,%s)'%(p,q)) #最小的 p 和 q 值
    return p,q

def isNormalQQ(resid,fname):
    # normaltest 用于做正态分布检验
    # 输出结果中第一个为统计量,第二个为 P 值
    # 注:p 值大于显著性水平 0.05,认为样本数据符合正态分布
    norm = sp.stats.normaltest(resid)
    #print('normal:', norm)
    print('normal.pvalue:', norm.pvalue)
    fig = plt.figure()
    ax = fig.add_subplot(111)
    # 如果 fit 为真,则用 dist 分布自动拟合 dist 的参数。由标准化的数据减去拟合的 loc,再除以拟合的 scale,得到分位数。
    # line='q'表示一条线适合通过四分位
    figqq = qqplot(resid, ax=ax, fit=True, line='q')
    plt.savefig('图:'+fname+':QQ.png')
    #plt.show()
    return (True if norm.pvalue<0.05 else False)

def Qtest(resid,base_percent):
```

```python
#(4)残差序列 Ljung-Box 检验,也叫 Q 检验
# 利用 squeeze()函数将表示向量的数组转换为秩为 1 的数组即 Series 格式
# qstat=True 含义:如果为真,返回每个自相关系数的 Ljung-Box q 统计量
#acf_value, acf_interval, _, _ = acf(data.value,nlags=14,qstat=True,alpha=0.05, fft=False)
    r,q,p = acf(resid.values.squeeze(), qstat=True)
    data1 = np.c_[range(1,len(r)),r[1:],q,p]
    #np.r_是按列连接两个矩阵,就是把两矩阵上下相加,要求列数相等。
    #np.c_是按行连接两个矩阵,就是把两矩阵左右相加,要求行数相等。
    df = pd.DataFrame(data1, columns=['lags', "AC", "Q", "Prob(>Q)"])
    print(df.set_index('lags'))
    pct = len(df[df['Prob(>Q)']>0.05])/len(df)
    print('pct:',pct)
    return (True if pct>base_percent else False),df
    #prob 值均大于 0.05,所以残差序列不存在自相关性
    #85% 的 prob 值均大于 0.05,即可认为残差序列不存在自相关性

#参数变量设置
bookname='mydata07.xlsx' #工作簿名称
sheetname='epd7-1' #工作表名称
xname='月份' #工作表中表头
yname='销售量' #工作表中表头
resultname=sheetname+'-result.xlsx' #输出结果保存文件
resultname0=sheetname+'-result0.xlsx' #输出结果保存文件

#第一,从 Excel 读取工作表中数据到 DataFrame 数据框
df0=read_excel(bookname, sheetname, na_values=['NA'])
yt=df0[yname]
columns=["A","B","C","D","E"]
df1=pd.DataFrame(columns=columns)
fld=df1.columns

draw_ts(yt,'yt')
#lags=int(len(yt)/2-1)
#draw_acf_pacf(yt, lags,'yt')

#第二,平稳性检验。
#单位根检验(Dickey-Fuller test)
df1=analyzeStationarity(yt,"yt",df1,fld)
#白噪声检验
```

```python
# 白噪声检验(如果是白噪声,即纯随机序列,则没有研究的意义了。)
#from statsmodels.stats.diagnostic import acorr_ljungbox
#print(acorr_ljungbox(yt,lags=1))
#返回统计量和p值
# 原假设是序列为白噪声,所以p值为1.53291527e-08,表明序列为非白噪声序列

#第三,差分处理。一阶差分分析
yt_diff1=yt.diff(1).dropna(inplace=False)
#yt_diff2=yt_diff1.diff(1).dropna(inplace=False)
#差分的平稳性分析
df1=analyzeStationarity(yt_diff1,"yt_diff1",df1,fld)
d=1
#第四,确定ARIMA(p,d,q)模型的参数(p,q)。
#1)观察法:观察ACF和PACF的截尾和拖尾,分别判断p、q的值。
lags=int(len(yt)/2-1)
draw_acf_pacf(yt,lags,'yt')
#2)计算法:选择BIC最小的参数(p,q)
p,q=solve_pq2(yt,d,'bic')
print("(p=%2d,d=%2d,q=%2d)"%(p,d,q))
df1=append1(df1,fld,[])
df1=append1(df1,fld,["ARIMA(p,d,q)模型的参数"])
df1=append1(df1,fld,["(p,d,q)=",(p,d,q)])
#p,q=0,1
model=ARIMA(yt,order=(p,d,q)).fit()
#第五,模型检验。
#(1)残差分析
resid = model.resid
df1=analyzeStationarity(resid,"resid",df1,fld)
lags2=int(len(yt_diff1)/2-1)
draw_acf_pacf(resid, lags2,'resid')
#(2)D-W值计算
#print("D-W=",sm.stats.durbin_watson(model.resid.values))
#print("DW=",durbin_watson(model.resid.values))
df1=append1(df1,fld,[])
df1=append1(df1,fld,["DW=",durbin_watson(model.resid.values)])

#(3)正态分布验证
#print("正态分布验证:",isNormalQQ(resid,'resid'))
df1=append1(df1,fld,[])
```

```
df1=append1(df1,fld,["正态分布验证:",isNormalQQ(resid,'resid')])

#(4)残差序列 Ljung-Box 检验,也叫 Q 检验
qtest,df2=Qtest(resid,0.85)
print("Q 检验:",qtest)
df1=append1(df1,fld,[])
df1=append1(df1,fld,["resid","Q 检验"])
df1=append2(df1,fld,df2,contain_index=False)
df1=append1(df1,fld,["resid 的 Q 检验",qtest])

#第六,预测
len0=len(yt)
predict_data=model.predict(0,len0+1)
#print("predict_data=  n",predict_data)
forecast_data=model.forecast()
print("forecast_data=  n",forecast_data)
#plt.show()
predict1=np.zeros(len0)
#pre1[0:len0]=predict_data[1:len0+1]
predict1[0:len0]=predict_data[0:len0]
df0['预测值']=predict1
df0['相对误差']=abs((df0['预测值']-yt)/yt)
#小数保留 2 位,结果输出到 Excel 文件
#df0['m1']=np.round(df0['m1'],2)
df1.to_excel(resultname,index=False)
df0.to_excel(resultname0,index=False)

#print("df1=",df1)
```

7.9 习　题

1. 已知时间序列 $\{y_t\}$ 观察值见表7-8。试计算其自相关函数和偏相关函数。

表 7-8　时间序列观察值

t	1	2	3	4	5	6	7	8	9	10	11
y_t	17	20	13	8	19	27	21	15	18	21	28

2. 已知某产品近60个月的销售情况见表7-9。试使用本章所讲的模型识别方法确定

其模型结构。

表 7-9 近 60 个月的销售情况   单位：件

月份序号	销售量	月份序号	销售量	月份序号	销售量	月份序号	销售量
1	1 000	16	2 254	31	2 953	46	4 430
2	1 312	17	2 212	32	2 911	47	4 596
3	1 471	18	2 134	33	2 946	48	4 900
4	1 683	19	2 070	34	3 089	49	5 295
5	1 773	20	1 922	35	3 102	50	5 567
6	1 884	21	1 782	36	3 129	51	5 771
7	1 997	22	1 848	37	3 095	52	5 845
8	1 997	23	1 984	38	3 295	53	5 935
9	2 139	24	2 077	39	3 383	54	5 838
10	2 183	25	2 364	40	3 628	55	5 711
11	2 282	26	2 606	41	3 861	56	5 603
12	2 307	27	2 758	42	3 903	57	5 520
13	2 349	28	2 984	43	4 001	58	5 410
14	2 267	29	3 101	44	4 184	59	5 242
15	2 263	30	3 012	45	4 329	60	5 165

3. 1978—2008 年我国人均国内生产总值（GDP）数据见表 7-10。试使用 ARIMA(2,1,1)模型对其进行拟合，求模型参数的矩估计值和最小二乘估计值。

表 7-10 1978—2008 年我国人均 GDP   单位：元

年份	人均 GDP	年份	人均 GDP	年份	人均 GDP
1978	381	1989	1 519	2000	7 858
1979	419	1990	1 644	2001	8 622
1980	463	1991	1 893	2002	9 398
1981	492	1992	2 311	2003	10 542
1982	528	1993	2 998	2004	12 336
1983	583	1994	4 044	2005	14 053
1984	695	1995	5 046	2006	16 165
1985	858	1996	5 846	2007	19 474
1986	963	1997	6 420	2008	22 640
1987	1112	1998	6 796		
1988	1366	1999	7 159		

第8章 马尔可夫预测法

8.1 马尔可夫预测法的基本原理

8.1.1 马尔可夫预测法概述

马尔可夫预测法是由俄国数学家马尔可夫发明的。20世纪初,马尔可夫研究发现自然界中有一类事物的变化过程仅与事物的近期状态有关,而与事物的过程状态无关。比如,研究一个商店的累计销售额,如果已知现在某时刻的累计销售额,则未来某一时刻的累计销售额与现在该时刻以前的任一时刻的累计销售额都无关。事物的这类特性称为无后效性。具有这种特性的随机过程称为马尔可夫过程。

在马尔可夫预测法中,引入了状态转移这个概念。所谓状态,是指客观事物可能出现或存在的状态;状态转移是指客观事物由一种状态转移到另一种状态的概率。

马尔可夫分析法的基本模型为

$$X_{k+1} = X_k P \tag{8-1}$$

式中,X_k 表示趋势分析与预测对象在 $t=k$ 时刻的状态向量;P 表示一步转移概率矩阵;X_{k+1} 表示趋势分析与预测对象在 $t=k+1$ 时刻的状态向量。

必须指出的是,上述模型只适用于具有马尔可夫性的时间序列,并且各时刻的状态转移概率保持稳定。若时间序列的状态转移概率随不同的时刻变化,不宜用此方法。由于实际的客观事物很难长期保持同一状态的转移概率,故此法一般适用于短期的趋势分析与预测。

目前,马尔可夫预测法广泛用于市场占有率预测、股票价格趋势预测等。

8.1.2 马尔可夫过程和马尔可夫链

1. 马尔可夫过程和马尔可夫链

当随机过程在某一时刻 t_0 所处的状态已知的条件下时,该过程在时刻 $t>t_0$ 时所处的状态只和 t_0 时刻有关,而与 t_0 以前的状态无关,则这种随机过程称为马尔可夫过程,同时称这种性质为无后效性,又叫马尔可夫性。

设随机过程 $\{X(t), t \in T\}$ 的状态空间为 I,则马尔可夫性可表示为

$$P\{X(t_n) \leq x_n \mid X(t_1)=x_1, X(t_2)=x_2, \cdots, X(t_{n-1})=x_{n-1}\}$$
$$= P\{X(t_n) \leq x_n \mid X(t_{n-1})=x_{n-1}\} \tag{8-2}$$

即对任意 n 个时间数据 $t_1<t_2<\cdots<t_n(n \geq 3)$,条件 $X(t_1)=x_1, X(t_2)=x_2, \cdots, X(t_{n-1})=x_{n-1}$ 下

的条件分布函数和条件 $X(t_{n-1})=x_{n-1}$ 下的条件分布函数相等。

2. 马尔可夫链

时间和状态都是离散的马尔可夫过程，称为马尔可夫链。

以蛙跳问题为例。假定池中有 N 张荷叶，编号为 1，2，3，…，N，即蛙跳可能有 N 个状态（状态确知且离散）。青蛙所属荷叶，为它目前所处的状态；因此它未来的状态，只与现在所处状态有关，而与以前的状态无关（无后效性成立）。

设 $\{X_t = X(t), t=0,1,2,\cdots\}$ 为时间集 $T_1 = \{0,1,2,\cdots\}$ 上对离散状态的观察值，状态空间 $I = \{a_1, a_2, \cdots\}, a_i \in R$。

对马尔可夫链而言，对任意正整数 n,k 和 $0 \leq t_1 < t_2 < \cdots < t_k < m, t_i, m, m+n \in T_1$，有

$$P\{X_{m+n} = a_j \mid X_{t_1} = a_{i_1}, X_{t_2} = a_{i_2}, \cdots, X_{t_k} = a_{i_k}, X_m = a_i\}$$
$$= P\{X_{m+n} = a_j \mid X_m = a_i\} \tag{8-3}$$

8.1.3 转移概率和转移矩阵

记 $P_{ij}(m, m+n) = P\{X_{m+n} = a_j \mid X_m = a_i\}$，称 $P_{ij}(m, m+n)$ 为时间 m 时处于状态 a_i 条件下，在时刻 $m+n$ 转移到状态 a_j 的转移概率。

若转移概率 $P_{ij}(m, m+n)$ 只与 i, j 及时间间距 n 有关时，则称转移概率具有平稳性，即此时马尔可夫链是齐次的。此时，转移概率 $P_{ij}(m, m+n)$ 可简记为

$$P_{ij}(n) = P\{X_{m+n} = a_j \mid X_m = a_i\} \tag{8-4}$$

式中，n 为转移的时间间隔。因此称 $P_{ij}(n)$ 为 n 步转移概率。

由于在时刻 m 从任意状态出发，在时间 $m+n$ 必然转移到状态空间 I 中某一状态，因此有

$$\sum_{j=1}^{\infty} P_{ij}(m, m+n) = 1, \quad i = 1, 2, \cdots \tag{8-5}$$

记 $\boldsymbol{P}(n) = [P_{ij}(n)]$ 表示由转移概率构成的矩阵（简称转移矩阵），显然此矩阵中每行元素之和为 1。n 步转移矩阵为

$$\boldsymbol{P}(n) = \begin{bmatrix} p_{11}(n) & p_{12}(n) & \cdots & p_{1j}(n) & \cdots \\ p_{21}(n) & p_{22}(n) & \cdots & p_{2j}(n) & \cdots \\ \cdots & \cdots & \ddots & \cdots & \cdots \\ p_{i1}(n) & p_{i2}(n) & \cdots & p_{ij}(n) & \cdots \\ \cdots & \cdots & \ddots & \cdots & \cdots \end{bmatrix} \tag{8-6}$$

式中，$p_{ij}(n)$ 为由状态 a_i 经 n 步转移到 a_j 的概率，$\boldsymbol{p}_{i\cdot}(n) = [p_{i1}(n), p_{i2}(n), \cdots]$ 称为概率向量。

$n = 1$ 时为 1 步转移矩阵。

记 p_{ij} 为由状态 a_i 经一步转移到 a_j 的概率，即

$$p_{ij} = P_{ij}(1) = P\{X_{m+1} = a_j \mid X_m = a_i\} \tag{8-7}$$

则一步转移概率矩阵 $\boldsymbol{P}(1)$ 为

$$\boldsymbol{P}(1) = \begin{bmatrix} p_{11} & p_{12} & \cdots & p_{1j} & \cdots \\ p_{21} & p_{22} & \cdots & p_{2j} & \cdots \\ \cdots & \cdots & \ddots & \cdots & \cdots \\ p_{i1} & p_{i2} & \cdots & p_{ij} & \cdots \\ \cdots & \cdots & \ddots & \cdots & \cdots \end{bmatrix} \quad (8-8)$$

以下给出概率矩阵性质。

(1) $p_{ij} \geq 0 (i,j=1,2,\cdots)$，即非负性性质。

(2) $\sum_{j=1}^{n} p_{ij} = 1$ 行元素和为 $1, i=1,2,\cdots$。

(3) 若 $\boldsymbol{A}$ 和 $\boldsymbol{B}$ 分别为概率矩阵时，则 $\boldsymbol{AB}$ 为概率矩阵。

(4) $\boldsymbol{p}(n) = \boldsymbol{p}(0)\boldsymbol{P}(n)$。

记 $p_j(n) = p\{X_n = a_j\}(a_j \in I, j=1,2,\cdots)$，显然，$\sum_{j=1}^{\infty} p_j(n) = 1$。

又因为

$$P\{X_n = a_j\} = \sum_{i=1}^{\infty} P\{X_n = a_j \mid X_0 = a_i\} P\{X_0 = a_i\}, \quad (8-9)$$

因此，有

$$p_j(n) = \sum_{i=1}^{\infty} p_i(0) P_{ij}(n) \quad (8-10)$$

令

$$\boldsymbol{p}(n) = (p_1(n), p_2(n), \cdots) \quad (8-11)$$

则有

$$\boldsymbol{p}(n) = \boldsymbol{p}(0)\boldsymbol{P}(n) \quad (8-12)$$

式 (8-10) 表明，马尔可夫链在任意时刻 n 的一维分布由初始分布和 n 步转移矩阵所确定。

对齐次马尔可夫链来说，很容易证明以下结论：

$$P(u+v) = P(u)P(v) \quad (8-13)$$

令 $u=1, v=n-1$，则推导得

$$\boldsymbol{P}(n) = \boldsymbol{P}(1)^n \quad (8-14)$$

由此可见，n 步转移矩阵是 1 步转移矩阵的 n 次方，即马尔可夫链的有限维分布由初始分布和 1 步转移矩阵完全确定。

若齐次马尔可夫链的转移概率 $P_{ij}(n)$ 存在极限：

$$\lim_{n \to \infty} p_{ij}(n) = u_j \quad (8-15)$$

该极限值不依赖于 i，则称马尔可夫链具有遍历性。如果 $\sum_j u_j = 1$，则称 $\boldsymbol{u} = (u_1, u_2, \cdots)$ 为马尔可夫链的极限分布。

容易证明，对有限的齐次马尔可夫链，若满足以下条件：

存在正整数 m，使得对任意 $a_i, a_j \in I$，都有

$$P_{ij}(m) > 0, \quad i,j=1,2,\cdots,N \quad (8-16)$$

则此马尔可夫链具有遍历性。

此时极限分布 $\pi=(\pi_1,\pi_2,\cdots)$ 是方程组

$$u = uP(1) \tag{8-17}$$

满足以下条件的唯一解:

$$\sum_{j=1}^{N} u_j = 1, \quad u_j > 0 \tag{8-18}$$

8.1.4 正规概率矩阵和固定概率向量

1. 正规概率矩阵

若一个转移矩阵 P,存在着某一个正整数 m,使 P^m 的所有元素均为正数($P_{ij}>0$),则该矩阵称为正规概率矩阵。

例如,

$$P = \begin{bmatrix} 1/4 & 1/2 & 1/4 \\ 2/5 & 1/5 & 2/5 \\ 1/3 & 1/3 & 1/3 \end{bmatrix} \tag{8-19}$$

$$B = \begin{bmatrix} 1 & 0 \\ 0 & 1 \end{bmatrix} \tag{8-20}$$

P 为正规概率矩阵,而 B 不是正规概率矩阵。因为对 B 来说,不存在一个正数 m,使 B^m 的每一个元素均大于 0。

2. 固定概率向量(特征概率向量)

设 P 为 $n\times n$ 概率矩阵,若 $u=(u_1,u_2,\cdots,u_n)$ 为概率向量,且满足 $uP=u$,称 u 为 P 的固定概率向量。

例如,

$$P = \begin{bmatrix} 1/4 & 1/2 & 1/4 \\ 2/5 & 1/5 & 2/5 \\ 1/3 & 1/3 & 1/3 \end{bmatrix} \tag{8-21}$$

为概率矩阵,P 的固定概率向量 $u=(0.3287,0.3425,0.3288)$。

以下给出正规概率矩阵的重要性质。

设 P 为 $n\times n$ 正规概率矩阵,则:

(1) P 有且只有一个固定概率向量 $u=(u_1,u_2,\cdots,u_n)$,且 u 的所有元素均为正数,即 $u_i>0$。

(2) P 的各次方组成序列 $P^1,P^2,\cdots,P^k,\cdots$ 趋于方阵 T,且 T 的每一个行向量都是固定概率向量 u。$\lim P^k=T$,这个方阵 T 称稳态概率矩阵。

这个性质说明无论系统现在处于何种状态,在经过足够多的状态转移之后,均达到一个稳态。因此,欲求长期转移概率矩阵,即进行长期状态预测,只要求出稳态概率矩阵 T;而 T 的每个行向量都是固定概率向量,所以只需求出固定概率向量 u 就行了。

(3) 任意概率向量与稳态概率矩阵之点积为固定概率向量。

设 X 为任意概率向量,则 $XT=u$。

事实上,

$$XT = (\sum x_i u_1, \sum x_i u_2, \cdots, \sum x_i u_n) = u \quad (8-22)$$

$$\sum x_i = 1 \quad (8-23)$$

以下举例说明如何计算固定概率向量。

实例 8-1 已知正规概率矩阵 P 如下:

$$P = \begin{bmatrix} 1/4 & 1/2 & 1/4 \\ 2/5 & 1/5 & 2/5 \\ 1/3 & 1/3 & 1/3 \end{bmatrix}$$

试计算固定概率向量和稳态概率矩阵。

解 记 $u = (u_1, u_2, \cdots, u_n)$ 为固定概率向量。

$$uP = u \quad (8-24)$$

$$\sum u = 1$$

因此有

$$\begin{bmatrix} u_1 \\ u_2 \\ u_3 \end{bmatrix}^T \begin{bmatrix} 1/4 & 1/2 & 1/4 \\ 2/5 & 1/5 & 2/5 \\ 1/3 & 1/3 & 1/3 \end{bmatrix} = \begin{bmatrix} u_1 \\ u_2 \\ u_3 \end{bmatrix}^T$$

即

$$1/4 u_1 + 1/2 u_2 + 1/4 u_3 = u_1$$
$$2/5 u_1 + 1/5 u_2 + 2/5 u_3 = u_2$$
$$1/4 u_1 + 1/3 u_2 + 1/3 u_3 = u_3$$
$$u_1 + u_2 + u_3 = 1$$

解方程组,得

$$u = (0.328\ 7, 0.342\ 5, 0.328\ 8)$$

则

$$T = (0.328\ 7, 0.342\ 5, 0.328\ 8; 0.328\ 7, 0.342\ 5, 0.328\ 8; 0.328\ 7, 0.342\ 5, 0.328\ 8)$$

说明:

(1) 不管系统的初始状态如何,当系统运行时间较长时,转移到各个状态的概率都相等(列向量各元素相等),即各状态转移到状态 1 的概率都为 0.328 7;转移到状态 2 的概率都为 0.342 5;转移到状态 3 的概率都为 0.328 8。

(2) 可利用自编 Python 函数 steady_state_prob(p) 求固定概率向量。这里 p 对应正规概率矩阵 P。

例如:

$$P = [[1/4, 1/2, 1/4],$$
$$[2/5, 1/5, 2/5],$$
$$[1/3, 1/3, 1/3]]$$
$$q = \text{steady\_state\_prob}(p)$$

8.2 马尔可夫方法在经济预测中的应用

8.2.1 基本步骤

利用马尔可夫预测方法可以预测一个企业或一种事物（如市场占有率、设备更新等）的未来状态，或从一种状态转移到另一种状态的概率。

使用马尔可夫预测方法遵循如下假设。

（1）转移矩阵必须逐期保持不变，即不随时间的变化而变化。

（2）预测期间状态的个数必须保持不变。以市场占有率预测为例，必须使在预测期间市场竞争对手的数目保持不变。

（3）状态的转移仅受前一周期的影响。

具体步骤如下。

第一步，确定系统的状态。首先把预测所研究的目标归纳成一组"状态"。各状态之间互不相容，且所有的状态共同构成一完备事件组。例如，在预测市场占有率时，可选几种主要竞争产品作为系统的状态，其他较小的竞争者可忽略不计，或者统统归为"其他"状态。

第二步，确定转移矩阵。这是建立马尔可夫预测方法的一个重要环节。有时可以根据历史统计数据计算事件发生频率来确定转移概率和状态发生的概率。但是这些数据必须仔细加以审查，要去掉不大可能重复发生的异常数据，还要考虑到目前的发展趋势。此外，在进行预测时，可以利用抽样调查来确定转移概率。当缺乏真实可靠的资料时，还可用主观概率法估计转移概率。

第三步，进行预测计算。利用预测模型进行计算。

实际中，往往需要通过不断调整初始状态和转移概率，对多种预测方案进行分析评价，最后得出一个较为客观的预测结论。

8.2.2 转移矩阵的确定方法

通常根据历史统计数据计算事件发生频率来确定转移概率和状态发生的概率。

设在有限状态空间 $I=\{a_1,a_2,\cdots,a_K\}$，n_{ij} 表示当前周期系统所处状态为 a_i 时，下一周期系统所处状态为 a_j 的频数，见表 8-1。

表 8-1 某事件的状态

下一期状态频数当前状态	a_1	a_2	…	a_K
a_1	n_{11}	n_{12}	…	n_{1K}
a_2	n_{21}	n_{22}	…	n_{2K}
…	…	…	…	…
a_K	n_{K1}	n_{K2}	…	n_{KK}

$\hat{p}_{ij}$ 表示系统从状态 a_i 转移到状态 a_j 的转移概率。

$$\hat{p}_{ij} = \frac{n_{ij}}{\sum_{k=1}^{K} n_{ik}} \qquad (8-25)$$

实例 8-2 已知 A 产品在 2009—2013 年 60 个月的销售状况数据，见表 8-2。试计算转移矩阵。假定初始状态为很好。

表 8-2 A 产品在 2009-2013 年 60 个月的销售状况

月份序号	销售状态	月份序号	销售状态	月份序号	销售状态	月份序号	销售状态
1	很好	16	中等	31	一般	46	中等
2	中等	17	中等	32	中等	47	差
3	很好	18	一般	33	中等	48	一般
4	差	19	中等	34	一般	49	一般
5	中等	20	中等	35	中等	50	一般
6	很好	21	差	36	一般	51	中等
7	一般	22	中等	37	一般	52	中等
8	差	23	差	38	很好	53	一般
9	一般	24	很好	39	中等	54	中等
10	一般	25	差	40	一般	55	一般
11	很好	26	一般	41	差	56	很好
12	差	27	一般	42	差	57	差
13	中等	28	中等	43	中等	58	中等
14	很好	29	中等	44	一般	59	差
15	中等	30	中等	45	中等	60	中等

解 首先基于表 8-2 建立不同状态之间转换的频数，见表 8-3。

表 8-3 不同状态之间转换的频数

当前状态	下一期状态			
	一般	中等	差	很好
	频数			
一般	6	7	2	3
中等	8	7	4	3
差	3	6	1	1
很好	1	3	4	1

其次,利用式(8-1)计算转移概率的估计值。

$$\hat{p}_{11} = \frac{6}{18} = 0.333\ 3$$

$$\hat{p}_{12} = \frac{7}{18} = 0.388\ 9$$

$$\hat{p}_{13} = \frac{2}{18} = 0.111\ 1$$

$$\hat{p}_{14} = \frac{3}{18} = 0.166\ 7$$

依此类推,求得其他转移概率的估计值,最终得到的转移矩阵见表8-4。

表8-4 转移矩阵

	一般	中等	差	很好
一般	0.333 3	0.388 9	0.111 1	0.166 7
中等	0.363 6	0.318 2	0.181 8	0.136 4
差	0.272 7	0.545 5	0.090 9	0.090 9
很好	0.111 1	0.333 3	0.444 4	0.111 1

8.2.3 市场占有率预测

假定市场上生产某类商品的厂家有 N 个,每个厂家只生产一个品牌。

用 $s_i(j)$ 表示第 i 个商家在第 j 期的市场占有率,$x_i(j)$ 表示第 i 个商家在第 j 期的销售额,x 表示为同类产品在市场上总销售额,则

$$s_i(j) = \frac{x_i(j)}{x}, \quad i = 1, 2, \cdots, N \tag{8-26}$$

假定初始(即 $j=0$)时,各厂家的市场占有率的情况为

$$s(0) = [s_1(0), s_2(0), \cdots, s_N(0)] \tag{8-27}$$

同时假定满足无后效性及稳定性假设,则在 k 期时,各厂家的市场占有率的情况为

$$s_i(k) = [s_1(0), s_2(0), \cdots, s_N(0)][p_{1i}(k), p_{2i}(k), \cdots, p_{Ni}(k)]^{\mathrm{T}} \tag{8-28}$$

式中,$p_{ji}(k)$ 为厂家 j 经过 k 步转移生产厂家 i 的产品的概率。

$$[s_1(k), s_2(k), \cdots, s_N(k)] = [s_1(0), s_2(0), \cdots, s_N(0)]\boldsymbol{P}(k) \tag{8-29}$$

式中,$\boldsymbol{P}(k)$ 为 k 步转移概率矩阵。

$$s(k) = [s_1(k), s_2(k), \cdots, s_N(k)] \tag{8-30}$$

$$\boldsymbol{P}(k) = \boldsymbol{P}^k \tag{8-31}$$

所以

$$s(k) = s(0)\boldsymbol{P}^k \tag{8-32}$$

式(8-32)称为已知初始状态条件下的市场占有率 k 步预测模型。

实例8-3 2014年世界市场上主要智能手机品牌有三星、苹果、联想及其他品牌,分

别由四类不同的销售商进行销售。同时假定这些品牌目前市场占有率分别为 34.9%，13.6%，7.5%，44%。2014 年上半年某课题组进行问卷调查表明，2015 年，使用三星手机的客户中，有 60% 的人将继续使用三星手机，20% 的人将改用苹果手机，5% 的人将改用联想手机，15% 的人将改用其他品牌手机；使用苹果手机的客户中，有 70% 的人将继续使用苹果手机，15% 的人将改用三星手机，2% 的人将改用联想手机，13% 的人将改用其他品牌手机；使用联想手机的客户中，有 60% 的人将继续使用联想手机，15% 的人将改用三星手机，20% 的人将改用苹果手机，5% 的人将改用其他品牌手机；使用其他品牌手机的客户中，有 70% 的人将继续使用其他品牌手机，10% 的人将改用三星手机，15% 的人将改用苹果手机，5% 的人将改用联想手机，详见表 8-5。试预测 2015 年、2016 年这些品牌市场占有率、长期占有率，并分析为提高占有率企业可能采取的策略。

表 8-5　不同品牌之间的转换概率　　　　　　　　　　　　　　　（%）

	三星	苹果	联想	其他
三星	60	20	5	15
苹果	15	70	2	13
联想	15	20	60	5
其他	10	15	5	70

解　由表 8-5 得到转移概率矩阵 P 为

$$P = \begin{bmatrix} 0.60 & 0.20 & 2.05 & 0.15 \\ 0.15 & 0.70 & 0.02 & 0.13 \\ 0.15 & 0.20 & 0.60 & 0.05 \\ 0.10 & 0.15 & 0.05 & 0.70 \end{bmatrix}$$

初始状态为

$$s(0) = (0.349 \quad 0.136 \quad 0.075 \quad 0.44)$$

（1）预测未来各期市场占有率。

2015 年这些品牌的市场占有率为：

$$s(1) = s(0)\,P = (0.285\,1 \quad 0.246\,0 \quad 0.087\,2 \quad 0.381\,8)$$

2016 年这些品牌的市场占有率为：

$$s(2) = s(0)\,P^2 = (0.249\,3 \quad 0.334\,6 \quad 0.090\,7 \quad 0.325\,4)$$

（2）预测长期占有市场率。

由于 $s(k) = s(0)P(k)$，有

$$\lim s(k) = s(0) \lim P(k) = s(0) T = U$$

在已知初始条件下求长期市场占有率就是求稳态概率矩阵，也是求固定概率向量。

求固定概率向量的方法已在前面介绍。这里只给出利用自编 steady_state_prob(P) 计算得到的结果。

$$u = (0.245\,7 \quad 0.370\,2 \quad 0.086\,4 \quad 0.297\,7)$$

注意：长期占有率（固定概率向量）只与转移矩阵有关，与系统的初始状态无关。

（3）营销策略对市场占有率的影响分析。

马尔可夫分析方法不仅可以用来进行预测，还可以用于对策分析。一般来说，企业为了提高市场占有率，可以采取三种策略：保留策略、争取策略、混合策略。

保留策略：通过周到的服务或折扣等措施设法保留原有客户。

对实例 8-2，如果销售三星智能手机的公司采取保留策略后，减少了客户向其他品牌手机的流失，保有率提高到 80%，此时转移矩阵变为

$$P = \begin{bmatrix} 0.80 & 0.10 & 0.01 & 0.09 \\ 0.15 & 0.70 & 0.02 & 0.13 \\ 0.15 & 0.20 & 0.60 & 0.05 \\ 0.10 & 0.15 & 0.05 & 0.70 \end{bmatrix}$$

固定概率向量 =（0.392 1 0.296 0 0.056 5 0.255 3）

由此可见，由于保留策略的作用，三星智能手机的长期市场占有率由 24.57% 提高到 39.21%。

争取策略：通过广告等方式从其他厂家争取新客户。

对实例 8-2，如果销售三星智能手机的公司采取争取策略后，使得原来购买其他品牌的部分客户转向购买其销售的三星智能手机，此时转移矩阵变为

$$P = \begin{bmatrix} 0.60 & 0.20 & 0.05 & 0.15 \\ 0.15 & 0.70 & 0.02 & 0.13 \\ 0.25 & 0.20 & 0.50 & 0.05 \\ 0.20 & 0.15 & 0.05 & 0.60 \end{bmatrix}$$

固定概率向量 =（0.307 9 0.375 4 0.070 4 0.246 3）

由此可见，由于争取策略的作用，三星智能手机的长期市场占有率由 24.57% 提高到 30.79%。

混合策略：上述两种策略的综合运用。

8.2.4　Python 在股票价格预测中的应用

在股票市场上，股票价格代表了股票的投资价值。投资者总是希望在低位时买进股票，而在高位时抛出股票。因此，在股票交易市场中，投资者最关心的就是股票价格未来变化的趋势。有关股票价格预测的方法有很多，这里介绍如何使用马尔可夫预测法对股票价格状态进行预测。

实例 8-4　已知 C 股票在 2020 年最近 60 个交易日的股价收盘价变动情况，详见表 8-6。将每天的收盘价分为上升状态、平盘状态和下降状态进行分析预测。

表 8-6　C 股票在 2020 年最近 60 个交易日的股价收盘价变动情况

日期序号	收盘价状态	日期序号	收盘价状态	日期序号	收盘价状态	日期序号	收盘价状态
1	上升	16	上升	31	平盘	46	上升
2	平盘	17	平盘	32	平盘	47	下降
3	平盘	18	下降	33	下降	48	上升

续表

日期序号	收盘价状态	日期序号	收盘价状态	日期序号	收盘价状态	日期序号	收盘价状态
4	下降	19	上升	34	下降	49	上升
5	下降	20	上升	35	平盘	50	下降
6	平盘	21	平盘	36	平盘	51	上升
7	上升	22	上升	37	平盘	52	上升
8	上升	23	下降	38	平盘	53	上升
9	上升	24	平盘	39	上升	54	上升
10	下降	25	下降	40	平盘	55	上升
11	上升	26	下降	41	平盘	56	平盘
12	平盘	27	下降	42	上升	57	下降
13	下降	28	平盘	43	平盘	58	上升
14	平盘	29	下降	44	平盘	59	上升
15	平盘	30	下降	45	上升	60	平盘

解

利用 Python 求解本实例步骤如下：

第一，从 Excel 读取工作表中数据到 DataFrame 数据框，代码如下。

```
df0 = read_excel(bookname,sheetname,na_values = ['NA'])
yt = df0[y]
```

这里 bookname 为 Excel 工作簿名，sheetname 为工作簿 bookname 中的工作表名，yt 为待分析的数据。

第二，调用自编函数 count_states(data0,st0) 计算转移频数和转移概率。计算结果详见表 8-6 和表 8-7。

```
freq,rate = count_states(df0[y],'上升')
```

freq 为转移频数对应的 DataFrame 数据框。rate 为转移概率对应的 DataFrame 数据框。

表 8-7 频数矩阵

频数矩阵	上升	下降	平盘
上升	11	4	8
下降	5	5	6
平盘	6	7	8

表 8-8　转移矩阵

转移矩阵	上升	下降	平盘
上升	0.478 3	0.173 9	0.347 8
下降	0.312 5	0.312 5	0.375 0
平盘	0.285 7	0.333 3	0.381 0

由于第 60 个交易日股票收盘价处于平盘，可以认为初始状态概率向量 $E(0)=(0,0,1)$，利用初始状态概率向量和状态转移概率矩阵计算以后几天股票收盘价处于各种状态的概率。

第 61 个交易日收盘价状态概率向量：

$E(1)=E(0)P=(0.285\ 7,0.333\ 3,0.381\ 0)$

对应的 Python 语句为

```
rate0=np.array(rate)
E0=np.array([0,0,1])
E1=np.dot(E0,rate0)
```

根据计算结果，发现股票收盘价处于平盘状态的概率最大为 38.1%，因此可预测第 61 个交易日收盘价处于平盘。

第 62 个交易日收盘价状态概率向量：

$E(2)=E(0)P^2=(0.3497,0.2808,0.3695)$

对应的 Python 语句为

```
E2=np.dot(E1,rate0)
```

根据计算结果，发现股票收盘价处于平盘状态的概率最大为 36.95%，因此可预测第 62 个交易日收盘价处于平盘。

完整的 Python 程序如下：

```
#【实例 8-4】
#程序名称:epd8201.py
#功能:Python 在股票价格预测中的应用
#用于数值计算的库
import numpy as np
import pandas as pd
import scipy as sp
from scipy import stats
```

```python
from pandas import Series,DataFrame,read_excel
#用于绘图的库
import matplotlib as mpl
from matplotlib import pyplot as plt
import seaborn as sns
sns.set()
#用于统计分析的库
import statsmodels.formula.api as smf
import statsmodels.api as sm

#支持中文设置
mpl.rcParams['font.sans-serif']=['SimHei'] #用来正常显示中文标签
mpl.rcParams['axes.unicode_minus']=False #用来正常显示负号

#参数变量设置
bookname='mydata08.xlsx' #工作簿名称
sheetname='epd8-4-1' #工作表名称
x='月份' #工作表中表头
y='收盘价状态' #工作表中表头
resultname=sheetname+'-result.xlsx' #输出结果保存文件
#读取工作表中数据到数据框
df0=read_excel(bookname, sheetname, na_values=['NA'])
#检查状态转移矩阵 P:所有元素为正,且每行之和为 1
def check_array(P):
    con1=abs(np.sum(P>0)-P.size)
    sum0=P.sum(axis=1) # 按行相加
    con2=sum(abs(sum0-np.ones(len(sum0))))
    if (con1<0.00001) and (con2<0.00001):
        return True
    else:
        return False
#计算状态转移矩阵 P 对应的固定概率向量
def steady_state_prob(P):
    dim =P.shape[0]
    b=np.ones((dim,1))
    A = np.ones((dim,dim))-P.T+np.eye(dim)
    return np.linalg.solve(A,b)

#统计 data0 状态转换频数和概率,st0 为初始状态
def count_states(data0,st0):
```

```
        items0 = sorted(list(set(data0.tolist())))
        temp = np.zeros((len(items0),len(items0)))
        i = items0.index(st0)
        for k in range(0,len(data0)):
            j = items0.index(data0[k])
            temp[i,j] = temp[i,j]+1
            i = j
        freq = pd.DataFrame(temp,columns = items0,index = items0)
        freq1 = freq.sum(axis = 1)# 按行相加
        rate = freq.div(freq1, axis = 0) #每一行除以对应的向量
        return freq,rate

freq,rate = count_states(df0[y],'上升')
pd.concat([freq,rate]).to_excel(resultname)

rate0 = np.array(rate)
E0 = np.array([0,0,1])
print('E0 =',E0)
E1 = np.dot(E0,rate0)
print('E1 =',E1)
E2 = np.dot(E1,rate0)
print('E2 =',E2)
```

说明：

（1）Python 分析所需数据保存在工作簿 mydata05.xlsx 中 epd8-4-1 工作表，形式如图 8-1 所示。

	A	B
1	日期	收盘价状态
2	1	上升
3	2	平盘
4	3	平盘
5	4	下降
6	5	下降

图 8-1　epd8-4-1 工作表

工作表中第一行为表头。使用时，表头不要变动，表头下面的数据可以根据需要进行修改。

（2）使用时，可根据实际修改下列参数变量的值。

```
bookname = 'mydata08.xlsx'   #工作簿名称
```

```
sheetname='epd8-4-1'  #工作表名称
x='日期'  #工作表中表头
y='收盘价状态'  #工作表中表头
resultname=sheetname+'-result.xlsx'  #输出结果保存文件
```

(3) 对工作表及 Python 程序进行修改,必须保存后再运行 Python 程序,才能使得修改有效。

(4) 输出结果保存在工作簿 resultname 的工作表 Sheet1 中。

8.3 习 题

1. 已知 C 产品过去 48 个月的销售状况数据见表 8-9。试计算转移矩阵。

表 8-9 C 产品过去 48 个月的销售状况

月份序号	销售状态	月份序号	销售状态	月份序号	销售状态	月份序号	销售状态
1	中等	13	一般	25	一般	37	中等
2	中等	14	很好	26	一般	38	中等
3	一般	15	很好	27	中等	39	很好
4	差	16	中等	28	中等	40	中等
5	差	17	很好	29	中等	41	一般
6	中等	18	中等	30	一般	42	中等
7	一般	19	一般	31	差	43	中等
8	中等	20	差	32	差	44	一般
9	差	21	一般	33	一般	45	很好
10	中等	22	中等	34	差	46	差
11	一般	23	差	35	一般	47	差
12	中等	24	很好	36	很好	48	中等

2. 已知 A,B,C 三家化妆品生产企业的同种类型产品去年在北京地区市场上的占有率分别为 52%、30% 和 18%。根据市场调查得知顾客今年对这三家企业产品偏好的变化,见表 8-10。试预测今年三家企业产品的市场占有率。

表 8-10 不同企业之间的转换概率   (%)

	A 化妆品	B 化妆品	C 化妆品
A 企业	60	25	15
B 企业	35	35	30
C 企业	15	20	65

3. 2007—2020年粮食零售价格的变动情况见表8-11。试使用马尔可夫预测方法对2021年粮食零售价格的变动趋势进行预测。

表8-11 2007—2020年粮食零售价格的变动情况

年份	粮食零售价格状态	年份	粮食零售价格状态
2007	持平	2014	上升
2008	下降	2015	上升
2009	上升	2016	下降
2010	持平	2017	上升
2011	下降	2018	持平
2012	上升	2019	下降
2013	下降	2020	上升

第 9 章 决 策

9.1 决策概述

9.1.1 决策的定义及原则

1. 决策的定义

决策是现代管理的核心。诺贝尔经济学奖获得者西蒙在 1947 年出版的《管理行为》一书中指出:"管理就是决策。"那么,什么是决策呢?

简单地说,决策就是决策者为了实现一定的目标,依据评定准则和标准,从两个及以上的备选方案中选择一个方案的管理过程。因此,一个决策通常包含以下几方面:

(1) 决策者。这是决策的主体,可以是单个的管理者也可以是由多个管理者组成的集体,其任务就是进行决策。从某种意义上讲,决策者的素质对决策的成败起着决定性作用。

(2) 明确的目标。在进行任何一项决策前必须明确所要解决的问题和所要达到的目标。决策的目标有时是一个(单目标决策),有时是相互关联的几个(多目标决策)。一个缺乏明确目标的决策将会导致整个决策过程偏离方向,最终导致决策的失败。

(3) 多个可行方案。如果所要解决的问题只有一个方案,那么显然不存在决策问题。决策必须在两个及以上的可行方案中选择。这些方案应该是平行的或互补的,能解决给定的问题或预定的目标,并且可加定性和定量分析。

(4) 评定准则和标准。决策会面临多个可行方案,不同的方案具有不同的风险或收益特征。决策的过程就是依据一定的评定准则和标准对每个可行方案进行分析、评判,从中选出较好的方案,并加以实施。

决策是一个连续统一的整体性过程,包括信息收集、分析、判断、实施、反馈等一系列活动。可以这样说,没有这样一个连续统一的整体性过程,是很难作出合理的决策的。此外,经过执行活动的反馈,又将进入下一轮的决策。因此,决策是一个循环过程,贯穿整个管理活动的始终。

2. 决策的原则

科学的决策必须遵循以下几个基本原则:

(1) 信息充分原则。信息是决策的基础和前提。准确、及时和全面的信息是取得高质量决策的前提,虚假、过时和残缺(尤其是一些重要信息被遗漏时)的信息往往会导致决策失败或决策错误。因此,在进行决策前,决策者应认真研究所要解决的问题,运用现代技术手段广泛收集对决策可能产生影响的内外环境信息,以便获得准确、及时、可靠、适用的决策依据。

(2) 系统原则。为了防止决策的片面性，决策者在进行决策的过程中，应将决策对象视为一个系统，从系统整体出发，认真考虑决策所涉及的整个系统及相关因素，统筹好局部利益和整体利益、眼前利益和长远利益，在对问题全面分析的基础上做出决策。

(3) 可行性原则。决策目标和决策方案要合理、符合实际，要有实现的可能性。一项不可行的决策，对组织来说是没有意义的。因此，在确定决策目标、选择决策方案时，要充分进行可行性研究，仔细考虑主客观条件是否成熟，实现决策目标的人力、物力、财力是否具备等。

(4) 定性和定量相结合原则。决策中，有些决策目标和决策变量可以用数量表示，有些则不可以，需要依赖决策者的经验进行判断。因此，在进行决策时，应有效地将定性方法和定量方法结合起来。

(5) 集体决策原则。随着社会的发展和科技的进步，社会经济中所需解决的问题日益复杂，因此仅仅依靠个人是不行的。集体决策可以克服个人思维局限，获得更有创造性的问题决策方案，避免重大决策失误。

9.1.2 决策的基本过程

1. 确定问题和目标

决策首先是发现问题，并将这些问题分清主次，即明确该问题是战略决策还是一般业务决策，由哪些决策者承担任务等。必须马上了解该问题的关键在哪里、何时解决，以及解决这一问题的利弊如何。在确定问题的同时，确定目标。合理的目标是有效决策的前提，是决策活动的出发点，也是评价决策效果的依据。应分清长期目标与短期目标、主要目标和次要目标，并注意目标之间的衔接，明确目标间的优先顺序，保证资源分配的重点，尽量排除可能的偶然性和主观因素的影响。

2. 收集信息

确定了问题和目标后，必须着手调查研究，收集信息加以整理和分析，并根据既定的目标，积极地收集和整理情报，建立数据库，进行比较，找出差距，发现问题。信息是决策的基础，是有效决策的保证。对于组织内外部的相关信息，都应加以收集和整理，尤其是对于一些关键信息，应加倍关注。

3. 确定决策标准

确定决策标准就是运用一套合适的标准分析和评价每一个方案。按照确定的目标和问题，把目标分解为若干层次的确定的价值指标，同时，指明实现这些指标的约束条件，这些指标的实现程度就是衡量的达到决策目标的程度。在决策时，可按照确定的评判方法和标准，给每一个可行方案打分，加以评比，并按每一方案的得分高低进行排列，为决策工作的顺利进行奠定基础。

4. 拟订方案

拟订方案主要是寻找达到目标的有效途径，因此，必须制订多种可供选择的方案，反复比较。每个方案都必须有原则性的差异。对于有关企业发展的战略性的重大决策，必须通过各种相互冲突的意见争辩、各种不同可行方案的评判，才能做出满意的决策。拟订各种不同类型的可行方案，可运用头脑风暴法，或采用数学模型，也可建立随机模型和模糊模型。不论用何种方法拟订可行方案，都应同时给出这些方案实施后可能产生的结果，包括有利的和有害的结果，以及这些结果出现的概率，指出其中发展演变的趋势，并进行利弊比较。

5. 分析方案

决策者必须认真地对待每一方案，仔细地加以分析和评价。根据决策所需的时间和其他限制性条件，层层筛选。可以进行重要性程度的评分加权，也可以对其中某些关键处的缺点加以修改、补充，还可以对一些各有利弊的备择方案进行优势互补，使最终的结果更加优化。在这一阶段中，可以运用决策树法、矩阵汇总决策、统计决策和模糊决策等方法。

6. 确定和实施方案

确定方案时，在各种可供选择的方案中权衡利弊，然后选取其一，或综合成一个方案，这是决策者的重要工作。有时会在方案全面实施之前，进行局部试行，验证在真实条件下是否可行。若方案不可行，为了避免造成更大的损失，则需要再次考察上述各个活动步骤，修正或重新拟订方案。当方案确定后，就要加以实施，这是决策最重要的阶段。实施阶段所花费的时间和成本远大于前几个阶段的总和。

7. 评价决策效果

方案的评价必须是全方位的，并要在方案实施过程中不断地进行追踪。如果在新方案实施过程中发现重大差异，在反馈、上报的同时，决策者应查明原因，根据具体情况区别对待：若是执行有误，应采取措施加以调整，以保证决策的效果；若是方案本身有误，应会同有关部门和人员修改方案；若方案有根本性错误或运行环境发生不可预计的变化，使得执行方案产生不良后果，则应立即停止方案的执行，待重新分析、评价方案和环境后，再考虑执行。

反馈是决策过程中的一个重要环节。通过反馈可对原方案不断地再审查和再改进。当原有决策实施活动出乎所料，或者环境突然发生重大变化时，需要将方案推倒重来。实施一个时段后，需要对方案运行及预测的结果作出评价。评价可以由个人或专家组负责，目的是审核方案是否达到了预定目标或解决了问题，随时指出偏差的程度并查明原因。评价和反馈应体现在每一阶段的工作上，而不仅仅是在方案的实施阶段。特别是重大的决策，必须时刻注意信息的反馈和工作的评价，以便迅速解决突发问题，避免造成重大损失。

9.1.3 决策方法的分类

按照不同分类标准，决策可以分为以下几类。

1. 战略决策和战术决策

按重要性和作用分类，分为战略决策和战术决策。

战略决策是指对组织发展方向和发展远景做出的决策，是关系到组织发展的重大决策，具有全局性、长远性、方向性等特点。例如，公司的经营方向、经营方针、新产品开发等属此类决策。战略决策由组织中最高层领导做出。

战术决策是指组织为保证战略决策的实现而对局部问题做出的决策，具有单项性、具体性、定量化等特点。例如，企业原材料和机器设备的采购，生产、销售的计划、人员的调配等属此类决策。战术决策一般由组织中层管理人员做出。

2. 确定型决策、风险型决策和不确定型决策

按环境条件分类，分为确定型决策、风险型决策和不确定型决策。

确定型决策是指自然状态比较清楚时的决策。决策者对决策问题的条件、性质、后果都有充分了解，每个备选方案的结果都只有一个。这类决策的关键在于选择肯定状态下的最佳方案。

风险型决策是在可供选择的方案中，存在两种或两种以上的自然状态，状态的发生是不确定的，但每种状态发生的概率是可估计的。

不确定型决策是在可供选择的方案中，存在两种或两种以上的自然状态，状态发生的概率无法预先估计。

3. 程序化决策和非程序化决策

按重复程度分类，分为程序化决策和非程序化决策。

程序化决策，又称常规决策，是指对常规的、反复发生的问题的决策。一般可用规范化、标准化的操作程序来简化决策工作。例如，公司产品质量不合格该怎么处理就属程序化决策。一般说来，大约80%的决策属于程序化决策。

非程序化决策，又称非常规决策，是指偶然发生、首次出现、较为重要或非重复性的决策。这类决策大都由高级管理者做出。更多地依赖于决策者个人的知识、经验、判断力和创造力等。例如，公司开辟新的销售市场、选择新的促销方式等属于非程序化决策。

4. 集体决策与个人决策

按照决策的主体分类，可分为集体决策与个人决策。

集体决策是指多个人构成的集体做出的决策。集体决策的好处在于集思广益，防止个人专断，提高决策的科学性，少出或不出纰漏。但集体决策也具有决策过程较复杂、耗费时间、责任不明确等缺点，因此有时会因意见不一致而久议不决，导致贻误时机。集体决策适用于制定长远规划、全局性的决策。

个人决策则是指单个人做出的决策。个人决策的好处在于决策迅速、灵活机动、统一指挥，提高工作效率。个人决策不足之处在于过分依赖于决策者的个人素质，同时如果缺乏必要的制度，容易导致专断。个人决策适用于常规事务及紧迫性问题的决策。

5. 经验决策和科学决策

按决策所采用的方式和方法，可分为经验决策和科学决策。

经验决策是决策者依靠个人的经验和对未来的直觉进行决策。在这种决策中，决策者的主观判断与个人价值观起重大作用，因此，所做出的决策感性成分较多，而理性成分较少。这种决策是历史的产物，并随着历史的发展和人类的进步而逐渐完善，对科学决策有着重要的借鉴作用。

科学决策是决策者在现代科学理论和知识的指导下，采用现代科学技术手段按照科学程序所做出的决策。科学决策有一套严密程序：首先，进行大量的调查、分析和预测；其次，确定各种备选方案，并从可行性、满意性和可能后果等多方面分析、权衡各备选方案；最后，进行方案选择、方案实施，并收集反馈信息。在现代社会，随着环境变化速度的加快，涉及的问题越来越复杂，经验决策往往导致失误，因此，科学决策越来越受到人们的重视。但是在许多时候，由于无法获得充分的信息，经验决策仍起着重要作用。

6. 定性决策与定量决策

按决策的目标、变量是否可以用数量来表示，可分为定性决策与定量决策。

定性决策是指决策目标和决策变量等不能用数量来表示的决策。这类决策一般难以用数学方法来测算，而主要依靠决策者的经验判断。

定量决策是指决策目标和决策变量等可以用数量来表示的决策。如公司管理中有关提高产量、降低成本等决策就属于定量决策。

9.2 确定型决策

确定型决策是自然状态确定时的决策。

9.2.1 净现值法

确定型决策常使用的指标分为贴现指标和非贴现指标。贴现指标是指考虑了时间价值因素的指标，主要包括净现值、现值指数、内含报酬率等。非贴现指标是指没有考虑时间价值因素的指标，主要包括回收期、会计收益期等。相应地将投资决策方法分为贴现的方法和非贴现的方法。

非贴现现金流量方法忽视了资金的时间价值，而且难以提供科学的决策标准，在20世纪60年代以后被贴现现金流量方法所取代。同时，非贴现现金流量方法中，净现值法被论证为最适用的投资决策方法。

净现值（NPV）是指特定方案未来现金流入的现值与未来现金流出的现值之间的差额。NPV 的计算公式为

$$\mathrm{NPV} = \sum_{t=1}^{n} \frac{I_t}{(1+K)^t} - \sum_{t=1}^{n} \frac{O_t}{(1+K)^t} \qquad (9-1)$$

式中，n 为投资涉及的年限；I_t 为第 t 年的现金流入量；O_t 为第 t 年的现金流出量；K 为预定的贴现率。

对一组相互独立、互不排斥的方案而言，若净现值为正数，说明贴现后现金流入大于贴现后现金流出，该投资项目的报酬率大于预定的贴现率，投资是可行的；若净现值为负数，说明贴现后现金流入小于贴现后现金流出，该投资项目的报酬率小于预定的贴现率，投资是不可行的。而对相互关联、互相排斥的互斥型方案来说，则须对两个或两个以上互相排斥的待选方案的 NPV 进行排序，选择 NPV 较大的方案。

实例 9-1 假设投资者现有 200 万元，欲在北京郊区投资一套房子，购买后先出租，20 年后再卖出。假定按照目前该地区房租租金大约是 5 万元一年，同时假定 20 年后出售房子时，考虑折旧和通胀因素等，仍能按 300 万元卖出去。市场无风险收益是 5%。投资房产的预期现金流量见表 9-1。试分析该投资者这项投资是否可行。

解 首先，根据表 9-1 计算项目的预期净现值。

表 9-1 投资房产的预期现金流量　　　　　　　　　　　　　　　　单位：元

项目	NCF_0	NCF_1	NCF_2	...	NCF_{19}	NCF_{20}
房产	-200	5	5	...	5	305

$$NPV(A) = \sum_{t=0}^{20} NCF_t (1+K)^{-t} = -24.62(万元)$$

由于预期 NPV 值小于 0，因此投资者投资此房产是不值得的。

说明：

利用 Python 中 numpy_financial 模块提供的 npv() 函数可以计算 NPV 值。格式为：

```
import numpy_financial as npf
npf.npv(rate,cash_list)
```

其中，rate 为预期收益率，cash_list 为现金流列表。

对实例 9-1 而言，计算如下：

```
T=20          #总期限
NCF0=-200.0   #初始净现金流
NCF=5         #每年净现金流
NCF1=305      #最后1年净现金流
rate=0.05     #预期收益率
cash_list=[NCF0]+[NCF]*(T-1)+[NCF1]
npv=npf.npv(rate,cash_list)
print("NPV=",npv)
```

实例 9-2 某公司需要在项目 A 和项目 B 之间进行决策。财务部门通过有关资料分析得到项目 A 和项目 B 投产后各年的现金流量，见表 9-2。假定预定的贴现率为 12%，试分析公司应选择哪个项目。

表 9-2 项目 A 和项目 B 的预期现金流量　　　　　　　　　　　　　单位：元

项目	NCF_0	NCF_1	NCF_2	NCF_3	NCF_4
A	-27 000	10 000	10 000	10 000	10 000
B	-56 000	20 000	20 000	20 000	20 000

解 首先，根据表 9-2 计算项目的预期净现值。

$$NPV(A) = \sum_{t=0}^{4} NCF_t (1+K)^{-t} = npf.npv(0.12,[-27000,10000,10000,10000,10000])$$
$$= 3\ 373(元)$$

$$\text{NPV(B)} = \sum_{t=0}^{4} \text{NCF}_t(1+K)^{-t} = \text{npf.npv}(0.12, [-56000, 20000, 20000, 20000, 20000])$$
$$= 4\ 746(元)$$

由于项目 B 的预期净现值比项目 A 大,因此根据净现值法,公司应选择项目 B。

9.2.2 盈亏平衡分析法

盈亏平衡分析法就是通过分析成本、销量、利润三者之间的关系,掌握盈亏变化的规律,指导企业选择能够以最小的成本生产出最多的产品,并使企业获得最大利润。

1. 利润模型

成本、销量、利润三者之间的关系可以用利润模型来表示。利润模型是盈亏平衡分析法中最重要的模型,实践中应用的许多模型都是由此模型推导出来的。利润模型有两个,即用销售量表示的利润模型和用销售收入表示的利润模型。

(1) 用销售量表示的利润模型。

$$\begin{aligned}
利润\ M &= 销售收入\ S - 总成本\ TC \\
&= 销售收入\ S - 变动成本\ VC - 固定成本\ FC \\
&= 边际贡献\ CM - 固定成本\ FC \\
&= (单价\ P - 单位变动成本\ V) \times 销售量\ Q - 固定成本\ FC \\
&= 单位边际贡献\ CM \times 销售量\ Q - 固定成本\ FC \quad (9-2)
\end{aligned}$$

(2) 用销售收入表示的利润模型。

$$\begin{aligned}
利润\ M &= 边际贡献\ CM - 固定成本\ FC \\
&= 边际贡献率\ RCM \times 销售收入\ S - 固定成本\ FC \\
&= (1 - 变动成本率\ RV) \times 销售收入\ S - 固定成本\ FC \quad (9-3)
\end{aligned}$$

2. 盈亏平衡图

将成本、销量、利润的关系反映在直角坐标系中,即成为盈亏平衡图,该图能清晰地显示企业不盈利也不亏损时应达到的产销量。用图示表达本、量、利的相互关系,不仅形象直观、一目了然,而且容易理解。图 9-1 就是一个盈亏平衡图。

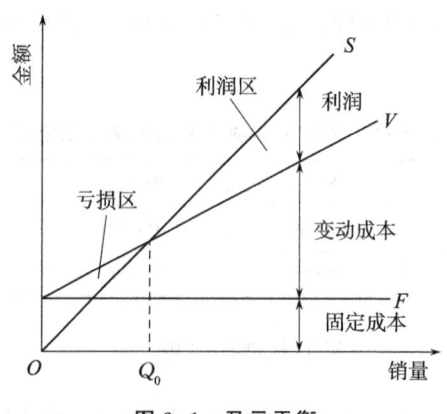

图 9-1 盈亏平衡

图 9-1 中，Q_0 点为盈亏平衡点，当销量大于 Q_0 时，利润为正值；当销量小于 Q_0 时，利润为负值。

实例 9-3 假定 A 汽车制造公司过去制造汽车所需用的活塞一直依靠外购，购入单价为 500 元。现该厂一车间有不能够移作他用的剩余生产能力可以自制活塞。经会计部门同生产技术部门进行估算，自制活塞的单位成本 550 元。另外，如果自制每年还需增加专属固定成本 10 000 元。要求：根据上述资料为该公司确定活塞的需求量在什么情况下采用自制方案为宜，在什么情况下采用外购方案为宜。

解 由于在自制方案中每个活塞分担的专属固定成本随产量的变化呈反比例变动，很显然，当产量超过一定限度时，自制方案较为有利；如低于这个限度，则以外购为宜。因此，这项决策的关键因素就是首先通过盈亏平衡分析法确定"成本分界点"。另外，自制方案是在一车间有剩余生产能力的情况下进行的，固定成本费用属于无关成本，不予考虑。

设业务量为 X，成本分界点业务量为 X_0，外购方案预期成本为 Y_1，单价为 P_1，自制方案预期成本为 Y_2，单位变动成本为 P_2，专属固定成本为 F_2，则

$$Y_1 = P_1 X \tag{9-4}$$

$$Y_2 = F_2 + P_2 X \tag{9-5}$$

当 $Y_1 = Y_2$ 时，$X = X_0 = \dfrac{F_2}{P_1 - P_2}$。

$$P_1 = 500 \text{ 元}$$
$$P_2 = 550 \text{ 元}$$
$$F_2 = 10\ 000 \text{ 元}$$
$$X_0 = \dfrac{F_2}{P_1 - P_2} = \dfrac{10000}{550 - 500} \text{ 个} = 200 \text{ 个}$$

从计算结果可知，当活塞全年的需要量大于 200 个时，宜采用自制方案；当活塞全年的需要量小于 200 个时，宜采用外购方案。

9.2.3 线性规划法

线性规划是一种求解在线性约束条件下追求最大或最小的线性目标函数的方法。其一般模型如下。

目标函数：$\max(\min) z = c_1 x_1 + c_2 x_2 + \cdots + c_n x_n$
约束条件：

$$a_{11} x_1 + a_{12} x_2 + \cdots + a_{1n} x_n <(=, >) b_1$$
$$a_{21} x_1 + a_{22} x_2 + \cdots + a_{2n} x_n <(=, >) b_2$$
$$\cdots\cdots$$
$$a_{m1} x_1 + a_{m2} x_2 + \cdots + a_{mn} x_n <(=, >) b_m$$
$$x_1, x_2, \cdots, x_n \geq 0$$

对线性规划问题可以使用图解法求解，也可以利用单纯形法求解。Excel 软件提供了求解线性规划问题的模块。对不熟悉图解法或单纯形法的读者，可以参看任何一本运筹学

教材。以下举例仅说明如何使用 Excel 软件求解线性规划问题。

实例 9-4 假定 B 公司今年三季度拟生产甲、乙两种产品,其售价及约束条件的资料详见表 9-3。要求:根据上述资料为该公司做出应如何安排甲、乙两种产品,才能获得最大的边际贡献总额的决策分析。

表 9-3 售价及约束条件的资料

产品名称	销价及成本资料			约束条件		
	销售价格/元	单位变动成本/元	固定成本/元	原材料消耗定额/(千克/件)	电力料消耗定额/(千瓦/件)	市场最大销售量/件
甲	85	55	9 800	3	6	无限制
乙	90	65	—	4	4	500
最高用量	—	—	—	2 400	3 600	—

解 分析:本实例实质上是一个线性规划问题。设该公司今年三季度共生产甲产品 X_1 件,乙产品 X_2 件,两产品的边际贡献总额为 S。

目标函数为

$$S = 30X_1 + 25X_2$$

约束条件为

$$3X_1 + 4X_2 \leq 2\ 400 \quad (\text{供应材料约束条件})$$
$$6X_1 + 4X_2 \leq 3\ 600 \quad (\text{电力供应约束条件})$$
$$X_2 \leq 500 \quad (\text{产品销售约束条件})$$

以下说明如何利用 Python 中的 optimize.linprog() 函数进行求解。

线性规划求解主要弄清楚两个部分,目标函数(max,min)和约束条件(s.t.),求解时一般要化成如下标准化形式:

$$\min \boldsymbol{c}^{\mathrm{T}}\boldsymbol{x}$$
$$\text{s. t.} \begin{cases} \boldsymbol{Ax} \leq \boldsymbol{b} \\ \boldsymbol{Aeq} \times \boldsymbol{x} = \boldsymbol{beq} \\ \boldsymbol{LU} \leq \boldsymbol{x} \leq \boldsymbol{UB} \end{cases} \qquad (9-6)$$

optimize.linprog() 函数的格式为:
res = optimize.linprog(c,A,b,Aeq,beq,bounds)
bounds 参数确定变量的上下界。

因此,只要确定了相应值,就可调用该函数求解。

本实例求解程序如下:

```
c=np.array([30,25])
A=np.array([[3,4],[6,4]])
b=np.array([2400,3600])
bounds=((0,None),(0,500))
#求解
```

```
res=optimize.linprog(-c,A,b,bounds=bounds)
print('res =',res)
print('res.fun =',-res.fun)
print('res.x =',res.x)
```

运行后输出结果为：

```
res.fun=19500
res.x=[400 300]
```

生产甲产品 400 件，乙产品 300 件，两产品的边际贡献总额为 19 500 元。

9.3 不确定型决策

不确定型决策方法是指决策者无法确定未来各种自然状态发生的概率的决策。不确定型决策的主要方法有等可能性法、保守法、冒险法、乐观系数法和最小最大后悔值法。

设某一决策问题有 m 个行动方案 $a_1,a_2,\cdots,a_m$，n 个自然状态 $\theta_1,\theta_2,\cdots,\theta_n$，在自然状态 θ_j 下采取行动 a_i 的损益值 $L(a_i,\theta_j)$，简记为 L_{ij}。损益表见表 9-4。

表 9-4 损益表

状态方案	θ_1	θ_2	$\cdots$	θ_n
a_1	L_{11}	L_{12}	$\cdots$	L_{1n}
a_2	L_{21}	L_{22}	$\cdots$	L_{2n}
$\vdots$	$\vdots$	$\vdots$	$\cdots$	$\vdots$
a_m	L_{m1}	L_{m2}	$\cdots$	L_{mn}

9.3.1 等可能性法

等可能性法，也称拉普拉斯决策准则。其基本原理是假定自然状态中任何一种状态发生的可能性都是相同的，通过比较每个方案的损益平均值来进行方案的选择。在利润最大化目标下，选取平均利润最大的方案；在成本最小化目标下，选择平均成本最小的方案。在不做特别说明的情况下，本章约定决策目标为利润最大化。

记 $E(L_i)$ 为第 i 个行动方案的平均利润。

$$E(L_i)=\frac{1}{n}\sum_{j=1}^{n}L_{ij},\ i=1,\ 2,\ \cdots,\ m \quad (9-7)$$

决策规则为：$k=\max_{1\leqslant i\leqslant m}\{E(L_i)\}$。

实例 9-5 某汽车公司需要对生产的轿车品牌进行决策。现有三种备选品牌，分别为

M_1, M_2 和 M_3，销售单价分别为 30 万元、20 万元和 10 万元。未来市场对三种品牌轿车的需求有三种可能的自然状况：需求量高 N_1，需求量中 N_2 和需求量低 N_3。详见表 9-5。

表 9-5 有关数据

品牌	价格/万元	需求量/万辆		
		N_1	N_2	N_3
M_1	30	110	60	10
M_2	20	160	100	25
M_3	10	240	160	60

解 基于表 9-7 中数据得到的损益表见表 9-6。

表 9-6 损益表

品牌	需求量/万辆		
	N_1	N_2	N_3
M_1	3 300	1 800	300
M_2	3 200	2 000	500
M_3	2 400	1 600	600

生成品牌 M_i 的平均利润为

$$E(M_i) = \frac{1}{n} \sum_{j=1}^{3} N_j P_i, \quad i = 1, 2, \cdots, m \tag{9-8}$$

$$E(M_1) = 30 \times \frac{(110 + 60 + 10)}{3} \text{亿元} = 1\ 800 \text{ 亿元}$$

$$E(M_2) = 20 \times \frac{(160 + 100 + 25)}{3} \text{亿元} = 1\ 900 \text{ 亿元}$$

$$E(M_3) = 10 \times \frac{(240 + 160 + 50)}{3} \text{亿元} = 1\ 533 \text{ 亿元}$$

由此可见，按照等可能性法，公司应选择生产品牌 M_2。

9.3.2 保守法

保守法，也称瓦尔德决策准则或小中取大准则。其基本原理是决策者不知道各种自然状态下任意一种发生的概率，为了避免最坏的结果，力求风险最小，首先确定每一可选方案在不同自然状态下的最小收益值，然后从这些最小收益值中，选出一个最大值，与该最大值相对应的方案就是决策所选择的方案。

下面仍以实例 9-5 说明。

生产品牌 M_i 的最小利润：$\min(L_i) = \min_{1 \leqslant j \leqslant 3} \{L_{ij}\}$

$$\min(L_1) = \min\{3\,300, 1\,800, 300\} = 300 \text{ 亿元}$$
$$\min(L_2) = \min\{3\,200, 2\,000, 500\} = 500 \text{ 亿元}$$
$$\min(L_3) = \min\{2\,400, 1\,600, 600\} = 600 \text{ 亿元}$$

由此可见，按照保守法，公司应选择生产品牌 M_3。

9.3.3 冒险法

冒险法，也称赫威斯决策准则或大中取大的准则。其基本原理是决策者不知道各种自然状态下任意一种可能发生的概率，为了获取最大利润，力求收益最大化，首先确定每一可选方案在不同自然状态下的最大利润值，然后在这些最大利润中选出一个最大值，与该最大值相对应的可选方案便是决策选择的方案。由于根据这种准则决策也能有最大亏损的结果，因而称之为冒险投机的准则。

以实例 9-5 说明。

生成品牌 M_i 的最大利润为

$$\max(L_i) = \max_{1 \leq j \leq 3}\{L_{ij}\}$$
$$\max(L_1) = \max\{3\,300, 1\,800, 300\} = 3\,300 \text{ 亿元}$$
$$\max(L_2) = \max\{3\,200, 2\,000, 500\} = 3\,200 \text{ 亿元}$$
$$\max(L_3) = \max\{2\,400, 1\,600, 600\} = 2\,400 \text{ 亿元}$$

由此可见，按照冒险法，公司应选择生产品牌 M_1。

9.3.4 乐观系数法

乐观系数法，是对保守法和冒险法的折中，故也称折中决策法。其基本原理是，首先，决策者根据以往经验确定一个乐观系数 $\alpha(0<\alpha<1)$，然后，利用乐观系数计算出各方案的乐观期望值，并选择期望值最大的方案。

第 i 个方案的乐观期望值 CV_i 的计算公式为

$$\text{CV}_i = \alpha\max(L_i) + (1-\alpha)\min(L_i) \tag{9-9}$$

以实例 9-5 说明。

$$\alpha = 0.75$$
$$\text{CV}_1 = 0.75 \times 3\,300 + 0.25 \times 300 \text{ 亿元} = 2\,550 \text{ 亿元}$$
$$\text{CV}_2 = 0.75 \times 3\,200 + 0.25 \times 500 \text{ 亿元} = 2\,525 \text{ 亿元}$$
$$\text{CV}_3 = 0.75 \times 2\,400 + 0.25 \times 600 \text{ 亿元} = 1\,950 \text{ 亿元}$$

由此可见，按照乐观系数法，公司应选择生产品牌 M_1。

9.3.5 最小最大后悔值法

最小最大后悔值法，也称沙万奇准则。其基本原理是决策者不知道各种自然状态下任意一种发生的概率，为了确保避免较大的机会损失，首先将损益表转变为机会损失表，然后确定每一可选方案的最大机会损失；其次，在这些方案的最大机会损失中，选出一个最小值，与该最小值对应的可选方案便是决策选择的方案。

将损益表转变为机会损失表的规则是

$$\mathrm{SV}_{ij} = \max_{1 \leq i \leq m} \{L_{ij}\} - L_{ij} \tag{9-10}$$

式中，SV_{ij} 为在自然状态 θ_j 下采取行动 a_i 的后悔值；L_{ij} 为在自然状态 θ_j 下采取行动 a_i 的损益值；m 为方案数。

以实例 9-5 说明。

从损益表（见表 9-6）得到后悔值表，详见表 9-7。

表 9-7 后悔值表

品牌	需求量/万辆		
	N_1	N_2	N_3
M_1	0	200	300
M_2	100	0	100
M_3	900	400	0

生产品牌 M_1，M_2 和 M_3 的最大后悔值分别为 300，100 和 900。由此可见，按照最小最大后悔值法，公司应选择生产品牌 M_2。

9.4 风险型决策

风险型决策是决策无法确定自然状态的发生，但每种自然状态发生的概率是可估计的决策。主要方法有决策矩阵法、决策树法和贝叶斯决策法。

9.4.1 决策矩阵法

风险决策问题可以用决策矩阵表来描述，一般形式详见表 9-8。

表 9-8 决策矩阵

状态方案	θ_1	θ_2	...	θ_n
	p_1	p_2	...	p_n
a_1	L_{11}	L_{12}	...	L_{1n}
a_2	L_{21}	L_{22}	...	L_{2n}
⋮	⋮	⋮	...	⋮
a_m	L_{m1}	L_{m2}	...	L_{mn}

在表 9-8 中，$a_1, a_2, \cdots, a_m$ 分别表示决策者可能采取的 m 个行动方案，它们彼此相互

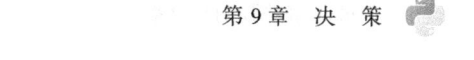

独立又能相互代替，所有行动方案构成的集合 $A = \{a_1, a_2, \cdots, a_m\}$ 称为决策空间。$\theta_1, \theta_2, \cdots, \theta_n$ 分别表示各个行动方案可能遇到的客观条件，即自然状态。所有可能出现的自然状态集合 $S = \{\theta_1, \theta_2, \cdots, \theta_n\}$ 称为状态空间。对风险决策问题，假定它们是随机变量，其发生的频率分别用 $p_1, p_2, \cdots, p_n$ 表示。由于发生这类事件的可能性是相互排斥又相互独立的事件，故有 $p_1 + p_2 + \cdots + p_n = 1$。$L_{ij}$ 是在自然状态 θ_j 下采取行动 a_i 的损益值 $L(a_i, \theta_j)$。

记 $E(L_i)$ 为第 i 行动方案的期望收益。

$$E(L_i) = \sum_{j=1}^{n} p_j L_{ij}, \quad i = 1, 2, \cdots, m \tag{9-11}$$

决策规则为：$k = \max_{1 \leq i \leq m} \{E(L_i)\}$

实例 9-6 某公司经过市场调查和预测得知，公司的某新产品在今后 5 年中在市场上的销售为畅销、一般、滞销的概率分别为 0.3、0.5 和 0.2。为使该新产品投产，该公司有两种可供选择的行动方案：第一种方案是投资 16 万元新建一车间，按这种方案，畅销、一般和滞销三种情况下的利润情况分别为获利 50 万元、25 万元和亏损 5 万元；第二种方案是投资 3 万元扩建原有车间，在这种方案下，畅销、一般和滞销三种情况下的利润情况分别为获利 35 万元、20 万元和 5 万元。则该公司应确定哪一种行动方案较为合适？

解 基于给出的信息，得到决策矩阵，详见表 9-9。

表 9-9 决策矩阵　　　　　　　　　　　　　　　　　　　　　　单位：万元

市场状态方案	畅销	一般	滞销
	$p = 0.3$	$p = 0.5$	$p = 0.2$
新建一车间	50	25	-5
扩建原有车间	35	20	5

因此，新建一车间的期望利润 $E(L_1)$ 为

$$E(L_1) = 0.3 \times 50 + 0.5 \times 25 + 0.2 \times (-5) = 26.5$$

扩建原有车间的期望利润 $E(L_2)$ 为

$$E(L_2) = 0.3 \times 35 + 0.5 \times 20 + 0.2 \times 5 = 21.5$$

计算表明，新建车间的期望利润比较大，因此公司选择新建车间方案比较合适。

9.4.2 决策树法

决策树就是用树枝分权形态表示各种方案的期望值，剪掉期望值小的方案枝，剩下的最后的方案即是最佳方案。决策树由决策节点、方案分枝、方案节点、概率分枝、结果点等要素组成。决策树的结构如图 9-2 所示。

图 9-2 中的 "□" 代表决策节点，从它引出的分枝叫方案分枝。每条分枝代表一个方案，分枝数就是可能的方案数。"○" 代表方案节点，从它引出概率分枝，每条概率分枝上标明了自然状态及其发生的概率。概率分枝数反映了该方案面对的可能的状态数。末端的 "△" 叫结果点，注有各方案在相应状态下的结果值。

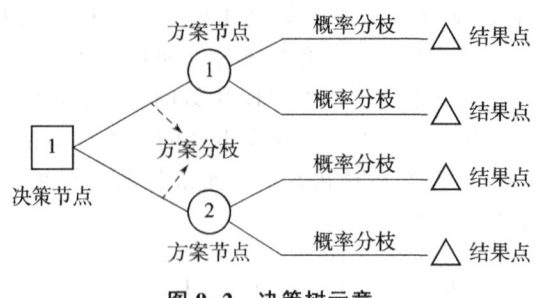

图 9-2 决策树示意

应用决策树来作决策时，一般包括以下几个过程。

（1）绘制决策树。将给定的具体问题由决策点逐渐展开为方案分枝、状态节点、概率分枝、结果点等。绘制决策树时，应从左到右逐步进行。

（2）计算期望值。期望值的计算是从右向左逐步进行的，即根据右端的损益值和概率分枝的概率，计算出期望值的大小，确定方案的期望结果。

（3）修枝方案。基于不同方案的期望结果，从右到左，依次将期望值较小的方案舍弃，并用符号"≠"标示，此过程可形象地称为修枝，最后的决策点留下一条树枝，即为最优方案。

所要的决策问题只需进行一次决策就可解决，叫作单阶段决策问题。如果问题比较复杂，需要进行一系列的决策才能解决，就叫作多阶段决策问题。多阶段决策问题采用决策树决策方法比较直观和容易。

实例 9-7 某汽车公司为了生产一种新的轿车产品，需要近期上马一条生产线，有三个备选方案：改造现有生产线、引进国外生产线、协作建造生产线。市场预测部门通过调研分析得出，未来市场对三种品牌轿车的需求有 3 种可能：需求高、需求中和需求低，其发生的概率分别是 0.30、0.45 和 0.25，各种市场需求状况下每一个方案的收益值详见表 9-10。试问该企业究竟应该选择哪一种方案？

表 9-10 不同市场需求状况下的收益值　　　　　　　　　　单位：百万元

市场状态方案	需求高 $H=0.30$	需求中 $M=0.45$	需求低 $L=0.25$
改造现有生产线 A_1	210	95	25
引进国外生产线 A_2	240	120	55
协作建造生产线 A_3	200	105	80

解 首先，绘制决策树，如图 9-3 所示。

其次，计算期望值。

$$E(A_1) = 0.3 \times 210 + 0.45 \times 95 + 0.25 \times 25 = 112$$
$$E(A_2) = 0.3 \times 240 + 0.45 \times 120 + 0.25 \times 55 = 139.75$$
$$E(A_3) = 0.3 \times 200 + 0.45 \times 105 + 0.25 \times 80 = 127.25$$

最后，修枝方案。

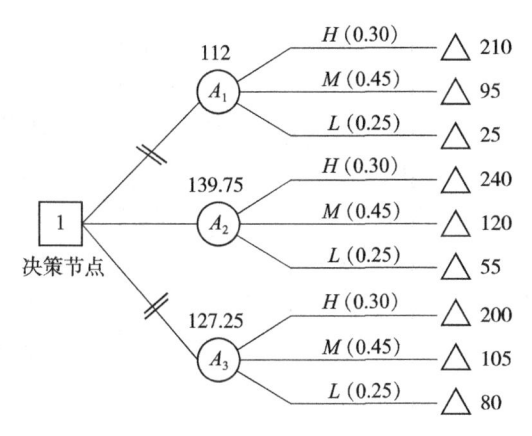

```
                              H (0.30)
                    112      ────────── △ 210
                   ⊙ A₁ ───── M (0.45)  △ 95
                              L (0.25)  △ 25
              ∦
                              H (0.30)  △ 240
                   139.75
          ┌──── ⊙ A₂ ───── M (0.45)  △ 120
        ┌─┴─┐                L (0.25)  △ 55
        │ 1 │
        └───┘
        决策节点   ∦
                   127.25     H (0.30)  △ 200
                   ⊙ A₃ ───── M (0.45)  △ 105
                              L (0.25)  △ 80
```

图 9-3 决策树

由于 $E(A_2) > E(A_3) > E(A_1)$，因此，方案 A_1 和 A_3 对应的分枝应修剪掉，即标上"≠"，最后剩下方案 A_2 对应的分枝，因此公司应选择方案 A_2，即引进国外生产线。

实例 9-8 某公司由于生产技术较落后，产品成本高，在需求处于中等水平时无利可图，在需求处于低水平时就要亏损，只有在需求处于高水平时才能盈利。据市场预测，该公司产品今后需求低、需求中、需求高的概率分别是 20%、50%、30%。鉴于这种情况，公司管理者有意采取新技术代替原来旧技术以改进其生产技术。新技术的取得途径有两种：一是自行研制，研制成功的概率是 70%；二是购买新技术，估计购买成功的概率是 85%。如果自行研制成功或者购买成功，生产规模都将考虑两种方案：一是产量不变；二是增加产量。如果自行研制或购买都失败，则仍采用原技术进行生产，并保持原生产规模不变。

表 9-11 给出了各方案在不同价格状态下的收益值。试问，对于这一问题，该公司应该如何决策？

表 9-11 收益值   单位：万元

需求状态	按原工艺生产	改进工艺成功			
		购买新技术成功(0.85)		自行研制成功(0.7)	
		产量不变	增加产量	产量不变	增加产量
需求低(0.2)	-80	-180	-270	-180	-270
需求中(0.5)	0	60	60	0	-80
需求高(0.3)	100	150	280	220	500

解 （1）根据给出的信息绘制决策树，如图 9-4 所示。

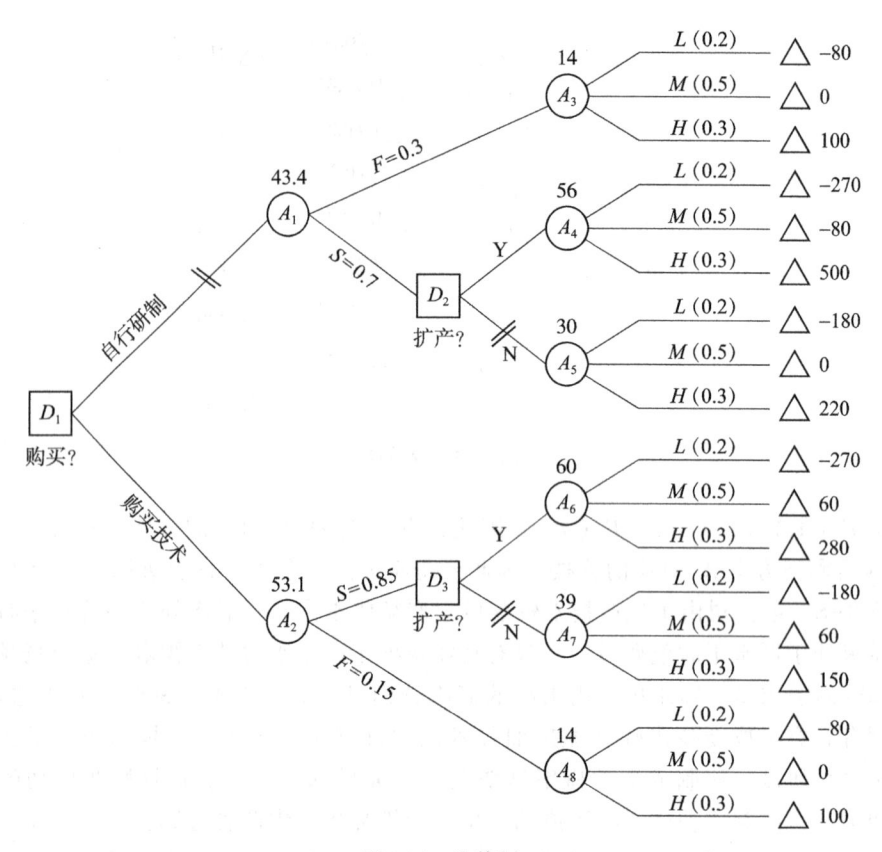

图 9-4 决策树

(2) 计算期望效益值,并进行修枝:

方案节点 A_4 和 A_5 的期望效益值分别为:

$$E(A_4) = (-270) \times 0.2 + (-80) \times 0.5 + 500 \times 0.3 = 56(万元)$$

$$E(A_5) = (-180) \times 0.2 + 0 \times 0.5 + 22 \times 0.3 = 30(万元)$$

因为 $E(A_4) > E(A_5)$,所以指向 A_5 的分枝被修剪掉。

方案节点 A_6 和 A_7 的期望效益值分别为:

$$E(A_6) = (-270) \times 0.2 + 60 \times 0.5 + 260 \times 0.3 = 60(万元)$$

$$E(A_7) = (-180) \times 0.2 + 60 \times 0.5 + 150 \times 0.3 = 39(万元)$$

因为 $E(A_6) > E(A_7)$,所以指向 A_7 的分枝被修剪掉。

方案节点 A_3 和 A_8 的期望效益值均为:

$$E(A_3) = E(A_8) = (-80) \times 0.2 + 0 \times 0.5 + 100 \times 0.3 = 14(万元)$$

方案节点 A_1 和 A_2 的期望效益值分别为:

$$E(A_1) = 56 \times 0.7 + 14 \times 0.3 = 43.4(万元)$$

$$E(A_2) = 60 \times 0.85 + 14 \times 0.15 = 53.1(万元)$$

因为 $E(A_2) > E(A_1)$,所以指向 A_1 的分枝被修剪掉。

综合以上期望效益值计算与修枝过程可以得出,该问题的决策方案应该是首先采用购买新技术的方案进行技术改造,当新技术改造成功后,再采用增加产量的方案进行生产。

9.4.3 贝叶斯决策法

在风险决策问题中,由于自然状态的发生概率大多是根据过去的资料和经验估计的,因此有一个准确性及可靠性问题,即为了改进决策制定过程,有没有必要再作调查或试验,进一步确认各种自然状态的发生概率,从而做出决策。运用概率论中的贝叶斯定理能方便地解决这类问题,这就是贝叶斯决策法。

先验概率:根据过去经验或主观判断而形成的对各自然状态的发生概率的测算值。由此得到的概率分布为先验分布。

后验概率:通过市场调查或试验等措施补充新信息后对各自然状态的发生概率的改进值。由此得到的概率分布为后验分布。

贝叶斯公式给出了先验概率和后验概率之间的关系。

贝叶斯公式:$\theta = \{\theta_1, \theta_2, \cdots, \theta_n\}$,状态 θ_i 的先验概率 $p(\theta_i)$,获得信息 H 后所确定的后验概率为 $p(\theta_i | H)$,则贝叶斯公式为

$$p(\theta_i | H) = \frac{p(H | \theta_i) p(\theta_i)}{p(H)} \quad (9-12)$$

$$p(H) = \sum_{j=1}^{n} p(H | \theta_j) p(\theta_j) \quad (9-13)$$

贝叶斯决策法的基本步骤包括:

(1) 验前分析。这个步骤是根据历史数据以及决策者的经验和判断,估计和测算出自然状态的先验分布,然后计算各个可行方案在不同自然状态下的结果值,利用这些信息,按照一定的决策准则,对各个方案进行评价,得出最优方案。

(2) 预验分析。这个步骤是权衡补充信息 H 的成本与新信息可能给企业带来的效益,若效益大于成本,则表明补充信息会给企业增加效益,因此补充是必要的;反之则是不必要的。

(3) 验后分析。这个步骤是在补充信息的基础上,利用贝叶斯公式来改进先验分布,得到更加符合实际的后验分布,然后利用后验分析进行决策分析,最后选择最优方案。

以下举例说明。

实例 9-9 某公司考虑生产一种新型产品。未来市场对该产品的需求有三种可能的自然状况:需求高 D_1、需求中 D_2 和需求低 D_3。根据历史资料和决策者经验得到,需求高 D_1、需求中 D_2 和需求低 D_3 的先验概率分别是 0.2、0.5 和 0.3。公司市场部对市场进行预测,得到不同市场需求下的收益,详见表 9-12。

表 9-12 不同市场需求下的收益

需求	先验概率	收益值/万元	需求	先验概率	收益值/万元
需求高 D_1	0.20	15	需求低 D_3	0.30	-6
需求中 D_2	0.50	3	—	—	—

此外，为了做出正确决策，该公司通过试销法进行市场调查，调研费用为 0.5 万元，得到在市场状态下销售状况为好 S_1、中 S_2 和差 S_3 的条件概率，详见表 9-13。

表 9-13 有关数据

市场状态调研方案	需求高 D_1	需求中 D_2	需求低 D_3	市场状态调研方案	需求高 D_1	需求中 D_2	需求低 D_3
销售好 S_1	0.6	0.2	0.05	销售差 S_3	0.1	0.15	0.7
销售中 S_2	0.3	0.65	0.25	—	—	—	—

试分析该公司应如何决策。

解 （1）先验分析。

先验概率为 0.20、0.50 和 0.30。

公司期望收益值为

$$EV = 15 \times 0.2 + 3 \times 0.5 + (-6) \times 0.3 = 2.7(万元)$$

（2）预验分析。

首先，由全概率公式计算各需求状态调查结果的概率。

$$p(S_i) = \sum p(D_j) p(S_i \mid D_j)$$

$p(S_1) = 0.20 \times 0.60 + 0.50 \times 0.20 + 0.30 \times 0.05 = 0.235$

$p(S_2) = 0.20 \times 0.30 + 0.50 \times 0.65 + 0.30 \times 0.25 = 0.46$

$p(S_3) = 0.20 \times 0.10 + 0.50 \times 0.15 + 0.30 \times 0.75 = 0.305$

其次，由贝叶斯公式计算后验概率。

$$p(D_i \mid S_j) = \frac{p(S_j \mid D_i) p(D_i)}{p(S_j)}$$

$$p(D_1 \mid S_1) = \frac{p(S_1 \mid D_1) p(D_1)}{p(S_1)} = \frac{0.6 \times 0.2}{0.235} = 0.5106$$

依此类推，求得其他各值，结果详见表 9-14。

表 9-14 后验概率分布

	$p(D_1 \mid S_i)$	$p(D_2 \mid S_i)$	$p(D_3 \mid S_i)$
销售好 S_1	0.510 6	0.425 5	0.063 8
销售中 S_2	0.130 4	0.706 5	0.163 0
销售差 S_3	0.065 6	0.245 9	0.688 5

再次，计算市场调查条件下的期望收益值。

$EV(S_1) = 15 \times 0.510\ 6 + 3 \times 0.425\ 5 + (-6) \times 0.063\ 8 = 8.553\ 2(万元)$

$EV(S_2) = 15 \times 0.130\ 4 + 3 \times 0.706\ 5 + (-6) \times 0.163\ 0 = 3.097\ 8(万元)$

$EV(S_3) = 15 \times 0.065\ 6 + 3 \times 0.245\ 9 + (-6) \times 0.688\ 5 = -2.409\ 8(万元)$

即当市场调查结论为销售好时，生产新产品的期望收益值是 8.553 2 万元；结论为"中"时，期望收益值是 3.097 8 万元；结论为"差"时，期望收益值是-2.409 8 万元，由于收益值小于零，因此此时不可能投产。这样，在市场调查条件下生产该新产品的期望收益值为：

$$\mathrm{EV}(S) = 8.5532 \times 0.235 + 3.0978 \times 0.46 + 0 \times 0.305 = 3.4350(万元)$$

因此市场调查可使期望收益值增加 0.735 万元（3.4350-2.7），高于市场调查费用 0.5 万元，由此说明市场调查是有必要的。决策树如图 9-5 所示。

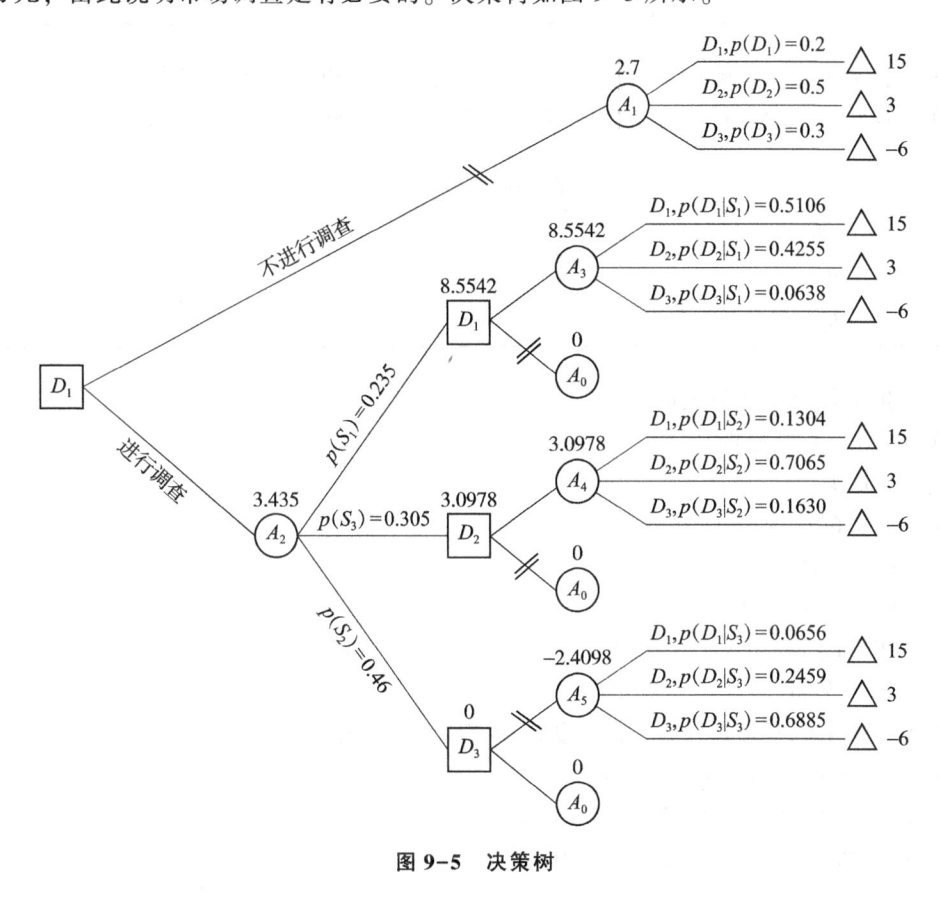

图 9-5 决策树

最后，进行决策。基于以上信息，公司应如下决策。

（1）进行市场调查。

（2）若调查结论表明销售状况为"好"或"中"，则生产该产品；若销售状况为"差"，则不生产该产品。

实例 9-10 某汽车公司需要对某产品的生产批量进行决策。现有两种备选方案：大批量生产 L 和小批量生产 S。未来市场对该产品的需求有两种可能的自然状况：需求高 u 和需求低 d。根据历史资料和决策者经验得到，需求高 u 和需求低 d 的先验概率分别是 0.4 和 0.6。公司市场部对市场进行预测，得到两个方案在不同市场需求下的收益，详见表 9-15。

表 9-15 有关数据

需求状态方案	需求高 u	需求低 d
大批量生产 L	12	-3
小批量生产 S	5	1

此外，为了做出正确决策，该公司通过试销法进行市场调查，调查费用为 0.5 万元，得到在市场状态下销售状况为销售好 H_1 和销售差 H_2 的条件概率，详见表 9-16。

表 9-16 有关数据

需求状态销售情况	需求高 u	需求低 d
H_1	0.6	0.3
H_2	0.4	0.7

试分析该公司应如何决策。

解 （1）先验分析。

$p(u) = 0.4$

$p(d) = 0.6$

$E(L) = 12 \times 0.4 + (-3) \times 0.6 = 3$

$E(S) = 5 \times 0.4 + 1 \times 0.6 = 2.6$

由于 $E(L) > E(S)$，因此基于先验分析，公司应该大批量生产。

（2）预验分析。

首先，由全概率公式计算各需求状态调查结果的概率。

$p(H_i) = \sum p(D_j) p(S_i | D_j)$

$p(H_1) = 0.60 \times 0.40 + 0.30 \times 0.60 = 0.42$

$p(H_2) = 0.40 \times 0.40 + 0.70 \times 0.60 = 0.58$

其次，由贝叶斯公式计算后验概率。

$p(D_i | H_j) = \dfrac{p(H_j | D_i) p(D_i)}{p(H_j)}$

$p(u | H_1) = \dfrac{p(H_1 | u) p(u)}{p(H_1)} = \dfrac{0.6 \times 0.4}{0.42} = 0.5714$

类似求得其他各值，结果详见表 9-17。

表 9-17 后验概率分布

	需求高 u	需求中 d
销售好 H_1	0.571 4	0.428 6
销售中 H_2	0.275 9	0.724 1

再次，计算市场调查条件下的期望收益值。
EV($L|H_1$) = 12×0.571 4+(−3)×0.428 6 = 5.571 4(万元)
EV($S|H_1$) = 5×0.571 4+1×0.428 6 = 3.285 7(万元)
EV($L|H_2$) = 12×0.275 9+(−3)×0.724 1 = 1.137 9(万元)
EV($S|H_2$) = 5×0.275 9+1×0.724 1 = 2.103 4(万元)

由于 EV($L|H_1$)>EV($S|H_1$)，因此当市场调查结论为销售好时，应大规模生产，期望收益值是 5.571 4 万元；由于 EV($L|H_2$)<EV($S|H_2$)，因此当市场调查结论为销售差时，应小规模生产，期望收益值是 2.103 4 万元。这样，在市场调查条件下生产该新产品的期望收益值为：

EV(S) = 5.571 4×0.48+2.103 4×0.52 = 3.56(万元)

因此市场调查可使期望收益值增加 0.56 万元（3.56−3），高于市场调查费用 0.5 万元，由此说明市场调查是有必要的。决策树如图 9-6 所示。

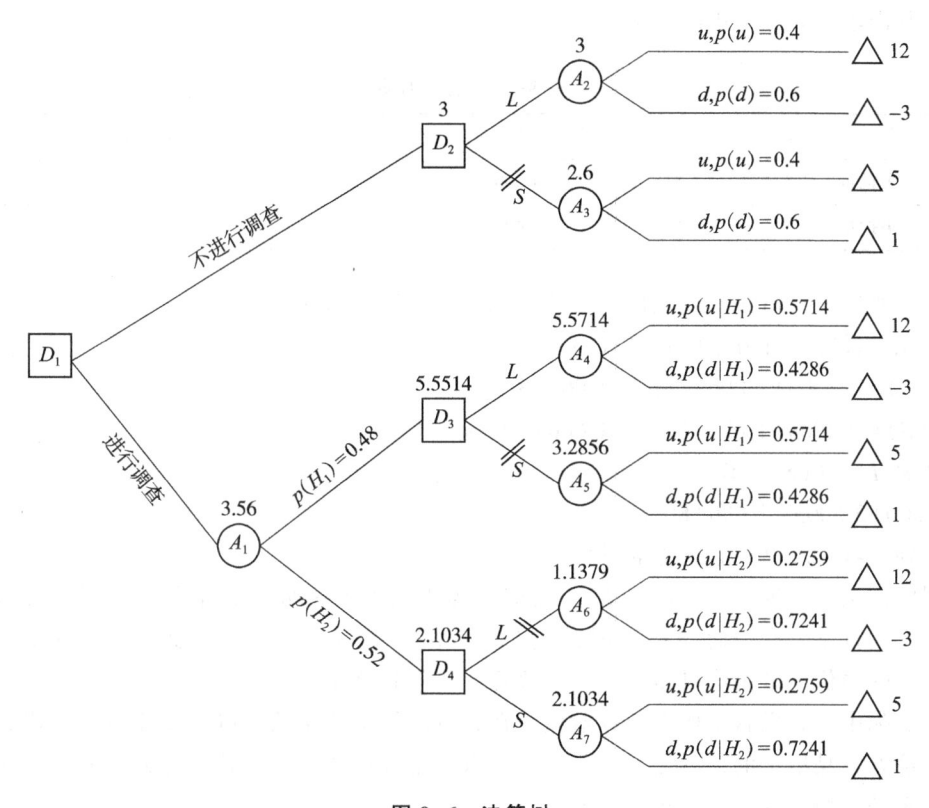

图 9-6 决策树

最后，进行决策。基于以上信息公司应如下决策。
（1）进行市场调查。
（2）若调查结论表明销售状况为"好"，则应大批量生产；若销售状况为"差"，则应小批量生产。

9.4.4 灵敏度分析

对于风险型决策问题，其各个方案的期望收益值是在对自然状态发生概率的预测的基础上求得的。由于状态概率的预测会受到许多不可控因素的影响，因而基于状态概率预测结果的期望收益值也不可能同实际完全一致，会产生一定的误差。所以，当使用决策树（含决策矩阵法）求出最优决策后，需要进行灵敏度分析。所谓灵敏度分析就是分析数据在什么范围内变化，原最优决策方案仍然有效。这里主要分析自然状态发生概率的变化对最优决策的影响。

下面举例说明。

实例 9-11 某汽车公司需要对某品牌轿车的生产批量进行决策。现有两种备选方案：大批量生产 L 和小批量生产 S。未来市场对该品牌轿车的需求有两种可能的自然状况：需求高 u 和需求低 d。详见表 9-18。

表 9-18 有关数据

需求状态方案	需求高 u	需求低 d
大批量生产 L	4 500	1 000
小批量生产 S	2 400	1 600

解 假定未来市场对该品牌轿车的需求为高的概率为 p。

首先，计算各种方案的预期收益。

$E(L) = 4\ 500p + 1\ 000(1-p) = 1\ 000 + 3\ 500p$

$E(S) = 2\ 400p + 1\ 600(1-p) = 1\ 600 + 8\ 00p$

令 $E(L) = E(S)$，有

$1\ 000 + 3\ 500p = 1\ 600 + 800p$

得到 $p = 0.222\ 2$，记此特定解为 p'。

因此，当 $p > p'$ 时，$E(L) > E(S)$，意味着需求高的概率处于这个范围内时，公司的最优决策为大批量生产；而当 $p' < p$ 时，$E(L) < E(S)$，意味着需求高的概率处于这个范围内时，公司的最优决策为小批量生产。一般称 p' 为转折概率。

在实际中，如果状态概率、收益值等在其可能发生变化的范围内变化时，最优方案不变，则该方案是稳定的；反之，如果这些参数发生较小变化就导致最优方案发生变化，则这个方案是不稳定的，需要进一步分析。

9.4.5 情报的价值

对完全不确定型决策问题，获得了有关情报资料后就易于把问题转化为风险型决策问题。而对于风险型决策问题，获得的情报（信息）越多，对自然状态发生概率的估计就越准确，做出的决策就越合理。但为了获得情报，就要进行调查、试验等工作，这需要支付一定费用，称为情报的成本。因此，为了权衡得失，有必要估算情报本身的价值，即情报给企业的收益带来的增加值,只要当情报的价值大于情报的成本时,情报的获取才是必要的;反之,则没有必要。

在实例 9-9 中,如果不进行市场调查,那么公司预期的收益值为 2.7 万元;如果进行市场调查,那么公司预期的收益值为 3.435 万元。因此,情报给公司的收益带来的增加值为 0.735 万元,即情报的价值为 0.735 万元。在此实例中情报的成本为 0.5 万元,小于情报的价值,因此情报的获取是必要的。

在实例 9-10 中,如果不进行市场调查,那么公司预期的收益值为 3 万元;如果进行市场调查,那么公司预期的收益值为 3.56 万元。因此,情报给公司的收益带来的增加值为 0.56 万元,即情报的价值为 0.56 万元。在此例中情报的成本为 0.5 万元,小于情报的价值,因此情报的获取是必要的。

9.5 习 题

1. 已知某公司 2021 年计划投资 100 百万元,现有 A,B 两种投资方案,公司决策部门通过分析估计得到 2016—2020 年的净利润,详见表 9-19。试利用净现值方法来决策公司应选择的方案。

表 9-19　2016—2020 年的净利润

年份	净利润/百万元	
	方案 A	方案 B
2016	25	45
2017	20	45
2018	35	35
2019	40	30
2020	45	25

2. 已知某钢铁公司生产 3 种钢铁产品:产品Ⅰ、产品Ⅱ和产品Ⅲ。这 3 种产品由 A,B,C 3 种材料混合而成。产品的规格要求、日销售量、材料价格详见表 9-20 和表 9-21。

表 9-20　产品的规格要求和日销售量

产品名称	规格要求	销售量/吨	售价/万元
产品Ⅰ	材料 A 不少于 50% 材料 B 不超过 20%	5	9
产品Ⅱ	材料 A 不少于 30% 材料 C 不超过 30%	18	7
产品Ⅲ	材料 C 不少于 50%	10	8

表 9-21 产品的材料价格

材料名称	材料价格/(万元/吨)	材料名称	材料价格/(万元/吨)
材料 A	5.5	材料 C	5
材料 B	4		

受资金和产品能力的限制,每天只能生产 30 吨,试问该公司如何安排生产计划才能获得最大利润?

3. 已知 4 种自然状态下公司的 3 种备选行动方案的收益,详见表 9-22。

表 9-22 不同自然状态下的收益

状态收益方案	自然状态 1	自然状态 2	自然状态 3	自然状态 4
行动方案 1	15	8	0	−6
行动方案 2	4	14	8	3
行动方案 3	1	4	10	12

假定不知道各种自然状态出现的概率。请分别使用以下方法来确定最优行动方案。
(1) 等可能性法。
(2) 保守法。
(3) 冒险法。
(4) 乐观系数法（取 $\alpha=0.6$）。
(5) 最小最大后悔值法。

4. 为了适应市场的需要,某地提出了扩大电视机生产的两个方案:第一个方案是建设大工厂;第二个方案是建设小工厂。建设大工厂需要投资 600 万元,可使用 10 年。建设小工厂投资 280 万元,如销路好,3 年后扩建,扩建需要投资 400 万元,可使用 7 年,每年盈利 190 万元。试用决策树法选出合理的决策方案。

5. 某企业进行产品决策,有 3 种方案:①投资 200 万元购买专利;②投资 150 万元自行研制;③投资 100 万元改造老产品。3 种方案产品 10 年的市场需求情况与收益见表 9-23。试用决策树法进行方案决策。

表 9-23 3 种方案产品 10 年的市场需求情况与收益

方案	高需求 概率	高需求 收益/万元	中需求 概率	中需求 收益/万元	低需求 概率	低需求 收益/万元
购买专利	0.5	80	0.3	35	0.2	−15
自行研制	0.4	60	0.4	40	0.2	−10
改造老产品	0.2	50	0.5	30	0.3	10

参考文献

[1] 盛骤,等.概率论与数理统计.5版.北京:高等教育出版社,2019.
[2] 冯文权.经济预测与决策技术.6版.武汉:武汉大学出版社,2018.
[3] 韩伯棠.管理运筹学.4版.北京:高等教育出版社,2015.
[4] 同济大学数学系.新编统计学教程.北京:高等教育出版社,2008.
[5] 魏权龄.数据包络分析.北京:科学出版社,2006.
[6] 李华,胡奇英.预测与决策.西安:西安电子科技大学出版社,2005.
[7] 博克斯.时间序列分析:预测与控制.顾岚,译.北京:中国统计出版社,2003.
[8] 彭勇行.管理决策分析.北京:科学出版社,2000.
[9] 安鸿志.时间序列分析.上海:华东师范大学出版社,1992.
[10] 张有为.预测的数学方法.北京:国防工业出版社,1991.
[11] 朱冰静,朱宪辰.预测原理与方法.上海:上海交通大学出版社,1991.
[12] 陈珽.决策分析.北京:科学出版社,1987.
[13] 陈玉祥,张汉亚.预测技术与应用.北京:机械工业出版社,1985.
[14] 约翰·策勒.Python 程序设计[M].王海鹏,译.3版.北京:人民邮电出版社,2018.
[15] 夏敏捷.Python 程序设计——从基础到开发[M].北京:清华大学出版社,2017.
[16] 戴维·I.施奈德.Python 程序设计[M].车万翔,译.北京:机械工业出版社,2016.
[17] 董付国.Python 程序设计基础[M].2版.北京:清华大学出版社,2015.